Zu diesem Buch

Der Konflikt im Jugendhaus ist Ausgangspunkt, Gegenstand und Ende einer sozialpädagogischen Fortbildungsreihe. In ihr wurde der Versuch unternommen, Theorie und Praxis fortschrittlicher Jugendarbeit miteinander zu verbinden. Aus den Antwortversuchen auf die Fragen:

- Wer sind eigentlich die Adressaten der Arbeit in Jugendhäusern, Jugendzentren oder Jugendfreizeitheimen?
- Welche institutionellen Bedingungen und Widersprüche bestimmen die Arbeit dort?
- Wie kann eine fortschrittliche Arbeit aussehen, die die gesellschaftliche Isolation der Jugendhäuser durchbricht?

entwickelt sich ein Lehrstück von Struktur und Funktion der Sozialbürokratien.
Das Planspiel vom Konflikt führte selbst zum Konflikt: Die Fortbildungsarbeit mußte auf Druck der Behörden abgebrochen werden.

Die Autoren

Christian Marzahn, geboren 1941, arbeitet als Hochschullehrer im Diplomstudiengang Sozialpädagogik an der Universität Bremen.

Christel Schütte, geboren 1948, Diplom-Sozialpädagogin, arbeitet als Erzieherin im Kindergarten.

Hans Kamp, geboren 1937, Sozialarbeiter und Diplom-Sozialpädagoge, unterrichtet zur Zeit als Lehrbeauftragter an der Hochschule für Sozialpädagogik und Sozialökonomie in Bremen.

sachbuch rororo

Politische Erziehung

Bisher veröffentlicht:

Arbeitsgruppe Sport
Schulsport im Abseits
Analysen zur Bewegungslosigkeit [6892]

Wendula Dahle
Deutschunterricht und Arbeitswelt:
Modelle kritischen Lernens
Materialien für Lehrer und Schüler [6785]

Michael Masuch
Politische Ökonomie der Ausbildung
Lernarbeit und Lohnarbeit im Kapitalismus [6813]

Heiner Boehncke (Hg.)
«Vorwärts und nicht vergessen»
Ein Lesebuch
Klassenkämpfe in der Weimarer Republik [6805]

Hamburger Lehrerkollektiv
Jahrbuch für Junglehrer 1975
Perspektiven für die Berufspraxis [6884]

Autorengruppe Westberliner Volkstheaterkooperative
Blumen und Märchen
Stadtteilarbeit mit Kindern im MV Berlin [6869]

Projektgruppe Arbeitslehre Marburg
Schule, Produktion, Gewerkschaften
Ansätze für eine Arbeitslehre im Interesse der Lohnabhängigen [6908]

Gerhard Vinnai
Sozialpsychologie der Arbeiterklasse
Identitätszerstörung im Erziehungsprozeß [6812]

Johannes Beck
Lernen in der Klassenschule
Untersuchungen für die Praxis [6820]

Herbert Nagel
Wer will die klügsten Kinder?
Vorschulerziehung und Chancenungleichheit [6837]

Dieter Richter / Jochen Vogt (Hg.)
Die heimlichen Erzieher
Kinderbücher und politisches Lernen [6843]

Götz Dahlmüller, Wulf D. Hund, Helmut Kommer
Politische Fernsehfibel
Materialien zur Klassenkommunikation [6849]

Wohnste sozial, haste die Qual
Mühsamer Weg zur Solidarisierung [6912]

Analysen, Modelle, Materialien
für Schüler, Lehrlinge, Studenten, Lehrer

sachbuch rororo

Erziehung und Schule

Bisher veröffentlicht:

Ivan Illich
Schulen helfen nicht
Über das mythenbildende Ritual der Industriegesellschaft
Einleitung von Erich Fromm
[6778]

Ivan Illich
Entschulung der Gesellschaft
Entwurf eines demokratischen Erziehungssystems [6828]

Initiativgruppe Solingen
Schule ohne Klassenschranken
Entwurf einer Schulkooperative
[6724]

Mosse Jørgensen
Schuldemokratie – keine Utopie
Das Versuchsgymnasium Oslo
[6802]

Everett Reimer
Schafft die Schule ab!
Befreiung aus der Lernmaschine
[6795]

Edgar Faure u. a.
Wie wir leben lernen
Der Unesco-Bericht über Ziele und Zukunft unserer Erziehungsprogramme [6835]

Hans-G. Rolff u. a.
Strategisches Lernen in der Gesamtschule
Gesellschaftliche Perspektiven der Schulreform [6854]

Helmut Klein
Bildung in der DDR
Grundlagen, Entwicklungen, Probleme [6861]

Autorengruppe ASP/MV
Abenteuerspielplatz – Wo verbieten verboten ist
Experiment und Erfahrung, Berlin Märkisches Viertel [6814]

Paulo Freire
Pädagogik der Unterdrückten
Bildung als Praxis der Freiheit
[6830]

Lutz Schwäbisch, Martin Siems
Anleitung zum sozialen Lernen für Paare, Gruppen und Erzieher
Kommunikations- und Verhaltenstraining [6846]

Erhard Meueler (Hg.)
Unterentwicklung
Arbeitsmaterialien für Schüler, Lehrer und Aktionsgruppen
[2 Bde; 6906, 6907]

Christoph Lindenberg
Waldorfschulen: angstfrei lernen, selbstbewußt handeln
Praxis eines verkannten Schulmodells [6904]

Michael Charlton u. a.
Innovation im Schulalltag
Arbeitsbuch für Lehrende und Lernende [6917]

Modelle emanzipierter Erziehungspraxis

Christian Marzahn,
Christel Schütte, Hans Kamp

Konflikt im Jugendhaus

Fortbildung für Sozialarbeiter, Sozialpädagogen, Lehrer

Arbeitsmaterialien und Handlungsmodelle

rororo

Rowohlt

Die mit dem Aufdruck «Politische Erziehung» versehenen Bände veröffentlichen im Rahmen des rororo-Sachbuch-Programms für Schüler, Lehrlinge, Studenten, Sozialarbeiter und Lehrer:

- Projektberichte aus Schul-, Hochschul-, Stadtteil-, Betriebs- und Sozialarbeit,
  Berichte und Analysen wichtiger Erziehungskonzeptionen, auch aus anderen Ländern,
  Erfahrungen und Perspektiven der Organisation aller im Ausbildungsbereich Tätigen;

- Vorschläge, Modelle und Materialien für eine veränderte Praxis in den genannten Bereichen, insbesondere Vorschläge zum Unterricht für Lehrer und Schüler;

- Untersuchungen des Zusammenhangs von Produktion, Ausbildung und Bewußtseinsbildung, die Voraussetzungen sind für eine politische Erziehung.

Herausgeber: Johannes Beck, Heiner Boehncke, Gerhard Vinnai

ERSTAUSGABE

Veröffentlicht im Rowohlt Taschenbuch Verlag GmbH,
Reinbek bei Hamburg, August 1975
Umschlagentwurf Jürgen Wulff

Gesamtherstellung Clausen & Bosse, Leck/Schleswig
Printed in Germany
680-ISBN 3 499 16921 5

Inhalt

Vorbemerkung

Dieses Buch handelt von einem Versuch, das allerorts aufgestellte Postulat der verstärkten Kooperation zwischen den Praxis- und Ausbildungsinstitutionen im Bereich der Sozialarbeit und Sozialpädagogik auf einem begrenzten Gebiet in praktische Schritte umzusetzen. Es berichtet über die Planung, Durchführung und die Konsequenzen einer Fortbildungsreihe über Probleme der Jugendarbeit, die 1973/74 in Zusammenarbeit der Abteilung Jugendförderung des Jugendamts Bremen und des Diplomstudiengangs Sozialpädagogik an der Universität Bremen durchgeführt wurde. Mit der Darstellung der Zielsetzung, Inhalte, Methoden und Folgen dieser Fortbildung möchten wir Erfahrungen und Überlegungen zu den Möglichkeiten, Konfliktdimensionen und Grenzen einer solchen Arbeit vorlegen, von denen wir annehmen, daß sie auch in anderen, strukturähnlichen Bereichen nutzbar gemacht werden können.

Das Buch richtet sich deshalb an Leute, die als Sozialarbeiter, Jugendpfleger, Jugendreferenten, Erzieher und Lehrer pädagogische Praxis betreiben, an diejenigen, die sich in der Ausbildung auf diese Praxis vorbereiten, und an jene, die als Dozenten diese Ausbildung anleiten oder durch Fortbildung ergänzen bzw. vertiefen sollen. Insbesondere wendet es sich an diejenigen, deren Erfahrung und Reflexion sie zu Zweifeln an der Zielsetzung und der Praxis der etablierten pädagogischen Institutionen bewogen und zu der Bereitschaft geführt haben, die Formel von der Arbeit «im Interesse der Adressaten» neu zu überdenken und aus der Untersuchung und gesellschaftlichen Bestimmung dieser Interessen parteiliche Handlungsstrategien zu entwickeln.

In der Vorbereitung der Lehrgangsarbeit ist uns bei der Suche nach geeigneten Materialien und Unterlagen erneut deutlich geworden, daß es der kritischen Durchdringung der bürgerlich-kapitalistischen Gesellschaft und einer sich darauf gründenden Selbstreflexion der Sozialarbeit und Sozialpädagogik bisher nur in Ansätzen gelungen ist, sich auf die Alltagspraxis und -probleme dieses Bereichs nachvollziehbar zurückzubeziehen. Vieles, was von großer praktischer Bedeutung ist, ist deshalb gerade für die Praxis fälschlicherweise unattraktiv geblieben. Unser Buch beschäftigt sich deshalb in erster Linie mit Vermittlungsproblemen, Lernprozessen und Orientierungen (wenn auch nicht Rezepten) für die Praxis. Daher haben die vorgelegten Lehrgangsmaterialien eher einführenden Charakter und können weder die theoretische noch die politische Differenzierung des gegenwärtigen Diskussionsstandes angemessen wiedergeben; die Literaturhinweise mögen hier Hilfestellung für die Weiterarbeit bieten.

Der Titel – ‹*Konflikt im Jugendhaus*› – verweist auf die unterschiedlichen Ebenen, die hier angesprochen werden. Er meint eine Orientierung für die stadtteilbezogene Arbeit in Jugendfreizeitheimen; er meint diese als Inhalt der Fortbildung – in den drei Lehrgängen unter jeweils verschiedenen Gesichtspunkten thematisiert; und er meint die Zuspitzung der konkreten Konflikte in der und um die Fortbildung.

Der Aufbau des Buchs ergibt sich aus seinem Gegenstand; er folgt dem Entwicklungsprozeß unserer Arbeit. Aus einem Abriß der Misere der Fortbildung im Bereich der Sozialarbeit und Sozialpädagogik werden die Umrisse unserer Fortbildungskonzeption entwickelt (Kapitel I). Das Kapitel II begründet und beschreibt die Zielsetzung, Inhalte und Methoden der drei Lehrgänge sowie die Aktivitäten, die sich im Zusammenhang der Lehrgangsarbeit entwickelt haben. Im letzten Kapitel wird der Konflikt, der sich aus der Fortbildung ergab und dieser ein gewaltsames Ende setzte, dargestellt und analysiert.

Dieses Ende hat eine gemeinsame Auswertung der Lehrgangsarbeit durch alle, die an ihr teilgenommen haben, unmöglich gemacht. Obgleich nun unser Versuch einer Auswertung wenigstens mit einem Teil der Kollegen diskutiert werden konnte, ist es bei der Abfassung des Manuskripts doch bei der Trennung jener, die Praxis machen, von denen, die darüber schreiben, geblieben. Es soll keine zynische Attitüde, sondern ein Hinweis auf den Zynismus der Verhältnisse sein, wenn wir dennoch den Kollegen in der Praxis danken, ohne die das Buch nicht geschrieben worden wäre.

Bremen, März 1975

Christian Marzahn
Christel Schütte
Hans Kamp

Zur Situation der Fortbildung im Bereich der Sozialarbeit und Sozialpädagogik

Bevor wir die Arbeit zu der hier darzustellenden Fortbildung aufnahmen, hatten wir hinreichend und in verschiedenen institutionellen Zusammenhängen Gelegenheit gehabt, praktische Erfahrungen auf dem Gebiet der Fortbildungsarbeit zu sammeln. Die konzeptionellen Vorstellungen, die wir unserer Arbeit in Bremen zugrunde legten, resultierten deshalb nicht zuletzt aus der kritischen Reflexion dieser Erfahrungen.

Es erscheint uns deshalb sinnvoll, zunächst einige Probleme der Situation der Fortbildung im Bereich der Sozialarbeit und Sozialpädagogik zu skizzieren. Sie machen den Hintergrund und Kontext unserer Überlegungen zu einer angemessenen Fortbildungskonzeption aus.

Notwendigkeit von Fortbildung

Die Notwendigkeit einer qualifizierten beruflichen Fort- und Weiterbildung im Bereich der Sozialarbeit und Sozialpädagogik ist heute weithin unbestritten. Dies gilt, wie die steigende Nachfrage nach Fortbildung zeigt[1], sowohl für die Praktiker der Jugendhilfe als auch für jene Institutionen, zu deren Aufgaben die Durchführung von Fortbildungsmaßnahmen gehört. Es gilt wohl weitgehend auch für die Träger der Jugendhilfe, wenn auch mitunter deren mangelnde Aufgeschlossenheit zum Beispiel hinsichtlich der Freistellung von Mitarbeitern beklagt wird.[2] Fortbildung scheint für eine angemessene Wahrnehmung der Aufgaben im Bereich der Sozialarbeit und Sozialpädagogik eine derartig wichtige Funktion zu besitzen, daß im § 23 Nr. 3 des JWG als «besondere Aufgaben aller Jugendwohlfahrtsbehörden» bestimmt ist, diese sollen «die Fortbildung der Fachkräfte der Jugendhilfe anregen, fördern und gegebenenfalls durchführen»[3].

Obgleich sich eine solche Bestimmung im RJWG von 1922 noch nicht ausdrücklich findet, sollen nach Jans/Happe die Landesjugendämter diese Aufgabe im Rahmen des § 13 RJWG bereits durchgeführt haben.[4] Auch in der Diskussion um die Reform des Jugendhilferechts wird die «so außerordentlich bedeutsame Fortbildung und Weiterbildung der Fachkräfte» entsprechend gewürdigt; es soll sichergestellt werden, daß «die Fortbildung aller Fachkräfte kontinuierlich und systematisch durchgeführt wird»[5].

Für die Notwendigkeit beruflicher Fortbildung werden in der Regel drei miteinander im Zusammenhang stehende Begründungen angeführt.

Die allgemeinste Begründung bezieht sich auf den in den «industrialisierten Gesellschaften» immer schneller sich vollziehenden «gesellschaftlichen Wandel», der entsprechende Veränderungen in den beruflichen Anforderungen mit sich bringe. Aus dieser Begründung leitet sich das Postulat des «lifelong learning» ebenso ab, wie sie die wesentliche Grundlage der bürgerlichen Theorie der Erwachsenenbildung darstellt.[6] Entsprechendes wird auch für die Sozialarbeit und Sozialpädagogik angenommen: «Eine Gesellschaft, die in fortwährendem Wandel begriffen ist, in der sich überall, nicht zuletzt im sozialen Bereich, tiefgreifende Veränderungen zeigen, verlangt von jedem, der eine Berufsrolle ausübt, Anpassungsfähigkeit an neue Gegebenheiten und Erfordernisse. Von diesem Sachverhalt sind die Mitarbeiter in der Jugendhilfe besonders betroffen.»[7] Sich wandelnde und zunehmend sich differenzierende Aufgaben machten eine weitergehende Spezialisierung und die stets neue Anpassung an die veränderten Anforderungen notwendig.

Der zweite Begründungszusammenhang für die Notwendigkeit von Fortbildung folgt aus dem ersten. Der gesellschaftliche Wandel gehe einher mit einer zunehmenden Verwissenschaftlichung aller gesellschaftlichen Bereiche. An dieser oft als «explosionsartig» bezeichneten Vermehrung des Wissens sollen u. a. mittels Fort- und Weiterbildung auch diejenigen teilhaben, die es selbst nicht erzeugt haben. Obgleich nun nicht unmittelbar ersichtlich ist, inwiefern auch die Sozialarbeit und Sozialpädagogik schon von einer solchen «Explosion» getroffen wurde, stellt man doch auch hier eine beschleunigte Zunahme von Fach- und Spezialwissen, von neuen Ergebnissen und Erkenntnissen fest, mit denen die Praktiker durch Fortbildung vertraut gemacht werden müssen.

Schließlich berücksichtigt ein dritter Begründungszusammenhang die Besonderheiten, die den «Verwissenschaftlichungs- und Professionalisierungsprozeß» der Sozialarbeit und Sozialpädagogik kennzeichnen. Dabei geht es nicht nur um die Frage, ob diese Professionalisierung erst eingeleitet, schon weitgehend abgeschlossen, mißlungen oder gar nichts als ein Wunschtraum sei[8], sondern vor allem um das Verhältnis von Ausbildung und Beruf. Ältere und neuere Untersuchungen haben gleichermaßen ergeben, daß ein erheblicher Teil der Sozialarbeiter und Sozialpädagogen mit ihrer Ausbildung unzufrieden sind, sich durch diese theoretisch und praktisch nur ungenügend für die Praxis vorbereitet halten.[9] Die Spannungen zwischen Ausbildung und Beruf, zwischen «Theorie» und «Praxis» haben sich seit der Integration der Sozialarbeiter und Sozialpädagogenausbildung in den Hochschulbereich nicht vermindert, sondern eher verschärft.

Schien man zunächst einig in der Betonung der Notwendigkeit einer angemessenen theoretischen Fundierung der Ausbildung, so häuften sich in der Folge die Warnungen vor einer «Übertheoretisierung» und Entfernung der Ausbildung von der Praxis. Die schnelle Expansion des Fachhochschulbereichs und die traditionell berufsabgewandte universitäre Ausbildung von Sozialpädagogen konnten diese Befürchtungen kaum entkräften.[10] Eine zusätzliche Verschärfung erfuhr das Problem durch die Ende der sechziger Jahre eingeleitete radikale Kritik der traditionellen Funktion von Sozialarbeit und Sozialpädagogik, die sich in entsprechenden theoretischen Anstrengungen, Folgerungen für die Ausbildung und Versuchen praktischer Neuorientierung niederschlug. Von der etablierten Praxis der Jugendhilfe mußte dies vollends als Bedrohung aufgefaßt werden. Die Reaktion war widersprüchlich: Auf der einen Seite verstärkten sich Skepsis und Abwehr bis zur Disziplinierung fortschrittlicher Ansätze; auf der anderen Seite war man in Zugzwang, da man der kritischen Orientierung nichts als die Macht des Faktischen entgegenzusetzen hatte.

Hatte sich so der Widerspruch zwischen Theorie und Praxis verschoben in eine Konfrontation unterschiedlicher theoretischer, politischer und praktischer Positionen, so blieb der Bezugspunkt für das Selbstverständnis der Fortbildung weiterhin der abstrakte Anspruch, Theorie und Praxis miteinander zu vermitteln, wenn auch nun in differenzierterer Form artikuliert. So zeugt etwa der Geschäftsbericht des Deutschen Vereins über die Zeit von 1971 bis 1973 gegenüber früheren Berichten nicht gerade von einem tiefgreifend veränderten Selbstverständnis seiner Fortbildungsarbeit,[11] während beispielsweise das Arbeitsprogramm der Victor Gollancz-Stiftung für das Jahr 1974 ausdrücklich unter den Anspruch der Entwicklung von «Fortbildungsstrategien zur Vermittlung von Theorie und Praxis im Interesse und in Verbindung mit strukturellen Veränderungen der Praxis» gestellt ist.[12]

Allgemein unterstellt also Fortbildung ein Auseinanderklaffen von Theorie und Praxis; sie selbst will zur Vermittlung beitragen, indem die Praxis theoretisch erhellt und damit verändert und verbessert werden soll. Auffällig ist dabei allerdings, daß sich diese Zielbestimmung von Fortbildung jeglicher Aussage über die Richtung der Veränderung enthält. So kommt das Bekenntnis zur Veränderung der Praxis über das bloße Bekenntnis – das die Sozialarbeit und die Sozialpädagogik und ihre historischen Vorläufer seit über hundertfünfzig Jahren kennzeichnet – nicht hinaus; es bleibt inhaltlich so leer und orientierungslos wie die Formel vom «permanenten gesellschaftlichen Wandel», der die Notwendigkeit von Fortbildung erklären soll. Es ist zu fragen, ob sich aus der Betrachtung der Praxis der Fortbildung weitergehende Schlüsse in Bezug auf das Selbstverständnis und die reale Funktion von Fortbildung ziehen lassen.

Die Praxis der Fortbildung

Die Realität und praktische Durchführung von Fortbildungsveranstaltungen ist schwer zu beurteilen. Schon der ‹2. *Jugendbericht*› von 1968, der den Versuch einer umfassenden Situationsanalyse der Aus- und

Fortbildung im Bereich der Sozialarbeit und Sozialpädagogik unternommen hatte, schränkt seine Ergebnisse mit dem Hinweis auf das Fehlen gesicherter und systematischer Untersuchungen und Auswertungen erheblich ein.[13] Dies gilt im wesentlichen auch für die gegenwärtige Situation. Dementsprechend wollen wir uns darauf beschränken, eine Reihe von Problemen zu diskutieren, wie sie aus den verstreut vorliegenden Materialien und Berichten hervorgehen, um zu prüfen, welche Folgerungen hinsichtlich der Wirksamkeit sozialpädagogischer Fortbildung sich daraus ergeben.

Schwierigkeiten macht bereits der Versuch einer quantitativen Bestandsaufnahme. Die Angaben über den Anteil von sozialpädagogischen Fachkräften, der an Fortbildungsmaßnahmen teilnehmen konnte, gehen außerordentlich weit auseinander. So gelangt etwa Inge Helfer auf Grund der von ihr 1968/69 durchgeführten Erhebungen zu dem Ergebnis, daß 80 % der Sozialarbeiter Fortbildung erhalten haben,[14] während die Curriculum-Arbeitsgruppe an der Gesamthochschule Kassel meint, «von einer über Fachtagungen hinausgehenden Fortbildung dürften nach vorsichtiger Schätzung höchstens 5 % der Sozialarbeiter und Sozialpädagogen Gebrauch gemacht haben»[15]. Diese Differenzen dürften sich nicht zuletzt daraus erklären, daß der Begriff «Fortbildung» unterschiedlich weit ausgelegt und daher für sehr verschiedene Veranstaltungen gebraucht wird. Je nach Verwendung wächst bzw. sinkt dann der mögliche Adressatenkreis. Unterschiede bestehen wohl auch hinsichtlich der Fachkräfte der freien und öffentlichen, insbesondere der kommunalen Träger, insofern für letztere die (teilweise sogar regelmäßige) Teilnahme an Fortbildungsveranstaltungen weitgehend verpflichtenden Charakter hat, während die Freistellung von Fachkräften zum Zweck einer Fortbildung bei den freien Trägern immer noch auf die größten Schwierigkeiten zu stoßen scheint. Zahlen liegen uns dazu allerdings nicht vor.

Als organisatorische Grundformen, in denen sozialpädagogische Fortbildung angeboten und durchgeführt wird und die auch heute noch die Mehrzahl der Maßnahmen kennzeichnen dürfte, nennt der *‹2. Jugendbericht›*[16]:

- Langfristige Fortbildungsveranstaltungen, die sich berufsbegleitend über einen Zeitraum bis zu zwei Jahren erstrecken. Sie werden unter einer jeweils einheitlichen Zielsetzung und Thematik (z. B. Praxisberatung, leitende Tätigkeiten, Heimerziehung, Institutionenreform) für einen ausgewählten und möglichst homogenen Adressatenkreis angeboten. Nicht selten erhalten sie den Charakter einer Zusatzausbildung, die durch ein entsprechendes Zertifikat bescheinigt wird.
- Wochenlehrgänge mit einer Dauer zwischen vier und sieben Tagen und einer eingegrenzten Thematik.
- Wochenendveranstaltungen, die in der Regel eher Tagungscharakter haben.

- Tagesveranstaltungen, die aus einem Fachreferat mit anschließender Aussprache bestehen.
- Arbeitsbesprechungen unter den Mitarbeitern einer Institution, die sich auf konkrete Probleme der Praxis und deren unmittelbare Bewältigung beziehen.

Über die quantitative Verteilung dieser Grundformen gibt es keine genauen Angaben; vieles deutet jedoch darauf hin, daß Kurzmaßnahmen mit einer Dauer von einem bis zu drei Tagen ein erhebliches Übergewicht besitzen.[17]

Gemäß § 23 Nr. 3 JWG (vgl. Anm. 3) werden Fortbildungsmaßnahmen auf folgenden Ebenen und von folgenden Institutionen gefördert bzw. durchgeführt[18]:

Im Bereich der *Länder* führen die obersten Jugendbehörden teilweise selbst Veranstaltungen durch; der Schwerpunkt liegt allerdings in der Ermöglichung der Teilnahme von Mitarbeitern an zentralen Fortbildungsveranstaltungen. Die Länder unterhalten landeseigene Fortbildungsstätten (z. B. das Haus am Rupenhorn in Berlin, die Bildungsstätte für Jugendarbeit in Wiesbaden, den Jugendhof Dörnberg) mit einem eigenen Mitarbeiterstamm und fördern finanziell die Fortbildungsarbeit der freien Träger.

Im Bereich der *Kommunen* werden Fortbildungsmaßnahmen in größerem Umfang in eigener Trägerschaft (Jugendamt, Sozialamt, Amt für Familienhilfe u. a.) oder durch Beteiligung an überregionalen Maßnahmen durchgeführt.

Im Bereich der *freien Träger und Verbände* wird Fortbildungsarbeit zum Teil durch träger- bzw. verbandseigene Fortbildungsstätten geleistet (so z. B. beim Deutschen Paritätischen Wohlfahrtsverband, beim Deutschen Caritas Verband, beim Diakonischen Werk); ihnen obliegt u. a. auch die Anleitung und Vorbereitung der ehrenamtlichen und nebenberuflichen Mitarbeiter. Hervorzuheben sind hier eine Reihe zentraler Fortbildungseinrichtungen (wie etwa die Victor Gollancz-Stiftung in Frankfurt, das Fortbildungswerk und die Akademie für Jugendarbeit und Sozialarbeit des Deutschen Vereins, die Akademie für Jugendfragen in Münster, das Burckhardt-Haus in Gelnhausen, die Akademie Remscheid u. a.), die sich durch ihren Anspruch der Entwicklung einer systematischen Didaktik und Methodik der Fortbildung im Bereich der Sozialarbeit und Sozialpädagogik auszeichnen.

Berufsbezogene Fortbildungsmaßnahmen werden auch von den entsprechenden Gewerkschaften (ÖTV, GEW) und Berufsverbänden angeboten.

Fortbildungsaktivitäten der Ausbildungsinstitutionen (Fachhochschulen, Pädagogische Hochschulen, Universitäten) haben bisher keine nennenswerte Rolle gespielt. Die Bedeutung der Wahrnehmung dieser Aufgaben für das Verhältnis von Ausbildung und beruflicher Praxis wird allerdings zunehmend erkannt.[19]

Gemäß dieser institutionellen Verworrenheit, die in Wirklichkeit sehr viel größer ist, als sie in dieser Klassifikation erscheint, und zu ständigen Überschneidungen, Konkurrenzen und Abgrenzungsmanövern führt, läßt sich ein differenzierter Eindruck von den Inhalten des Fortbildungsangebots kaum bekommen. Nach den Selbstdarstellungen beziehen sie sich auf alle Bereiche der Sozialarbeit und Sozialpädagogik; allenfalls als gewisse Schwerpunkte, die immer wieder auftauchen, werden die rechtlichen Grundlagen (bzw. die jeweils neuesten Entwicklungen auf diesem Gebiet) und die Methoden der Sozialarbeit und Sozialpädagogik benannt. Systematische Auswertungen liegen, soweit wir sehen, nur in wenigen Ausnahmefällen vor[20], Überlegungen zu einem Curriculum für die Fortbildung im Bereich der Sozialarbeit und Sozialpädagogik gar nicht.

Entsprechend der ihr zugemessenen großen Bedeutung wird die Fortbildung von verschiedenen Seiten durchaus als verbesserungsbedürftig gekennzeichnet. Dabei wird vor allem auf folgende Problemkreise hingewiesen[21]: Inhaltlich sei das Angebot zwar aktuell und vielseitig, gleichzeitig aber äußerst zufällig und heterogen. Es fehle an Systematik; die vorherrschende Kurzfristigkeit und Beziehungslosigkeit der Maßnahmen untereinander verhindere kontinuierliche und langfristige Lernprozesse. Die bloße Weitergabe etwa von Informationen über neue gesetzliche Regelungen im Bereich der Sozialarbeit und Sozialpädagogik bleibe hinter dem kritischen Selbstverständnis der Fortbildung – Verbesserung der Praxis – zurück. In Bezug auf die Formen des Lehrens und Lernens fehle es an didaktischer Grundlegung. Noch immer scheine das «Referat mit anschließender Aussprache» die vorherrschende «Methode» der Fortbildungsarbeit zu sein.

Gerade die große Vielfalt des Angebots – der ‹*2. Jugendbericht*› erkennt darin sogar das «gesunde Prinzip des Wettbewerbs»[22] wieder – mache Koordination und Kooperation unverzichtbar.[23] Daran aber mangele es in großem Umfang. Die Folge sei u. a. ein starkes qualitatives Gefälle innerhalb des Fortbildungsangebots (etwa zwischen Stadt und Land oder im Hinblick auf Maßnahmen für «Führungskräfte» und sonstige Mitarbeiter), eine Unübersichtlichkeit des gesamten Bereichs und die Unmöglichkeit hinreichender Erfolgskontrolle.

Weniger deutlich sind die Ausführungen bezüglich des Verhältnisses von Theorie und Praxis, was verwundert, da es sich dabei doch um den Kern des Selbstverständnisses der Fortbildungsarbeit handelt. Wohl wird vermerkt, daß auch zentrale Fortbildungsveranstaltungen oft von einem sehr heterogenen Mitarbeiterkreis besucht werden und daß die Delegierung eines Mitarbeiters zu einem zentralen Lehrgang nicht sicherstelle, daß die auf dem Lehrgang vermittelten Kenntnisse auch der entsendenden Institution als ganzer zugute kommen. Insofern scheinen durchaus begründete Zweifel an der Einlösung des selbstgesetzten Anspruchs zu bestehen.

Die Probleme liegen allerdings noch auf einer anderen Ebene, als sie in diesen Zweifeln zum Ausdruck kommen.

Fortbildungsmaßnahmen, die sich als unmittelbar *praxisbezogen* verstehen, bleiben nicht selten – ja vielleicht in der Regel – in dieser Unmittelbarkeit der Probleme befangen. Sie dienen dem Austausch gemeinsamer Schwierigkeiten und vermitteln organisatorische, technische und methodische Anregungen. Indem sie die Probleme aber in ihrer Unmittelbarkeit belassen, bleiben sie der für die Sozialpädagogik kennzeichnenden partikularistischen, unhistorischen und ungesellschaftlichen Sichtweise verhaftet. Sie tragen nicht dazu bei, die Probleme in ihrer sozialen Bestimmtheit sehen zu lernen; sie haften an der Erscheinung und Oberfläche der Dinge; sie haben – außer der (trügerischen) Hoffnung, mit den Problemen der Alltagspraxis ein klein wenig besser zurechtzukommen – keine Perspektive.

Umgekehrt verstricken sich jene Veranstaltungen, die die Vermittlung der «neuesten *wissenschaftlichen* Ergebnisse und Erkenntnisse» für sich reklamieren, immer wieder im Problem ihrer praktischen Umsetzung. Sofern es sich um die berühmten Expertenreferate handelt, wird eine Umsetzung durch die Praktiker stillschweigend unterstellt, auch wenn eigentlich nichts darauf hindeutet, daß diese Umsetzung gelingen kann. Weder der Warenhauscharakter des Angebots noch die Abgehobenheit solcher Darbietungen gegenüber den Problemen der täglichen Praxis, noch die im Rahmen derartiger Veranstaltungen weder inhaltlich noch organisatorisch gegebene Möglichkeit, sich mit dem Dargebotenen intensiv auseinanderzusetzen, sprechen dafür. So bleibt es bei höflicher, latent aggressiver oder apathischer Hinnahme. Wissenschaft erscheint als etwas Fertiges, Fremdes, mindestens für den Praktiker nicht Hinterfragbares, das zu verstehen man sich bemühen kann und soll, dessen praktische Bedeutung aber dunkel bleibt. Diese Form der Theorievermittlung verstärkt eher das Gefühl der eigenen Unterlegenheit und Ohnmacht, als daß sie es abbaut.

Wenn dies zutrifft – und vieles deutet darauf hin, daß es so ist –, so manifestiert sich darin ein tiefgreifender Widerspruch zwischen dem Anspruch der Fort- und Weiterbildung im Bereich der Sozialarbeit und Sozialpädagogik, nämlich über die Berufsausbildung hinaus die Vermittlung von Theorie und Praxis zu leisten oder zumindest dazu beizutragen, und ihrer Realität. Wie oben angedeutet, wird dieser Widerspruch auch von den zuständigen Stellen gesehen und eingeräumt. Erklärt wird er allerdings in der Regel mittels einer Kategorie, die im herrschenden Selbstverständnis der Sozialarbeit und Sozialpädagogik ebenso beliebt ist, wie sie zur Erklärung aller möglichen «Mißstände» herhalten muß: der Kategorie des «Noch nicht». Der Anspruch könne «noch nicht» oder «noch nicht in genügendem Umfang» realisiert werden; geduldige Reformarbeit in kleinen Schritten werde aber nach und nach zum Verschwinden dieses Widerspruchs führen. Ein Blick auf die Geschichte der sozialen Arbeit widerlegt diese Reformzuversicht gründlich. Hilfreicher erscheint demgegenüber zu fragen, ob es sich bei dem konstatierten Widerspruch nicht nur um einen zwischen Anspruch und Wirklichkeit, sondern möglicherweise eher um einen Widerspruch zwischen dem Selbstverständnis und der realen Funktion einer Institution – der Fortbildung im Bereich der Sozialarbeit und Sozialpädagogik – handelt.

Die innere Verwandtschaft von Fort- und Weiterbildung, insbesondere wenn sie sich als Praxisberatung und -anleitung versteht, mit der Supervision liegt auf der Hand. Wie jene hat diese in den letzten Jahren stark zugenommen; wie von jener erwartet man von dieser einmütig wesentliche Verbesserungen der praktischen Arbeit; wie jene sei auch diese noch immer nicht weit genug entwickelt und entfalte daher noch nicht ihre volle Wirksamkeit.

Eine Analyse der deutschsprachigen Supervisionsliteratur der letzten beiden Jahrzehnte ergab, daß sich die Zielsetzung der Supervision, entkleidet man sie ihrer sprachlichen Leerformeln, auf folgendes reduziert:

«1. Supervision soll die Tätigkeit des Sozialarbeiters innerhalb eines mikrosozialen Rahmens – casework oder groupwork – verbessern, ohne diesen Rahmen zu transzendieren bzw. in Frage zu stellen.

2. Supervision soll die Arbeitsmotivation des Sozialarbeiters erhalten bzw. diese wieder herstellen . . . sowie den Sozialarbeiter zum ‹Weitermachen› ermutigen.»[24]

Wenn man berücksichtigt, daß ein hoher Anteil unter den Sozialarbeitern[25] meint, Sozialarbeit als Beruf erfordere einen zu hohen persönlichen Einsatz und könne zu gesundheitlichen Schäden führen, und bereit wäre, wegen der hohen Anforderungen den Arbeitsplatz zu wechseln, so liegt nahe, auch in der Fort- und Weiterbildung im Bereich der Sozialarbeit und Sozialpädagogik vorrangig ein Instrument zur Aufrechterhaltung der Arbeitsmoral der Praktiker zu sehen.

In ihrer herrschenden Form vermag Fortbildung die Trennung der Rezeptemacher und Rezepteanwender, den Widerspruch zwischen Theorie und Praxis nicht nur nicht aufzuheben – sie selbst reproduziert ihn stets neu. Sie ist Ausdruck und Resultat seiner gesellschaftlichen Institutionalisierung.

Nicht in der Vermittlung von Theorie und Praxis besteht also die wesentliche Funktion der Fortbildung. Im Austausch beruflicher Enttäuschungen und Schwierigkeiten bietet sie eine gewisse Entlastung für den einzelnen (soweit es für ihn ein Trost ist, daß auch die anderen ihre Schwierigkeiten haben). In der Aussicht auf «bessere Aufstiegsmöglichkeiten»[26], auf «Besserung der beruflichen Chancen»[27] verspricht die Teilnahme an Fortbildung Belohnung. In der permanenten Ankündigung «neuer» Erkenntnisse und Lösungsmöglichkeiten erhält die Fortbildung die Hoffnung der Mitarbeiter aufrecht, in dem vielfältigen, ja unüberschaubaren Angebot könne sich wirklich einmal etwas finden, das Lösung, Verbesserung und Perspektive bedeutet. So hat, wie der ‹2. *Jugendbericht*› offenherzig bekennt, Fortbildung «auch die Funktion, Ermüdungserscheinungen vorzubeugen und Interesse und Engagement an der eigenen Arbeit aufrechtzuerhalten»[28]. Diese Notwendigkeit der dauernden Ermutigung zum Weitermachen von seiten der Sozialbürokratie und die Hoffnung auf Veränderung und Verbesserung auf seiten der Praktiker mag vielleicht auch erklären, warum sich Fortbildung trotz ihrer eingestandenermaßen geringen oder noch nicht zureichenden Wirksamkeit einmütiger Hochachtung und Beliebtheit erfreut.

Versuche

Die allseits als unbefriedigend empfundene Situation der Fortbildung im Bereich der Sozialarbeit und Sozialpädagogik hat in jüngster Zeit zu einer Vielzahl von Versuchen geführt, die konstatierten Mängel der Fortbildungsarbeit zu überwinden. Mit unterschiedlichen Mitteln sollte die Systematik der Inhalte, die Homogenität der Teilnehmer (-gruppen), die Planmäßigkeit und Kontinuität der Lernprozesse gesichert werden. Auf der methodischen Ebene operierte man mit Medienverbund[29] und betrieb viel und gerne Gruppendynamik.[30] Auch die Kooperation von Aus- und Fortbildung konnte an einigen Stellen in Angriff genommen werden. Dennoch blieben diese «Modelle» (wie sie sich gerne nennen) meist sporadisch, zufällig und isoliert; an den grundsätzlichen Problemen der Fortbildung konnten sie nichts ändern.

Nur wenige Versuche heben sich von diesem Modelldschungel ab; diese zeichnen sich nicht nur durch ein gesellschaftstheoretisch fundiertes, kritisches Verständnis der Sozialarbeit und Sozialpädagogik aus, sondern auch durch die konsequente Bearbeitung des Theorie/Praxis-Problems. So hat die Victor Gollancz-Stiftung, die hierfür exemplarisch stehen kann, bereits 1970/71 damit begonnen, «Fortbildung in der Praxis zur Veränderung der Praxis»[31] zu versuchen, in der die Qualifizierung der Beteiligten unmittelbar mit der Veränderung der Arbeitsweise und -organisation verbunden sein sollte. In der Folge wurden eine Reihe von funktional aufeinander bezogenen Arbeitsformen entwickelt (Arbeitsfeldmodell, Institutionenberatung, Studientagung, Lehrgang, Veröffentlichungen, Curriculumentwicklung[32], die je nach Arbeitsbereich (Behördenveränderung, Gruppensupervision, offene Jugendhilfe, Gemeinwesenarbeit[33]) systematisch miteinander verknüpft werden können. Im vergangenen Jahr wurde dies weiter differenziert; für den Arbeitsbereich Gemeinwesenarbeit wurde ein gemeinwesenbezogenes

Fortbildungskonzept[34] in Angriff genommen, das sich nicht mehr nur an Sozialarbeiter richtet, sondern gleichzeitig auch an Lehrer, Erzieher, Jugendpfleger usw. als Multiplikatoren auf Grund gemeinsamer Erfahrungen und eines gemeinsamen Arbeitsbereichs (nicht mehr auf Grund ihrer gemeinsamen Führungsposition). Wohl wissend, daß Sozialarbeit und Sozialpädagogik die gesellschaftlichen Arbeits- und Lebensbedingungen derer, auf die sie sich beziehen, nicht grundsätzlich zu ändern vermag, müssen sich Änderungsansätze doch von der Analyse dieser Lebensbedingungen her legitimieren.

Die Teilnehmer sollen lernen, Zielgruppen in ihrer gesellschaftlichen Lage und nicht nur als potentielles Objekt ihrer Interventionsformen zu sehen. Intendiert ist die Verhinderung des Auseinanderdividierens der Kollegen (durch Reformmodelle) und die Absicherung ihrer Reforminteressen; dies schließt bewußt den Konflikt mit den Verwaltungsspitzen mit ein. Institutionelle Reformen sollen durch Druck von außen (Initiativen der Betroffenen) und von unten (Fachbasis) durchgesetzt werden. Diese Form der Fortbildung erfordert von den Fortbildern nicht nur die Bekundung eines Interesses, sondern notwendig ihre eigene und unmittelbare Beteiligung an der Praxis.

Unser Versuch der Entwicklung einer Fortbildungskonzeption für Mitarbeiter in bremischen Jugendfreizeiteinrichtungen ist vor dem Hintergrund und im Zusammenhang der in diesem Kapitel skizzierten Situation der Fortbildung im Bereich der Sozialarbeit und Sozialpädagogik zu sehen. Er ist selbst ein Resultat der dargestellten Widersprüche und ein Versuch, aus diesen Widersprüchen praktische Konsequenzen zu ziehen. So bewußt er sich von traditioneller Fortbildungsarbeit absetzt, steht er in Übereinstimmung mit jenen Ansätzen, deren Struktur und Prinzipien auf die Durchbrechung der affirmativen Funktion herrschender Fortbildungspraxis abzielen. Fortbildung als die Aufgabe kritischer Vermittlung von Theorie und Praxis kann sich weder mit der bloßen Verbesserung sogenannter bewährter Methoden und Organisationsformen der Praxis, mit Notfallhilfe und der Vermittlung von Patentrezepten zufriedengeben, noch darf sie sich auf die theoretische Unterweisung, die Weitergabe sogenannter neuer Ergebnisse und Erkenntnisse beschränken. Sie kann Handlungsperspektiven nur entwickeln, wenn sie die Widersprüche und Probleme, mit denen Sozialarbeiter und Sozialpädagogen in ihrer beruflichen Praxis konfrontiert sind, ihrer Unmittelbarkeit entkleidet, sie als Erscheinungsformen fundamentaler gesellschaftlicher Widersprüche begreifbar werden läßt, um aus solcher Erkenntnis der gesellschaftlichen Bestimmtheit des eigenen Handlungsfeldes zu neuen Orientierungen in der Praxis, neuen Handlungsformen und ihrer Erprobung vorzustoßen.

Diese Zielsetzung ermöglicht eine begründete Auswahl der Fortbildungsinhalte, die auf diese Weise ihrer Zufälligkeit, Beliebigkeit und Zusammenhanglosigkeit enthoben werden.

Bezieht sich Fortbildung nämlich konsequent auf das Begreifen der eigenen Praxis, so muß sie sich notwendig mit denjenigen Bedingungen auseinandersetzen, die jeder sozialpädagogischen Praxis – unabhängig von den subjektiven Intentionen derer, die sie betreiben – vorausgesetzt sind. Jede pädagogische Praxis bezieht sich auf Adressaten; Fortbildung muß sich deshalb mit den gesellschaftlichen Lebenszusammenhängen der jeweiligen Adressaten(-gruppen) befassen, ihrer ökonomischen und sozialen Situation, ihren Bedürfnissen und Interessen, mit der Art und Weise, wie sie ihre Lage in ihrem Bewußtsein begreifen und verarbeiten. Erst aus der Bestimmung dieser Zusammenhänge lassen sich Formeln wie z. B. «Jugendarbeit im Interesse der Betroffenen» inhaltlich füllen.

Jede pädagogische Praxis vollzieht sich unter bestimmten institutionellen Bedingungen. Fortbildung muß diese nach drei Seiten aufzuklären suchen: nach ihrer Bedeutung für die Interessen der Adressaten, nach ihrer Bedeutung für die eigenen Interessen (denn auch Sozialarbeit ist Lohnarbeit[35]) und hinsichtlich ihrer gesellschaftlichen Voraussetzungen und Funktion. Im Hinblick auf diese beiden grundsätzlichen Dimensionen lassen sich schließlich begründete Konsequenzen ziehen, die die kritische Überprüfung der bisherigen Praxis ebenso erlauben, wie sie eine Orientierung für die Entwicklung und Erprobung neuer Praxisformen darstellen.

Unsere Fortbildung für Mitarbeiter in Jugendfreizeiteinrichtungen hatte deshalb drei Teile:

1. Die Adressaten des Jugenfreizeitheims[36],
2. institutionelle Bedingungen der Arbeit im Jugendfreizeitheim,
3. politische Bildung im Jugendfreizeitheim – Probleme der Praxis.

Diese Zielsetzung der Fortbildungsarbeit bestimmt auch ihre grundlegende didaktische Struktur.[37] Um nicht gesellschaftlichen Erscheinungen verhaftet zu bleiben, aber auch die Teilnehmer nicht mit abstraktem, für sie in seiner Bedeutung nicht einsichtigem Wissen zu konfrontieren, müssen die in der Fortbildung organisierten Lernprozesse ihren Ausgang nehmen von exemplarischen praktischen Erfahrungen, Problemen und Konflikten der beruflichen Praxis. Dies geschieht nicht im Sinn eines pädagogischen Aufhängers, sondern weil es gerade diese Praxis ist, die zur Überprüfung und Veränderung ansteht. Gemeinsam sind diese Erfahrungen auf die Möglichkeit der Verallgemeinerung, auf ihre Ursachen und Bedingungen hin zu untersuchen, das heißt, sie sind begrifflich zu verarbeiten, zu objektivieren und damit in einen gesellschaftlichen Zusammenhang zu stellen.

Der Lernprozeß ist also als Forschungsprozeß der Beteiligten zu organisieren, auch wenn und gerade weil er ständig auf bereits vorliegende Ergebnisse zurückgreift; denn nur so bietet er die Gewähr, daß den Lernenden die begriffliche Entwicklung auf jeder Stufe einsichtig und plausibel bleibt.

Als Ergebnis dieser «analytischen Reduktion»[38] ist die eigene Praxis ihrer scheinhaften Unmittelbarkeit entkleidet und als gesellschaftlich produzierte Praxis begriffen. Dabei kann der Lernprozeß jedoch nicht verharren, sonst blieben die praktischen Folgerungen – wie nicht selten auch in kritischer Fortbildung geübt – wiederum allein den Praktikern aufgebürdet. Vielmehr müssen die gewonnenen Erkenntnisse wieder auf das praktische Handeln zurückbezogen, Möglichkeiten der Durchsetzung der gewonnenen Perspektive untersucht und erprobt werden. Denn erst in diesen neuen Versuchen und Erfahrungen und ihrer erneuten Reflexion konkretisiert und stabilisiert sich das durch den durchschrittenen Erkenntniszusammenhang erschlossene gesellschaftliche Bewußtsein.

Wir sind uns darüber klar, daß unsere Fortbildung diesen Erkenntnisprozeß nur einleiten, nicht aber zu Ende führen konnte. Auch die «analytische Reduktion» konnte unter den gegebenen Bedingungen nur bis zu einem bestimmten Grad der Einsicht in die politische Funktion der Jugendarbeit, nicht aber bis in die Grundkategorien der kapitalistischen Produktionsweise vordringen.

Aber zum einen gelangt ein solcher Lernprozeß ohnehin nie an ein «Ende», zum anderen dürfte er letzten Endes weniger durch Fortbildungsveranstaltungen als vielmehr durch die gesellschaftlichen Widersprüche selbst vorangetrieben werden.

Die Realisierung einer solchen Konzeption von Fortbildung hängt ab von einer Reihe von Bedingungen, die abschließend kurz benannt sein sollen.

Um die Kontinuität und Langfristigkeit einer solchen Arbeit, von der ihr Erfolg abhängt, sicherzustellen, braucht sie Zeit. Angemessen ist deshalb eine Fortbildungsreihe, die mehrere systematisch aufeinander bezogene und abgestimmte Veranstaltungen und unterschiedliche Arbeitsformen umfaßt. In diese Kontinuität gehört notwendig auch eine kollektive Lehrgangsleitung bzw. die permanente Anwesenheit dieses Teams.

Die Fortbildung sollte sich auf eine homogene Teilnehmergruppe beziehen. Dies erleichtert nicht nur die Aufarbeitung der gemeinsamen Erfahrungen, Probleme und Interessen; es ist auch bei der Erprobung und Durchsetzung alternativer Handlungskonzepte von entscheidender Bedeutung.

Große Bedeutung kommt auch der Überwindung der traditionellen Rollen als Lehrende und Lernende zu. Die Vermittlung von Theorie und Praxis ist ein gemeinsamer Prozeß, in den die Beteiligten unterschiedliche Kenntnisse und Erfahrungen einzubringen haben. Dies gilt bereits für die Planung der Veranstaltungen, die gemeinsam, nicht aber von den einen für die anderen durchzuführen ist. Auch während der Durchführung sind Lehren und Lernen keine statisch getrennten Funktionen; das

Leitungsteam lehrt nicht nur, sondern wird in dem Maß zum Lernenden und Belehrten, wie es bereit ist, sich auf die konkreten Praxisprobleme einzulassen. Gerade darin unterscheidet es sich vom klassischen Referenten.

Untersuchung der eigenen Praxis, ihre Kritik und Veränderung bringen stets ein erhebliches Maß an Verunsicherung mit sich, das Abwehr erzeugt. Fortbildung muß diese emotionalen Bedingungen des Lernens berücksichtigen. Die (anerzogene und unter kapitalistischen Lebensverhältnissen überlebensnotwendige) Angst, seine Schwäche und Hilflosigkeit anderen mitzuteilen und anzuvertrauen, wird im Rahmen einer solchen Arbeit um so eher abgebaut werden können, je eher der einzelne die Erfahrung machen kann, von den anderen auch in kritischen Situationen nicht verstoßen, sondern solidarisch unterstützt zu werden.[39] Wenn es darum geht, die Selbständigkeit und Handlungsfähigkeit der Kollegen zu erhöhen, wird Fortbildung eher an ihre positiven Intentionen (und die Ursachen, die ihre Verwirklichung verhindern) anknüpfen, als ihnen ihre Unzulänglichkeit vor Augen zu führen.

Schließlich darf sich das Team nicht auf eine Position wissenschaftlicher Neutralität zurückziehen – auch und gerade nicht in kritischen Situationen. Da eine solche Neutralität eine Fiktion ist, wirkt die Tarnung unglaubwürdig. Auch hierin unterscheidet es sich vom klassischen Referenten, der hinter der Maske neutraler Objektivität sein leidenschaftliches Interesse am Status quo oder zumindest seine Gleichgültigkeit gegenüber Veränderungen verbirgt.

Fortbildung für Mitarbeiter in Jugendfreizeitheimen

Einleitung

Wie kam es zu der Kooperation zwischen dem Jugendamt/Abteilung Jugendförderung und der Universität Bremen/Diplomstudiengang Sozialpädagogik?

Die Initiative für eine Fortbildung in Zusammenarbeit mit der Universität Bremen ging von Mitarbeitern in Bremer Jugendfreizeitheimen aus, die in der Abteilung Jugendförderung des Jugendamts Bremen zusammengefaßt sind.

Wie bei den ersten Kontaktgesprächen deutlich wurde, lag der Grund für diese Initiative einiger Kollegen, die innerhalb der Abteilung auf Interesse stieß, vor allem in der Erfahrung und Einschätzung bisheriger Fortbildungsarbeit der Abteilung.

Diese Fortbildung hatte in einer Anzahl nicht miteinander zusammenhängender und zeitlich weit auseinanderliegender Wochenseminare der üblichen Art bestanden. Gewöhnlich wurde in diesen Kursen zunächst ein möglichst namhafter Referent gehört, der zu «Grundsatzfragen» der Jugendpflege Stellung nahm. In den sich anschließenden Arbeitsgruppen breitete sich oft Hilflosigkeit aus, mit dem Gehörten umzugehen. So heißt es zum Beispiel in einem Protokoll einer Fortbildungstagung von 1968 recht unverblümt: «Ausgehend von dem Referat, das Herr Hentschel zur Einführung des Lehrgangs als Diskussionsgrundlage hielt, blieb der AG nicht sehr viel Spielraum zur eigenen Erarbeitung. Die angebotenen Thesen waren vom Referenten wissenschaftlich und nach neuesten Untersuchungen herausgestellt worden. Eine unbefangene Analyse war deshalb schon aus zeitlichen Gründen nicht möglich.»[40]

In dieser Art Fortbildung mögen wichtige Informationen zu einzelnen Fragen vermittelt worden sein; aus ihr konnten aber – und das war auch den betroffenen Kollegen zunehmend deutlich – keine systematischen und konkreten Impulse für eine Weiterentwicklung und Vereinheitlichung der JFH-Arbeit in Bremen ausgehen.

Das Interesse von Hochschullehrern und Studenten des Diplomstudiengangs Sozialpädagogik an dem Angebot zur Zusammenarbeit mit der Abteilung Jugendförderung stand in engem Zusammenhang mit den Bemühungen um das Projektstudium an der Universität Bremen. Wollte der Studiengang mit dem Anspruch eines kontinuierlichen Praxisbezugs innerhalb der Ausbildung von Diplom-Sozialpädagogen Ernst machen, so bot der organisierte langfristige Kontakt mit den Mitarbeitern der Jugendfreizeitheime im Rahmen einer Fortbildung eine gute Möglichkeit.[41]

Strukturen der Abteilung Jugendförderung im Jugendamt Bremen

Eine wichtige Bedingung für die Organisierung eines gemeinsamen Lernprozesses war die Tatsache, daß alle Mitarbeiter des Bereichs der JFH-Arbeit an der Fortbildung beteiligt waren. Nur wenige Kollegen machten von der Möglichkeit Gebrauch, in begründeten Fällen die Arbeit im Heim der Dienstbefreiung für die Lehrgänge vorzuziehen. Durch diese Homogenität der Teilnehmer in Bezug auf ihren Arbeitsplatz konnte nicht nur von einem gemeinsamen Erfahrungshintergrund, sondern auch von der Möglichkeit gemeinsamer Entwicklung und Erprobung praktischer Ansätze ausgegangen werden.

In Bezug auf andere, für das gemeinsame Lernen wichtige Aspekte allerdings gab es erhebliche Unterschiede zwischen den Teilnehmern:

- Uneinheitlichkeit der Ausbildung: Neben den zumeist jüngeren pädagogischen Fachkräften wie Sozialarbeitern und Sozialpädagogen gab es eine Anzahl von Kollegen mit handwerklicher Ausbildung oder verschiedenen Berufserfahrungen, die nach mehr oder weniger sorgfältiger Umschulung zur Arbeit im Freizeitheim gestoßen waren.
- Uneinheitlichkeit der beruflichen Erfahrungen: Einige Kollegen waren bereits seit nahezu zwanzig Jahren in Freizeitheimen tätig, andere hatten nur geringe oder noch gar keine Berufserfahrung (Praktikanten).
- Unterschiedliche Stellung innerhalb der Abteilungshierarchie: Neben dem Abteilungsleiter und dessen Stellvertreter und den entsprechenden Sachbearbeitern waren die Bezirksjugendpfleger, Heimleiter, einfache Mitarbeiter und Praktikanten der Jugendfreizeitheime vertreten.
- Uneinheitlichkeit des politischen Bewußtseins: Während einige Teilnehmer bereits vor Beginn der Fortbildung mit einem wie immer gearteten politischen Selbstverständnis ihrer Arbeit im Jugendfreizeitheim auftraten, konnte bei einem Großteil der Mitarbeiter nicht vorausgesetzt werden, daß sie sich bereits mit der politischen Funktion ihrer Arbeit gründlich und intensiv auseinandergesetzt hatten. Politische Bildung im JFH wurde von ihnen dementsprechend eher als *ein* Bestandteil des Angebots (unter anderen z. B. musischen oder handwerklichen) aufgefaßt.

Eine solche Unterschiedlichkeit in objektiver und subjektiver Hinsicht kann zunächst auch kein einheitliches inhaltliches Interesse an Fortbildungsveranstaltungen hervorbringen. Eine Sammlung von möglichen Inhalten, Problemen und Themen für die Fortbildung unter den Kollegen ergab Vorschläge zur Diskussion unmittelbarer Tagesprobleme wie «Arbeit mit randständigen Jugendlichen» oder «Mitbestimmung und Mitverwaltung in den Jugendfreizeitheimen» ebenso wie das Interesse an der Klärung allgemeiner und grundlegender Fragen, zum Beispiel «Erarbeitung von Fachbegriffen in der pädagogischen Diskussion» oder «Politische Bildung und Kritik der Gesellschaftsformen».[42] Aus diesem Themenkatalog spricht eine gewisse Unsicherheit der Mitarbeiter gegenüber ihrer eigenen Praxis und deren Orientierung, die sie entweder durch unmittelbare «Handreichungen» oder durch die Klärung von «Grundbegriffen» überwinden zu können glaubten.

Konkretisierung der Konzeption

Unser Anspruch, in den Lehrgängen an den unmittelbaren Erfahrungen und Kenntnissen der Fortbildungsteilnehmer über den JFH-Bereich anzuknüpfen, mit ihnen gemeinsam diese Erfahrungen auf gesellschaftliche Strukturen zurückzuführen und sie ihnen dadurch verfügbar zu machen, dieser Anspruch ließ sich nur unter bestimmten Bedingungen verwirklichen, die die Struktur und den Spielraum der Fortbildung betrafen. Entscheidend schienen uns folgende Erfordernisse:

- Kontinuität und Langfristigkeit der Fortbildung; das heißt ein Verbund von mindestens drei Wochenlehrgängen in etwa halbjährlichem Abstand mit der Möglichkeit regelmäßiger zwischenzeitlicher Weiterarbeit an den jeweils aus den Lehrgängen hervorgegangenen praktischen und theoretischen Fragen;
- gleicher Teilnehmerkreis, da die Lehrgänge aufeinander aufbauen;
- die Möglichkeit aller Teilnehmer zur Mitarbeit und Kontrolle bei Planung und Durchführung der Fortbildung; damit dies nicht ein leeres Postulat bleibt, müssen dafür folgende Bedingungen hergestellt sein: rechtzeitige Bereitstellung unserer inhaltlichen und methodischen Vorschläge; abteilungs-öffentliche Vorbereitungstreffen; gemeinsame Auswertung, die schriftlich vorgelegt wird;
- die Möglichkeit für die Teamer, sich partiell am Geschehen in den Jugendfreizeitheimen zu beteiligen, sei es, um geplante Aktivitäten gemeinsam durchzuführen, sei es, um zu hospitieren und die Arbeitsbedingungen der Mitarbeiter genauer kennenzulernen. Obwohl dieser Anspruch von uns nicht in die Tat umgesetzt worden ist, halten wir an seiner Bedeutung fest: nicht nur haben die Teilnehmer der Fortbildung ein Recht darauf, sich in die Planung gemeinsamer Lernprozesse einzumischen; ebenso wichtig ist es für die Teamer, einen Einblick in die konkreten lokalen Bedingungen der jeweiligen Heime zu gewinnen und diese Bedingungen in die Planung der Fortbildung einzubeziehen.

Aus diesen Prinzipien ergaben sich eine Reihe von Lern-, Arbeits- und Umgangsformen, die insbesondere für das Gelingen der Lehrgänge und zur Überwindung der eingeschliffenen und durch die übliche Lehrgangsform stets reproduzierten Lehrgangsrollen von Bedeutung sind:

- Konsequente Vermeidung von Vorträgen, statt dessen wurde zu jedem Arbeitsschritt der Lehrgänge schriftliches Arbeitsmaterial vorgelegt, das gemeinsam gelesen und diskutiert wurde;
- Arbeit in kleinen Gruppen von 8–15 Teilnehmern, Plenen nur zur Absprache der Arbeitspläne und zum vereinheitlichenden Austausch

von Arbeitsergebnissen;
- keine Arbeitsteilung zwischen den Kleingruppen, sondern parallele Bearbeitung der gleichen Materialien. Es schien uns wichtiger und sinnvoller, eine gemeinsame Arbeitsgrundlage aller Teilnehmer herzustellen, als der verbreiteten Illusion nachzujagen, eine frühe Arbeitsteilung erbringe für alle effektivere Ergebnisse;
- Organisierung spezieller, «aktivierender Arbeitsformen» und die Erteilung von Arbeitsaufträgen, die nur durch gemeinsame, aber selbständige Arbeit kleiner Gruppen erfüllbar sind (z. B. das Planspiel im ersten Lehrgang, die Erarbeitung eines Katalogs von Forderungen im zweiten Lehrgang und bestimmte Konkretisierungsaufgaben für die Praxis im dritten Lehrgang);
- gemeinsames «Leben» im Lehrgang, das die in Arbeitssitzungen nicht immer erschließbaren Ebenen von Lernen und Erfahrung für die gemeinsame Arbeit am Thema nutzbar macht; entscheidend ist dabei ein ausgewogenes Verhältnis von «Arbeit und Entspannung», ein Anspruch, der auch für die Arbeit im Jugendfreizeitheim von Bedeutung ist.

Lehrgang I: «Selbstverständnis und Wirklichkeit der Jugendfreizeitheime»

Zielsetzung
Thema und Inhalte dieses ersten Lehrgangs resultierten aus folgenden Überlegungen:
- Die Wirklichkeit im Jugendfreizeitheim macht täglich erfahrbar, daß die Besucher von Jugendfreizeitheimen unterschiedliche Erwartungshaltungen und Verhaltensweisen an den Tag legen.
- Freizeitverhalten steht in engem Zusammenhang mit der familiären, schulischen und beruflichen Situation und verweist damit auf die soziale Herkunft der Jugendlichen; diese Herkunft unterliegt ihrerseits bestimmten sozialen und ökonomischen Bedingungen, die klassen- und schichtspezifisch sind.
- Freizeit und Freizeitverhalten sind wesentlich unterschieden von Arbeitszeit und Arbeitsverhältnis, aber gleichzeitig stehen beide in einem gegenseitig sich bedingenden Zusammenhang.
- Daraus ergibt sich insbesondere für den Freizeitpädagogen die Notwendigkeit, das Verhältnis von Freizeit, Arbeit und Freizeitpädagogik zu untersuchen und näher zu bestimmen.

Diese Rahmenzielsetzung wurde in folgende inhaltliche Lehrgangsabschnitte umgesetzt:

Thema 1: Unterschiedliches Freizeitverhalten der Besucher von Jugendfreizeitheimen

Die genaue Betrachtung des Freizeitverhaltens schärft den Blick für die unterschiedlichen Verhaltensweisen, Erwartungen und Interessen von Jugendlichen in ihrer freien Zeit.

Eine nivellierende Betrachtungsweise, deren reduziertes Verständnis ihres Gegenstandes sich im undifferenzierten Begriff «die Jugend» ausdrückt, wird damit in Frage gestellt. Das unterschiedliche Verhalten von Jugendlichen in der Freizeit verweist auf die Zugehörigkeit der Jugendlichen zu unterschiedlichen Klassen und Schichten und auf die damit zusammenhängenden Unterschiede in ihrer sozialen und ökonomischen Situation.

Das Lehrgangsmaterial I reißt in einer kurzen historischen Darstellung veränderte Einstellungen und Theorien zum Begriff der «Jugend» auf und illustriert unterschiedliches Freizeitverhalten von Jugendlichen an Hand zweier Berichte aus einem Ferienlager. Bemühungen während der Vorbereitung, einen geeigneten Bericht aus dem Bereich der Arbeit im Jugendfreizeitheim zu finden, blieben ohne Erfolg; auch für diesen Bereich mangelt es noch an entsprechenden konkreten Darstellungen.

Die in den Texten aufgezeichneten Verhaltensweisen sollten den Teilnehmern Gelegenheit bieten, sich vor dem Hintergrund ihrer eigenen Erfahrungen dazu zu äußern.

Lehrgangsmaterial I: Unterschiedliches Freizeitverhalten der Besucher von Jugendfreizeitheimen

In den fünfziger Jahren schien – «erhärtet» durch eine Theorie, die von Schelsky mit dem Begriff der «nivellierten Mittelstandsgesellschaft» kreiert wurde (die sich als ebenso einprägsam wie falsch erwies) – die Welt noch in Ordnung.

Auf diesem Hintergrund bildeten sich «Jugendtheorien» wie die von der «skeptischen Generation» (H. Schelsky: ‹*Die skeptische Generation. Eine Soziologie der deutschen Jugend*›, Düsseldorf 1957) heraus.

Wenn in den sechziger Jahren Blüchers Jugenduntersuchung mit dem Titel «Generation der Unbefangenen» (V. Graf Blücher: ‹*Die Generation der Unbefangenen*›, Düsseldorf 1966) und Begriffe wie «die Jugend als Subkultur» auf Fachtagungen und Konferenzen zitiert und diskutiert wurden, so stellte sich zu dieser Zeit ein Nachdenken und eine Kritik an diesen Untersuchungen und Nivellierungs-Theorien gerade bei Praktikern und Pädagogen ein.

Es ist kein Zufall, daß die Kritik eben von Praktikern und einer praxisorientierten Wissenschaft wie der Pädagogik ausging, da sich in der praktischen Arbeit die Unbrauchbarkeit eines nivellierten Angebotes an «die Jugend» zunehmend herausgestellt hatte.

Belege dafür sind u. a. A. Flitners ‹*Soziologische Jugendforschung. Darstellung und Kritik aus pädagogischer Sicht*› (1963), sowie die 1965/66 im Juventa Verlag erschienene achtzehnbändige Reihe ‹*Überblick zur wissenschaftlichen Jugendkunde*›.

Kurz: «Entgegen der verbreiteten Ansicht, im Freizeitverhalten der Bevölkerung hätten sich Klassen- und Schichtunterschiede weitgehend nivelliert, kann davon empirisch keine Rede sein. Bereits bei Jugendlichen zeigen sich deutliche Unterschiede des Freizeitverhaltens in Abhängigkeit von Differenzen der sozialen Herkunft, der schulischen und beruflichen Bildung . . . Im Freizeitverhalten von Jugendlichen setzen sich zum Teil diejenigen Muster fort, die auch in anderen Bereichen am ehesten Erfolg garantieren bzw. dort gelernt werden.» (R.M.Hansen, H.Lüdtke: ‹*Sozialwissenschaftliche Grundlagen einer modernen Freizeitpädagogik*›. In: *deutsche jugend* 11, 1971, S. 515.)

Verdeutlicht werden soll das in dem oben angeführten Zitat Ausgesagte an Hand folgenden Berichtes aus einem Ferienlager:

«Klassenspezifisches Verhalten am Beispiel zweier Gruppen des Studiocamps

Vorgehen: Die beobachtenden Personen (. . .) beschäftigten sich mit zwei extrem verschiedenen Gruppen zum Vergleich. Sie setzten sich mit Mitgliedern dieser Gruppen zusammen, um spezifisches Verhalten der Gruppen an konkreten Beobachtungen aufzuhängen. Der Vergleich erbrachte generalisierbare Unterschiede in den Verhaltensbereichen: Sprache – Bewußtseinsgrad und Mitteilen von Problemen – Kontakte – Initiative – Gruppenkonformität – Frustrationstoleranz (bzw. Ertragen des Aufschubs von Gratifikationen) – Sexualität – Aktivitäten. (. . .)

Die Berliner Gruppe

Alle Kinder sind Unterschichtkinder. Das Märkische Viertel ist eine kahle, neugebaute Vorstadt, wo hauptsächlich Arbeiterfamilien leben. Die Eltern wurden von der Teamerin vor dem Lager besucht, waren aber wenig interessiert an der pädagogischen Konzeption und meist nur froh, für ein paar Wochen ein Kind weniger zu Hause zu haben. Schwierigkeiten wegen der Konfrontation mit den anderen überwiegend mittelständischen Kindern waren vorauszusehen.

Sprache: Die Berliner gebrauchten sehr oft Wörter wie ‹kriminell› oder ‹verfault›, d. h. sie brauchen Schlagwörter sehr häufig und undifferenziert. Sie sprechen Berliner Dialekt und brauchen nie Fremdwörter, ihre Sprache bleibt auf der konkreten Ebene, und es scheint eine gewisse Unfähigkeit zu bestehen, diese Ebene zu verlassen, sowie Ablehnung, wenn andere sie verlassen. Man kann folgende Äußerungen hören: ‹Ick will den Jungen doch nich den janzen Tag am Arsch haben› oder ‹Du hast 'ne Fresse wie'n Feuamelda, direkt zum Reinschlagen›, d. h. die Sprache ist drastisch und unmittelbar. Aggressionen können direkt ausgedrückt werden.

Kontakt: Man tritt mit anderen Gruppen oder anderen Teilnehmern z. B. dadurch in Kontakt, daß man sich an einem Fußballspiel beteiligt. Kontakt wird – wenn überhaupt – non-verbal aufgenommen oder über einen Zweck, z. B. daß man in einem anderen Zelt etwas haben will und dann dort bleibt.

Man geht im allgemeinen nicht zu einer Teamerin, um sich über ein bestimmtes Thema zu unterhalten, sondern um sich mit der Person zu unterhalten. Das geschieht mit der eigenen Teamerin sehr häufig, mit fremden fast gar nicht. Die Kontakte sind also nicht sachorientiert, sondern personenorientiert. Die Häufigkeit von Kontakten mit den eigenen Teamerinnen drückt vielleicht ein starkes Bedürfnis nach freundlicher Autorität aus.

Wenn die Teamerinnen mit einzelnen sprechen, so erfahren sie sehr viel mehr als in einer öffentlichen Diskussion. Bei einer öffentlichen Diskussion wird deutlich die Unfähigkeit, Diskussionsbeiträge aufzuschieben und an der richtigen Stelle einzusetzen, andererseits Schüchternheit, überhaupt welche zu bringen, sowie die mangelnde Fähigkeit, sich auf ein abstraktes Niveau einzulassen. (. . .)

Bewußtseinsgrad: Wenn über Probleme geredet wird, so werden hauptsächlich konkrete Beschreibungen geliefert, es schließt sich keine theoretische Reflexion der eigenen Situation an. Das Verhalten ist überwiegend emotional geleitet.

Initiative: Die Berliner kümmerten sich nach einem Gewitter, bei dem die Zelte vom Sturm z. T. umgerissen wurden, nicht um ihre Zelte und ihre Sachen und halfen auch nicht beim Aufbau. Sie interessierten sich für Sport, aber sie organisierten keine sportlichen Aktivitäten und scheuen den langen Weg zum Sportstudio. Sie organisieren auch keine anderen Aktivitäten, außer Musikhören, ins Beatzelt oder Baden gehen. Es gibt wenig Aktivitäten für eigene bzw. produktive Aktivität, kaum Initiative, die eigene Lage zu verbessern (Zelte beim Gewitter). Sie zeigen ein ausgeprägtes Konsumverhalten.

Gruppenkonformität: ‹Ich geh malen, malst du auch?› – ‹Ich hab keine Lust.› – ‹Dann mal ich auch nich.› Das ist ein typischer Wortwechsel, der ein Verzichten auf eigene Interessen ausdrückt, wenn sie nicht von allen geteilt werden. Sie haben die Tendenz, lieber gemeinsam aufs Klo zu gehen, gemeinsam Wäsche zu waschen, gemeinsam ins Beatzelt zu gehen oder zum Jugendhof. Dies sind Anzeichen für eine starke Gruppenkonformität und eigene Unselbständigkeit.

Frustrationstoleranz: (. . .) Als Kollagen gemacht werden, fangen einige an, Comics zu lesen. Sie lassen sich nicht darauf ein, sie später zu lesen und sich zunächst zu beteiligen. Die Fertigkeit, Frustrationen zu ertragen und Befriedigung aufzuschieben, ist sehr gering, ebenso die Ausdauer. (...)

Die Wolfenbütteler Gruppe

Vorgeschichte: Die Gruppe stammt zum großen Teil aus einer evangelischen Jugendgruppe und war ganz bewußt mittelschichtspezifisch zusammengestellt. Alle Kinder sind auf der Oberschule, und die Gruppe ist durch intensive Gruppenprozesse stark zusammengewachsen. Sie vertritt eine ‹Anti-Studio-Konzeption›, d. h. eine Mischung aus musischem Studio, Selbsterfahrungsgruppe, Theaterimprovisation und Schülerbasisgruppe. Die Gruppe hat zusammen drei Vorbereitungsfahrten durchgeführt und drei Elternabende gemacht. In Zukunft soll ein Elternförderungskreis gegründet und die Anti-Studio-Konzeption ausgebaut werden.

Beobachtungen bei der Gruppe: Die Jungen und Mädchen wissen z. B., was Frustration, Ich-Stärke oder Onanie heißt, und können solche Wörter benutzen, d. h., sie haben eine ziemlich abstrakte Sprache und benutzen viele Fremdwörter. Außerdem sprechen sie keinen Dialekt. Sie sitzen oft zusammen, besonders abends, und sprechen über sich selbst, über Probleme in der Gruppe. Sie machen das intensiv und ausdauernd. D. h., es werden Selbsterfahrungsgespräche und Diskussionen über die Gruppensituation geführt. Probleme werden reflektiert und eingeordnet.

Einer wird nachgeäfft, z. B. ‹Ich bin ja immer der Kleinste. – Ach, armer Kleiner› usw. Es wird von der Gruppe wahrgenommen und besprochen, daß jemand sich minderwertig oder als Außenseiter fühlt. D. h., die Gruppe ist sensibel zueinander und kann phantasievoll und bewußt aufeinander reagieren. Die Gruppe ist interessiert, die Probleme einzelner bewußtzumachen und lösen zu helfen.

Die Gruppe spielt Fußball, prügelt sich, tobt herum usw. D. h. weil es Spaß macht, und zum Ausgleich werden auch traditionell als ‹altersgemäß› angesehene Aktivitäten gemacht.

Es bestehen keine Kontakte zu der Berliner Gruppe, man lehnt sie ab mit den Worten: ‹Ach die, mit denen kann man ja doch nicht reden›. D. h., es bestehen Vorurteile, und die extrem andere Gruppe wird gemieden.

Die Gruppenmitglieder nehmen an fast allen Studios teil (Sport, Batik, Sexualstudio, Rotes Schülerbuch, Foto), sie haben ein eigenes Studio (Kommunikationsstudio) eingerichtet. D. h., die Gruppe ist interessiert und aktiv und besitzt Eigeninitiative.

Jungen und Mädchen wohnen in einem Zelt zusammen. D. h., es besteht zwischen Jungen und Mädchen ein ziemlich kameradschaftliches Verhältnis. Sie sind fähig zusammen zu leben und betrachten sich als Diskussionspartner, Mitspieler und Mitarbeiter. Jungen und Mädchen sieht man nie als Freund und Freundin zusammen (kein Händchenhalten, Miteinandergehen, keine Zärtlichkeiten usw.). D. h., Sexualität wird unbewußt abgelehnt (verdrängt) oder wird nur rational diskutiert, nicht aber gelebt.» (J. Fiege u. a.: ‹*Jugendcamp '70*›. Berlin 1971, Deutscher Pfadfinderverlag, S. 183 ff)

Dieser Bericht erschien deshalb von Interesse, weil er die Fragen aufwirft: Kommen die Besucher (Lehrlinge und Oberschüler) von JFH in Bremen ebenfalls aus unterschiedlichen Schichten? Machen die Mitarbeiter von JFH in Bremen ebenfalls unterschiedliche Beobachtungen im Freizeitverhalten bei Lehrlingen sowie bei Oberschülern? Sind die im Bericht enthaltenen Wertungen des unterschiedlichen Verhaltens gerechtfertigt?

Weiterführende Literatur

Dieser und die folgenden Hinweise auf weiterführende Literatur sind absichtlich knapp gehalten; sie sollen den theoretischen Kontext der Arbeitsmaterialien andeuten und Anregungen für die vertiefende Weiterarbeit vermitteln. Dabei kann es an dieser Stelle nicht darum gehen, sich mit den unterschiedlichen politischen Folgerungen, die in den Arbeiten mit historisch-materialistischem Anspruch gezogen werden oder angelegt sind, ausführlich auseinanderzusetzen; vielmehr soll die Auswahl gerade auf die vorhandenen Auseinandersetzungen hinweisen.

Konkrete Beschreibungen (nicht nur Benennungen) schichten- und klassenspezifischer Verhaltensweisen von Kindern und Jugendlichen sind trotz der Literaturflut zu diesem Thema relativ selten. Vermutlich ist diese Funktion heute auf andere, in dieser Hinsicht dem Buch überlegene Medien – wie etwa den Film – übergegangen. Anschauliche Materialien aus der pädagogischen Arbeit mit proletarischen Kindern enthalten der ‹*Schülerladen Rote Freiheit*› (1971), Lutz v. Werder (1972), der Bericht der Projektgruppe Brelohstraße (1973) und ‹*Blumen und Märchen*› (1974). Sie dokumentieren die Lebenswelt der Arbeiterkinder, ihre materielle und soziale Lage, die besonderen Konflikte, denen sie ausgesetzt sind, die Art und Weise, wie sie diese zu bewältigen suchen, und die Möglichkeiten, Schwierigkeiten und Grenzen pädagogischer Unterstützung. Über Widersprüche und Konflikte der Arbeit im Jugendfreizeitheim berichtet detailliert Derschatta (1974), über schichtspezifische Reaktionsweisen auf Angebote der Jugendarbeit E. Knieschewski (1974).

Autorenkollektiv: ‹*Schülerladen Rote Freiheit. Analysen, Protokolle, Dokumente*›. Frankfurt/M. 1971.

Projektgruppe Brelohstraße: ‹*Hi ha ho – die Bonzen komm'n ins Klo! Bericht über zwei Jahre proletarische Vorschulerziehung*›. Hamburg 1973.

L. v. Werder: ‹*Von der antiautoritären zur proletarischen Erziehung. Ein Bericht aus der Praxis*›. Frankfurt/M. 1972.

Autorengruppe Westberliner Volkstheaterkooperative: ‹*Blumen und Märchen. Stadt-*

teilarbeit mit Kindern im MV Berlin› Reinbek bei Hamburg 1974.
E. Derschatta: *‹Frei? Zeit? Heim? Das Freizeitheim in der Münchener Au›*. München 1974.
E. Knieschewski: *‹Schichtspezifische Reaktionsweisen auf Angebote der Jugendarbeit›*. In: *deutsche jugend* 9, 1974, S. 395–406.

Thema 2: Zur sozialen und ökonomischen Situation der Arbeiter in der BRD

Die Frage nach der Herkunft der Jugendlichen im Jugendfreizeitheim macht nun eine genauere Betrachtung der sozialen und ökonomischen Situation der Arbeiter in der BRD erforderlich. Die Beschäftigung gerade mit der Situation der Arbeiter erfolgt aus dreierlei Gründen: Zum einen stellen die Arbeiter mit ca. 50 % den größten Anteil der arbeitenden Bevölkerung; zum anderen bezieht sich die emanzipatorische Freizeitpädagogik, die sich die Herstellung von Chancengleichheit zum Ziel setzt, in besonderem Maß auf die «unterprivilegierte Schicht» der Arbeiterjugend. Schließlich kommt der Arbeiterjugend als Teil der Arbeiterklasse auch eine besondere politische Bedeutung zu.

Es sollte versucht werden, die wechselseitigen Zusammenhänge von Arbeitsplatz und Arbeitssituation, dem Charakter der Arbeit, der Einstellung des Arbeiters zu seiner Arbeits- und Lebenssituation, der Auswirkungen der materiellen Lage und der Arbeitssituation auf die Wohnverhältnisse, auf das Familienleben und die Sozialisation der Arbeiterkinder und -jugendlichen und deren Verhalten in Familie, Schule, Betrieb und Freizeit zu skizzieren und zu diskutieren.

Das Lehrgangsmaterial II stellte für diese Zusammenhänge Daten zur Verfügung und versuchte diese durch einen illustrierenden Text von G. Wallraff zur konkreten Situation des Arbeiters in der Produktion und einen mehr verallgemeinernden Text von H. Ortmann zu verdeutlichen.

Lehrgangsmaterial II: Zur sozialen und ökonomischen Situation der Arbeiter in der BRD

Immer mehr Statistiken, Beschreibungen und Untersuchungen über die soziale Situation der Bevölkerung weisen fundamentale Unterschiede gesellschaftlicher Schichten und Klassen in Bezug auf Einkommen, Situation am Arbeitsplatz, Wohnverhältnisse, Schul- und Berufsausbildung nach.

Rein quantitativ zeigt sich zunächst, daß die Arbeiter (manuelle Tätigkeit in Industrie und Handwerk) mit 48,5 % die größte Gruppe der Lohnabhängigen in der BRD darstellen.

Da gerade über diese gesellschaftlich unterprivilegierteste Schicht, ihre Lebensbedingungen und Perspektiven oft große Unklarheit und Meinungsverschiedenheit herrschen, sollen im folgenden proletarische

Lebensverhältnisse nicht als isolierte Einzeldaten, sondern als Zusammenhang sich wechselseitig bedingender Umstände dargestellt werden:

1. Die allgemeine Situation am Arbeitsplatz und der Charakter der Arbeit;
2. Die Einstellung der Arbeiter zu ihrer Lebenssituation; die Widerspiegelung der Arbeitserfahrungen im Bewußtsein der Arbeiter;
3. Die Auswirkungen der materiellen Lage und der Arbeitssituation auf die Wohnverhältnisse und das Familienleben;
4. Die Konsequenzen für die Erziehung der Arbeiterkinder in Familie, Schule und Betrieb, für ihr Verhalten am Arbeitsplatz und in der Freizeit.

Bei der Darstellung dieser Zusammenhänge erweist sich – das ist die These – die Situation und das Bewußtsein der proletarischen Jugendlichen als Resultat der Sozialisationsbedingungen in der Arbeiterfamilie.

Zu 1.

Zur Charakterisierung der Arbeitsplatzsituation eines Industriearbeiters sollen die Aufzeichnungen von Günter Wallraff dienen, der in verschiedenen westdeutschen Großbetrieben längere Zeit am Arbeitsprozeß teilgenommen hat. Seine unmittelbaren Erlebnisse am Arbeitsplatz geben ein anschauliches Bild dessen, was ein großer Teil der werktätigen Bevölkerung tagtäglich erlebt:

«‹Das Band frißt Menschen und spuckt Autos aus›, hatte mir ein Werkstudent gesagt, der selbst lange Zeit am Band gearbeitet hatte. Wie das gemeint war, sollte ich bald erfahren. Alle anderthalb Minuten rollt ein fertiger Wagen vom Band. Ich bin am letzten Bandabschnitt eingesetzt. Muß kleinere Lackfehler ausbessern, die es an jedem Wagen noch gibt. ‹Da ist weiter nichts dabei›, denke ich anfangs, als ich sehe, wie langsam das Band vorwärtskriecht.

Eine Frau arbeitet mich ein. Sie ist schon vier Jahre am Band und verrichtet ihre Arbeit ‹wie im Schlaf›, wie sie selbst sagt. Ihre Gesichtszüge sind verhärtet.

Linke Wagentür öffnen. Scharniersäule nachstreichen. Das abgeschliffene Scharnier neu streichen. Griff für die Kühlerhaube herausziehen. (Er klemmt oft.) Kühlerhaube aufklappen. Wagennummer mit Lack auslegen. Rechte Wagentür wie bei der linken. Kofferraum öffnen und nach eventuellen Lackfehlern suchen. Zusätzlich noch auf sonstige Lackfehler achten, die bei sorgfältiger Prüfung immer zu finden sind. Mit zwei Pinseln arbeiten. Der große für die Scharniersäule, die von der Wagentür halb verdeckt ist und an die man schlecht herankommt; der kleine für feinste Lackfehler zum Auslegen, was besonders viel Zeit in Anspruch nimmt. Außerdem immer wieder zu den Lacktöpfen zurücklaufen, Pinsel säubern und Farbtöpfe wechseln, weil die Wagen auf dem Band in kunterbunter Reihe erscheinen. Zusätzlich auf den Laufzetteln der Wagen meine Kontrollnummer vermerken.

Noch arbeiten wir zu zweit. Ich begreife nicht, wie die Frau allein damit fertig geworden ist. Nach zwei Tagen Einarbeiten wird die Frau versetzt, zum Wagenwaschen. Damit ist sie nicht einverstanden. Sie fürchtet um ihre Hände, die vom Benzin ausgelaugt werden. Aber danach fragt keiner. Der Meister geht ihr aus dem Weg.

Ich frage sie, ob sie sich nicht an einen ‹Vertrauensmann› wenden kann, aber von dessen Existenz weiß sie nichts.

Allein werde ich mit der Arbeit nicht fertig. Ich übersehe kleine Lackschäden, aber man ist nachsichtig. ‹Mit der Zeit haut das schon hin.›

Punkt 15.10 Uhr ruckt das Band an. Nach drei Stunden bin ich selbst nur noch Band. Ich spüre die fließende Bewegung des Bandes wie einen Sog in mir.

Wenn das Band einmal einen Augenblick stillsteht, ist das eine Erlösung. Aber um so heftiger, so scheint es, setzt es sich danach wieder in Gang. Wie um die verlorene Zeit einzuholen.

Die Bandarbeit ist wie das Schwimmen gegen einen starken Strom. Man kann ein Stück dagegen anschwimmen. Das ist erforderlich, wenn man einmal zur Toilette muß oder im gegenüberliegenden Automaten einen Becher Cola oder heißen Kaffee ziehen will. Drei, vier Wagen kann man vorarbeiten. Dann wird man unweigerlich wieder abgetrieben.» (G. Wallraff: ‹*Industriereportagen*›. Reinbek bei Hamburg 1970, S. 8 f)

Etwas verallgemeinert findet sich die gleiche Beschreibung bei H. Ortmann:

«Die Situation am Arbeitsplatz
Nach einer repräsentativen Erhebung in einem deutschen textilerzeugenden Großbetrieb von Renate Wald (. . .) ist die Situation eines Arbeiters in einem weitgehend rationalisierten Großbetrieb durch folgende Gegebenheiten zu charakterisieren: Die Arbeitsvorgänge sind bestimmt durch starke Mechanisierung aller Einzelabläufe. Der arbeitende Mensch erscheint als Zwischenglied überall dort, wo die Mechanisierung nicht weit genug übergreift (S. 16). Daneben ist Einsatz menschlicher Arbeit zur Wartung von Maschinen notwendig, was sowohl feine Präzisionsarbeit als grobe Säuberungsarbeiten bedeuten kann. Die ständige Einwirkung von gesundheitsschädigenden Chemikalien gehört zur Grundtatsache der Arbeitssituation in diesem Betrieb. Es wird Schichtarbeit geleistet, wodurch die Betroffenen eine dauernde physische und psychische Umorganisation ihres Lebensrhythmus vorzunehmen haben. Die Kontrolle über die Einhaltung der Arbeitszeit erfolgt durch Stempeluhren.

Die mit diesen Beobachtungen mitgeteilten Merkmale der großbetrieblichen Arbeitssituation – starke Mechanisierung, Einfluß gesundheitsschädigender Faktoren, Schichtarbeit, Kontrolle durch Stempeluhren und starke nervöse Belastung bei nichtmanueller Arbeit – scheinen für viele Großbetriebe typisch zu sein. In den Reportagen von Wallraff (. . .) über fünf verschiedenartige deutsche Industriebetriebe sind die gleichen Merkmale der betrieblichen Arbeit angegeben. Diese Darstellungen zeigen, welche psychische Qualität eine Arbeit, die durch äußerstes Tempo und starke Monotonie bestimmt ist, für die Betroffenen annehmen kann: Die monotonen Fließbandarbeiten, die zudem unter ständigem Akkorddruck verrichtet werden, verlangen Konzentration auf die immer gleichen Handgriffe über Stunden hinweg. Jedes Abschweifen der Gedanken oder der Blicke bedeutet verminderte Stückzahl und damit geringeren Lohn. Eine solche Arbeitsweise hemmt aber nicht nur die Tätigkeit der Phantasie, sondern beschränkt ebenso die Aufnahme sozialer Kontakte mit der Umwelt: «Mir gegenüber, durch eine Glasscheibe getrennt, sitzt eine jüngere Arbeiterin an einer Maschine und ‹drückt› pausenlos Schweißwarzen in kleine Eisenplättchen. Jetzt, wo meine Konzentration nachläßt, nehme ich sie zum ersten Male richtig wahr. Sie ist sehr hübsch, schade, daß die Glaswand zwischen uns ist, ich würde sie sonst einmal ansprechen, könnte sie eventuell näher kennenlernen. Sie ist dermaßen in ihre Arbeit verbissen, daß sie nichts bemerkt, ich fixiere sie schon über die ganze Zeit. Da blickt sie einmal von ihrer Arbeit auf, über mich hinweg auf die Hallenuhr und fährt noch hastiger in ihrer Arbeit fort» (S. 10).

Die starke psychische Belastung, die von einer solchen Arbeitsweise ausgeht, wird von den Arbeitenden deutlich empfunden.

Nach der Untersuchung von Wald (. . .) sind sich alle Befragten darüber einig, daß die Arbeit zwar körperlich weniger anstrengend sei als früher, dafür aber eine ungleich stärkere nervliche und seelische Belastung mit sich bringe. Diese Belastung ist nach Ansicht der Betroffenen so groß, daß damit die Verkürzung der Arbeitszeit durch die fortschreitende Mechanisierung und Automatisierung aufgehoben sei. Besonders Arbeiten, die in dauernder Wiederholung unter Einhaltung eines bestimmten Zeitrhythmus ausgeführt werden müssen, wurden als äußerst belastend empfunden. Arbeiter, die diese Art von Arbeit verrichteten, äußerten besonders große Unzufriedenheit über ihre Arbeit; sie waren in ihrer freien Zeit weniger aktiv; zerstreuende Ablenkungen und Unterhaltungen standen im Vordergrund. Daß die Erschöpfung durch die Arbeit die Entwicklung von Interessen und Aktivitäten außerhalb des Betriebs stark einschränkt, kommt in der Äußerung eines Schlossers zum Ausdruck:

«Wenn ich bei der Arbeit bin und merke, wie ich dabei abstumpfe, nehme ich mir in dem Augenblick vor, zu Hause machst du das wett. Indem ich lese und mir Englisch selber beibringe. Aber wenn dann Feierabend ist, habe ich nicht mehr die Energie dazu. Es fällt mir schon schwer, das aufzunehmen, was täglich in der Zeitung steht» (Wallraff, . . . S. 24).

Eine andere, jedoch nicht minder starke Erschöpfung des Arbeiters scheint sich an jenen Arbeitsplätzen zu zeigen, an denen die mechanische manuelle Arbeit durch stärker automatisch geregelte Arbeitsabläufe ersetzt worden ist. Die Arbeiter verrichten an diesen Plätzen keine mechanischen Tätigkeiten, sondern Kontrollfunktionen. Aus der Sicht der Betroffenen, die diese Funktionen wahrnehmen, erscheint die Arbeitssituation folgendermaßen:

«Wir sind zu zweit in dem großen Raum. Der Elektriker beobachtet die Schalttafeln und ich die Turbinen. Wir können von unseren Tischen aus alles übersehen. Aber er hat heute wieder nicht die Ruhe dazu. Er läuft da vorn auf und ab, weil überall die roten Kontrollampen aufleuchten. Das heißt, daß die Anlagen aufs Äußerste ausgenutzt und belastet sind. Da wird man nervös und unsicher» (Wald, . . . S. 16).

Arbeitsplätze dieser Art – heute noch in der Minderheit – werden mit zunehmender Automation in der Zukunft für den Charakter der Arbeitsplätze repräsentativ sein. Die Art der Belastung wird damit eine andere; die Situation der Abhängigkeit und des Zwangs zur Unterordnung wird aber – entgegen manchen Verkündigungen, die mit der Automation die Befreiung des Menschen an seinem Arbeitsplatz nahezu automatisch sich vollziehen sehen – nicht wesentlich verändert. Selbst wenn die Qualifikation der mit Kontrollfunktionen betrauten Arbeiter größer wird, zeigt die Diskrepanz zwischen den menschlichen intellektuellen Möglichkeiten und der Verurteilung dazu, täglich viele Stunden lediglich auf Kontrollampen starren zu müssen, daß die intellektuellen Fähigkeiten des Menschen nicht gefragt sind. (H. Ortmann: ‹*Arbeiterfamilie und sozialer Aufstieg*›. München 1971, S. 42 ff)

Nicht nur unterliegt der Arbeiter im Betrieb psychisch und physisch erschöpfenden, abstumpfenden und zum Teil krankmachenden Arbeitsbedingungen, er ist auch in materieller Hinsicht in der Betriebshierarchie an unterster Stelle eingestuft:

Nettoeink.	Selbständ.	Beamte	Angest.	Arbeiter
150	1,8	–	5,5	6,3
150–300	3,7	1,0	7,2	9,0
300–600	12,2	7,5	24,9	33,7
600–800	16,0	19,3	23,1	37,2
800–1200	25,7	41,7	26,2	13,3
1200–1800	18,5	23,7	9,5	0,5
1800 und mehr	22,1	6,7	3,6	–

Aus: Bundesminister für Arbeit und Sozialordnung: ‹*Soziale Sicherung*›. Bonn 1970, S. 40

Vom Gesamtablauf der jeweiligen Produktion wissen die Arbeiter meist ebenso wenig wie vom genauen Funktionieren der Entscheidungshierarchie. Veränderungen im Produktionsablauf erfahren sie nur als eine unwiderrufliche Maßnahme, durch Anweisungen, die nur den eigenen Arbeitsplatz betreffen; Fragen, die darüber hinausgehen, stören nur den reibungslosen Ablauf der Arbeit.

Es gibt für den Arbeiter nur wenige Möglichkeiten, dieser sozialen und ökonomischen Lage langfristig zu entgehen. Im Gegensatz zum Angestelltensektor, den großenteils ein differenziertes Aufstiegsgefüge kennzeichnet, ist die Perspektive des gelernten und ungelernten Arbeiters eng begrenzt; nur ganz wenige gelangen in die Position des Vorarbeiters.

Intergenerationsmobilität

väterliche Generation		jetzige Generation					
		I	II	III	IV	V	VI
Wohlh. Geschäftsleute, freie Berufe, höhere Angestellte, Beamte	I	50,5	27	9,5	4,5	2,5	–
Untere u. mittl. Angestellte, Beamte, selb. Handwerker	II	8,5	55,5	12,0	17,5	2,0	1
Facharbeiter, unselb. Handwerker	III	3,5	33,0	31,5	21,5	3,0	1,5
angelernte u. ungelernte Arbeiter	IV	0,5	14,5	18,5	61,5	2,5	3,3
Bauern	V	2,0	17,0	8,0	25,0	39,5	4,0
Landarbeiter	VI	0,5	8,5	10,0	43,5	4,5	25,5

Aus: M. Janowitz: ‹*Soziale Schichtung und Mobilität in Westdeutschland*›. In: *Kölner Zeitschrift für Soziologie und Sozialpsychologie*, Heft 1, 1958, S. 1 ff.

Zu 2.

Solche Arbeitsbedingungen lassen kein Interesse an der konkreten Tätigkeit oder am Endprodukt des Arbeitsprozesses und keine Identifikation mit dem Arbeitsplatz oder gar mit dem Unternehmen zu, das solche Verhältnisse zur Grundlage hat. Der Arbeiter sieht sich in Abhängigkeit von Produktionsgesetzen und Regelungen, die nicht er, sondern andere gemacht haben; die nicht in seinem Interesse, sondern im Interesse des Firmengewinns sind. Jede technische Neuerung heißt für ihn nicht zugleich eine Erleichterung der Arbeit, sondern möglicherweise sogar größere Arbeitshetze, verschärfte Arbeitsplatzbewertung, Umplazierung, vielleicht sogar Entlassung.

Das grundsätzliche Mißtrauen gegenüber den Unternehmerinteressen, das der Arbeiter als Konsequenz seiner Erfahrungen entwickelt hat, ist ein grundlegender Bestandteil seines Bewußtseins. Für ihn teilt sich die Gesellschaft in ein Oben und ein Unten, wobei «von denen da oben» keine Veränderung der eigenen Lage zu erwarten ist. Für sie selbst, die sich als gemeinsam unten begreifen, wird jedoch dieses Solidaritätsgefühl nicht notwendig zu dem Bewußtsein gemeinsamer Stärke, sondern hat oft resignative und defensive Züge: «Wir hier unten können ja doch nichts machen, wir bleiben doch, wo wir sind.»

Ein solches unbegriffenes Kollektivbewußtsein führt also zunächst zur Hinnahme bestehender Verhältnisse und allenfalls zu individuellen Fluchtversuchen, zum Beispiel durch Arbeitsplatzwechsel, der bessere Bedingungen verspricht, oder dem liebevoll gehegten Traum vom Lottogewinn, an dessen Realisierung allerdings wohl niemand recht glaubt.

Das Solidaritätsbewußtsein kann aber auch dazu führen, sich gemeinsam gegen die unmenschlichen Arbeitsbedingungen zu wehren, wie an unzähligen Beispielen aus der Geschichte der Arbeiterbewegung zu zeigen ist, zum Beispiel am Kampf um die Verkürzung des Arbeitstages.

Zu 3.

Die berufliche Position des Ernährers bestimmt wesentlich das Familienleben, in dem der Arbeiter seine Freizeit verbringt. Diese Freizeit steht jedoch nur scheinbar zur freien Verfügung des Arbeiters, vielmehr dient sie zu großen Teilen ausschließlich der Erhaltung seiner Arbeitskraft für den nächsten Arbeitstag:

«Zu Hause brauche ich Stunden, um mich von der Arbeit auf die Freizeit umzustellen. Acht Stunden lang war ich Rädchen im Getriebe Band, jetzt will ich endlich wieder Mensch sein. Aber wenn ich nach drei Stunden halbwegs wieder zu mir komme, ist es zu spät, noch etwas mit dem ‹Feierabend› anzufangen.

Die zwei Stunden von 19 bis 21 Uhr bedeuten auch nur ein Atemschöpfen, um für die Schicht am nächsten Morgen wieder fit zu sein. Den Schlaf von 21 bis 5 Uhr brauche ich dazu. Ich stumpfe bei der monotonen Arbeit mehr und mehr ab. Vielleicht ist das Gewöhnung. Eingespannt in den Rhythmus der wechselnden Schichten, bin ich nur noch für die Arbeit da. Essen, trinken, schlafen zur Erhaltung der Arbeitskraft. Was darüber hinausreicht, ist Luxus, den man sich bei dieser Arbeit nicht oft leisten kann.» (G. Wallraff: ‹*Industriereportagen*›, a. a. O., S. 13)

Dazu kommt noch, daß sich die Freizeit des Arbeiters nur in dem engen Rahmen seiner materiellen Gegebenheiten entfalten kann. So ist ein prägnantes Merkmal proletarischer Lebensverhältnisse nach wie vor die räumliche Beschränkung. Beispielhaft kann dies an einer Untersuchung von Schülern des Berliner Arbeiterbezirks Kreuzberg verdeutlicht werden:

- 40 % der Schüler leben in Wohnungen ohne Toilette und Bad;
- 59 % der Schüler teilen mit zwei weiteren Personen eine Einraumwohnung mit Küche;
- 75 % aller Schüler leben in Kleinraumwohnungen mit ein bis zwei Räumen;
- jeder achte Schüler hat kein eigenes Bett. (E. Wolf: ‹*Lebensumstände großstädtischer Schuljugend in heutiger Zeit*›. 1960)

Für die BRD mußte die Bundesregierung 1970 zugeben:
600000 kinderreiche Familien leben in überbelegten, mangelhaft ausgestatteten Wohnungen.

Unter solchen Lebensbedingungen ist es keine Frage, daß ein halbwegs erträgliches Familienleben nur unter Einhaltung strenger Regeln und Einschränkung individueller Freiheiten möglich ist.

Die dominierende Rolle bei der Durchsetzung der Regeln spielt dabei der Ernährer der Familie. Seine Bedürfnisse zur Wiederherstellung der Arbeitskraft in Form von Essen, Schlafen, Fernsehen zur Entspannung usw. stehen im Mittelpunkt des Familienlebens. Diese Autoritätsposition des Vaters in der Arbeiterfamilie, die oft gegenüber Frau und Kindern unterdrückenden Charakter hat, ist also nicht nur Ausdruck von selbst erfahrener Unterdrückung am Arbeitsplatz, sondern vor allem direkter Ausdruck der unmittelbaren materiellen Notwendigkeiten.

Zu 4.
Die engen Wohnverhältnisse erzwingen also nicht nur eine zwanghafte äußere Ordnung, sondern auch starre Beziehungen unter den Familienmitgliedern. Insbesondere von den Kindern wird eine geradezu mechanische Einhaltung dieser Ordnung verlangt. So entsteht – in Stichworten formuliert – das spezifische Erziehungsmuster der Unterschicht:

- Entscheidungen werden von den Eltern nicht mit viel Worten erklärt, sondern liegen einfach auf der Hand bzw. werden kurzerhand durchgesetzt.

- Strafen werden nicht auf Grund der guten oder bösen Absicht des Kindes (wie in der Mittelschicht), sondern auf Grund äußerer Merkmale (z. B. Lärm) verhängt; Strafmethoden sind nicht so sehr «ins Gewissen reden» (Mittelschicht), sondern Schläge und Anschreien.
- Arbeiterkinder werden nicht so sehr zu langfristiger Planung ihres Lebens und zum Aufschub unmittelbarer Bedürfnisse zugunsten späterer Belohnung (Mittelschicht) erzogen, sondern auf Grund mangelnder Ziele solcher Perspektiven zu unmittelbarem Handeln und Konfliktbewältigen erzogen.
- Unterordnung unter äußeren Zwang gilt mehr als das Fragen nach dem Warum oder Wieso; sprachliche Auseinandersetzungen sind selten.
- Auf Grund dieser Erziehungsmechanismen scheitern Arbeiterkinder häufiger als andere in der Schule, wo sie ganz anderen Anforderungen ausgesetzt sind als die, die zu Hause gelten, wie zum Beispiel eine differenzierte Sprache, «gepflegte Umgangsformen», abstraktes Denkvermögen usw.
- Sie entwickeln aber gerade aus dem erfahrenen individuellen Scheitern heraus ein starkes Zusammengehörigkeitsgefühl gegenüber dem individuellen Leistungs- und Aufstiegsstreben der Mittelschichtkinder, das für die meisten Arbeiterkinder ja auch gar keine Grundlage hätte.

Die so beschriebene Unterprivilegierung der Arbeiterkinder, die unter bestehenden Verhältnissen aufwachsen, läßt sich zusammenfassend daran ablesen, daß auch heute noch die meisten Arbeiterkinder wieder Arbeiter werden:

- Noch 1965 besuchten nur 5,3 % Arbeiterkinder eine westdeutsche Universität, heute sind es ca. 8 %.
- Etwa 80 % aller erwerbstätigen Jugendlichen werden vor Vollendung des 20. Lebensjahres Hilfs- oder höchstens angelernter Arbeiter.
- Von den trotz aller Schwierigkeiten ein Gymnasium besuchenden Arbeiterkindern, die zu Beginn immerhin noch 25–40 % Schüler ausmachen, bleiben bis zum Abitur nur noch 6,4 % übrig.

(Nach K. Z. Huch: ‹*Einübung in die Klassengesellschaft*›. Frankfurt/M. 1972, S. 95 ff)

Weiterführende Literatur
Umfangreiche empirische «Materialien zur Lebens- und Arbeitssituation der Industriearbeiter in der BRD» enthalten der gleichnamige Forschungsbericht von M. Osterland u. a. (1973), die Arbeiten des Projekts Klassenanalyse (1973) und des Autorenkollektivs des ISMF (1972 und 1974); die Entwicklung nach 1945 dokumentiert Kuczynski (1963). Den

Zusammenhang zwischen materieller Lage und dem Arbeiter- und Klassenbewußtsein untersuchen mehrere Autoren in ‹*Das Argument*› (Nr. 61 und 62, 1970) sowie Deppe (1971). Unmittelbare Erfahrungen des Arbeitsalltags, die unmenschliche Vernutzung und Ausbeutung der Arbeitskraft in der Industriearbeit beschreiben Wallraff (1970) und der Werkkreis (1971).

M. Osterland u. a.: ‹*Materialien zur Lebens- und Arbeitssituation der Industriearbeiter in der BRD*›. Frankfurt/M. 1973 (= Studienreihe des Soziologischen Forschungsinstituts Göttingen – SOFI)

Projekt Klassenanalyse (Hg.): ‹*Materialien zur Klassenstruktur der BRD*›. Teil 1, Berlin 1973

Autorenkollektiv des ISMF: ‹*Klassen- und Schichtstruktur der BRD 1950–1970*›. Teil 1, Frankfurt/M. 1972, Teil 2, Frankfurt/M. 1974

J. Kuczynski: ‹*Darstellung der Lage der Arbeiter in Westdeutschland nach 1945*›. Berlin (DDR) 1963

Klassenstruktur und Klassenbewußtsein. *Das Argument* 61, 1970

Klassenbewußtsein und Klassenkampf. *Das Argument* 62, 1970

F. Deppe: ‹*Das Bewußtsein der Arbeiter. Studien zur politischen Soziologie des Arbeiterbewußtseins*›. Köln 1971

G. Wallraff: ‹*Industriereportagen*›. Reinbek bei Hamburg 1970

Werkkreis (Hg.): ‹*Ihr aber tragt das Risiko. Reportagen aus der Arbeitswelt*›. Reinbek bei Hamburg 1971

Gegenüber einer schichten- und klassenunspezifischen «Jugend»-Theorie und -Forschung (vgl. F. Neidhardt u. a., 1970) hat die Politisierung der Forschungsstrategien seit Ende der sechziger Jahre auch zu einer intensiveren Untersuchung der Lage der Arbeiterjugend geführt. Mit den Kategorien der Politischen Ökonomie wurde diese von Hübner u. a. (1971) eingehend analysiert. Empirische Materialien legte für Westberlin ein Autorenkollektiv (1972), für die BRD E. Stark (1973) vor. Einen Schwerpunkt bildet die Darstellung und Einschätzung der Situation der Lehrlingsausbildung, ihrer Widersprüche und Tendenzen sowie der Lehrlingsbewegung (Winterhager 1970; Haug und Maessen 1971; Maass 1971; Autorenkollektiv 1973). Den Zusammenhang von sozialer Lage, Bewußtsein und politischer Jugendarbeit untersuchen Liebel (1970 und 1971) und Deppe-Wolfinger (1972).

F. Neidhardt u. a.: ‹*Jugend im Spektrum der Wissenschaften. Beiträge zur Theorie des Jugendalters*›. München 1970

Chr. Hübner u. a.: ‹*Politökonomische Bestimmung zur Lage der Arbeiterjugend und deren Bedeutung für die Entstehung des Klassenbewußtseins*›. In: *Erziehung und Klassenkampf* 1,1971, S. 5–30 (auch in H. Lessing/M. Liebel: ‹*Jugend in der Klassengesellschaft. Marxistische Jugendforschung und antikapitalistische Jugendarbeit*›. München 1974, S. 101–120)

Autorenkollektiv: ‹*Materialien zur Lage der Arbeiterjugend in Westberlin*›. Frankfurt/M. 1972

E. Stark: ‹*Die Lage der Arbeiterjugend in der BRD nach 1960*›. Frankfurt/M. 1973
W. D. Winterhager: ‹*Lehrlinge – die vergessene Majorität*›. Weinheim 1970
H.-J. Haug, H. Maessen: ‹*Was wollen die Lehrlinge?*› Frankfurt/M. 1971
H. Maass: ‹*Zur politischen Ökonomie der Lehrlingsausbildung*›. Frankfurt/M. 1971
Autorenkollektiv: ‹*Berufliche Sozialisation und gesellschaftliches Bewußtsein jugendlicher Erwerbstätiger*›. Frankfurt/M. 1973
M. Liebel: ‹*Aufforderung zum Abschied von der sozialintegrativen Jugendarbeit*›. In: *deutsche jugend* 1, 1970, S. 28–34 (auch in: H. Lessing/M. Liebel: ‹*Jugend in der Klassengesellschaft*›, a. a. O., S. 152–160)
M. Liebel: ‹*Überlegungen zum Praxisverständnis antikapitalistischer Jugendarbeit*›. In: *deutsche jugend* 1, 1971, S. 13–26 (auch in: H. Lessing/M. Liebel: ‹*Jugend in der Klassengesellschaft*›, a. a. O., S. 161–172)
H. Deppe-Wolfinger: ‹*Arbeiterjugend – Bewußtsein und politische Bildung*›. Frankfurt/M. 1972

Thema 3: Das Verhältnis von Arbeit, Freizeit und Freizeitpädagogik

Im Lehrgangsmaterial II wurde die Verschränkung von Arbeit und Freizeit sichtbar. Hier sollte nun auf einer allgemeineren theoretischen Ebene thesenartig der Zusammenhang von Arbeit, Freizeit und Freizeitpädagogik im Kapitalismus dargestellt werden. In der Konfrontation der in Thema 1 erarbeiteten Informationen mit bestimmten Exponenten neuerer Freizeitideologien konnten letztere und ihre ebenso ideologischen pädagogischen Folgerungen durchschaubar gemacht werden:

- Arbeit als Fremdbestimmung des Menschen durch die Maschinerie (und den, der sie besitzt); Abstraktheit der Arbeit; Entfremdung des Arbeiters vom Produktionsprozeß, dem Arbeitsgegenstand, dem Arbeitsmittel und seinen Mitproduzenten.
- Illusion der Freizeit als selbstbestimmtes «Freizeitparadies» gegenüber ihrer notwendigen Reproduktionsfunktion.
- Der doppelte Zusammenhang von Arbeit und Freizeit: Freizeit als Notwendigkeit der Reproduktion der Arbeitskraft; Wiederholung von Entfremdung des Arbeitsprozesses in seiner Verlängerung in die Freizeit (Konsumzwang, die Angebote der Freizeitindustrie u. a.).
- Die Widerspiegelung der Ideologie der Freizeit in der Freizeitpädagogik; diese möchte die Auswirkungen des Arbeitsprozesses auf den Arbeiter(-jugendlichen) kompensieren, nicht aber den Arbeitsprozeß selbst verändern.
- Will sich die Freizeitpädagogik nicht an dieser Ideologisierung ihrer Adressaten beteiligen, muß sie die Arbeiterjugend darin unterstützen zu erkennen, daß ihre Probleme keine nur individuellen, sondern gesellschaftlich bedingte sind, daß es die eigenen Interessen zu erfassen und praktisch zu vertreten gilt.
- Andererseits wäre es ideologisch, die Reproduktionsfunktion der Freizeit zu leugnen und die Jugendlichen in ihrer freien Zeit stets mit für sie abstrakten Ansprüchen zu konfrontieren.

- Freizeitpädagogik soll also Rekreation und Problembewältigung, Entspannung und Arbeit in ein ausgewogenes Verhältnis setzen. Auch dieses ist nicht statisch, sondern verändert sich zum Beispiel mit dem politischen Bewußtsein der Jugendlichen.

Das Lehrgangsmaterial III machte den Begriff «Freizeit» aus seiner historischen Entstehung und inhaltlichen Bestimmung im Verhältnis zum Begriff der «Arbeit» thesenartig und durch Daten angereichert zur Grundlage der Diskussion.

Lehrgangsmaterial III: Thesen zum Verhältnis von Arbeit, Freizeit und Freizeitpädagogik

1. «Mehr Freiheit durch Freizeit!» Dies ist die optimistische Grundüberzeugung einer Vielzahl moderner Freizeittheorien. Gemeint ist damit ein Doppeltes: zum einen ein historisches, zum anderen ein soziales Phänomen.

a) Freizeit ist selbst eine historische Erscheinung. Mit der Entstehung der bürgerlich-kapitalistischen Gesellschaft trennen sich Arbeits- und Lebensraum, Arbeits- und Freizeitrolle; die erste Phase der Industrialisierung ist gekennzeichnet durch extrem lange Arbeitszeiten, freie Zeit dient allein der Wiederherstellung der Arbeitskraft. Zunehmende Technisierung und Automatisierung der Produktion ermöglichten weitgehende Arbeitszeitverkürzung. So entsteht das moderne Phänomen Freizeit als zunehmende Freisetzung des Menschen vom Arbeitszwang.

b) Freizeit ermöglicht – so ist die Behauptung – die Befreiung des Menschen von

- den Zwängen der Berufsrolle (s. o.);
- den Zwängen des Existenzminimums (freie Zeit gehe einher mit frei verfügbaren Mitteln);
- dem Milieu als lebenslangem sozialem Schicksal (soziale Mobilität durch Freizeitkonsum, der allen offenstehe).

2. Dieser Freizeitoptimismus trügt. Er muß in quantitativer und qualitativer Hinsicht eingeschränkt werden.

3. Zwar geht mit steigender Arbeitsproduktivität tatsächlich ein Trend zur Verkürzung der Arbeitszeit einher; ein «Freizeitparadies» (V. G. Blücher) ist damit aber weder erreicht noch in Sicht:

- Es hat jeweils ein halbes Jahrhundert (oder mehr) erfordert, um den Zehnstundentag (1865), den Achtstundentag (1918) und die Vierzigstundenwoche (sechziger Jahre) durchzusetzen.
- Die gesetzlich festgelegte Arbeitszeit entspricht bei weitem nicht der

tatsächlich geleisteten (vgl. Überstunden, Schwarzarbeit, Landwirtschaft usw.).

- Freie Zeit, das heißt Nicht-Arbeitszeit, ist noch nicht Freizeit, das heißt frei disponible Zeit (vgl. Arbeitswege, Arbeitspausen, Arztbesuch, Behördenbesuch, unmittelbare Regeneration, Fort- und Weiterbildung usw.).

Freizeit ist also bis heute weder quantitativ so weit ausgedehnt, noch ist sie auch nur annähernd gleichmäßig über die sozialen Schichten verteilt, daß es gerechtfertigt wäre, von einer «freizeitorientierten Gesellschaft» (Opaschowski) zu sprechen.

4. Aber nicht nur der Umfang der Freizeit, auch die Qualität des Freizeitverhaltens wird heute noch weitgehend von der Arbeitssphäre bestimmt; als typische Merkmale und spezifische Belastungen der durchschnittlichen industriellen Arbeit können gelten:

- Fremdbestimmung der Arbeit; der Mensch als Lückenbüßer der Produktion (kein Dispositionsspielraum, keine Selbstverwirklichung);
- Abstraktheit der Arbeit (Abrücken des bearbeiteten Gegenstandes durch Zwischenschaltung der Maschine; keine Übersicht über den Gegenstand bzw. den Arbeitsprozeß im ganzen und seinen Sinn);
- Unverhältnismäßigkeit zwischen der Ausführung beschränkter Verrichtungen und dem dennoch erforderlichen Einsatz des ganzen Menschen (Tagtraum, Musikuntermalung usw.).

5. Freizeitverhalten zerfällt nur scheinbar in so viele Formen, wie es Menschen gibt; es läßt sich vielmehr zu bestimmten, typischen Mustern systematisieren, deren Zusammenhang mit der Arbeitssphäre leicht erkennbar ist.

Habermas (1958) unterscheidet drei Funktionen der Freizeit, denen er spezifische Verhaltensmuster zuordnet:

a) Die regenerative Funktion: bloße Wiederherstellung der Arbeitsfähigkeit (essen, schlafen usw.).
b) Die «befreiende» Funktion: Ausübung einer Quasi-Arbeit, die eine scheinbare Aufhebung der Fremdbestimmung, Abstraktheit und Unverhältnismäßigkeit der Berufsarbeit verspricht. Dazu gehören:
   - Fortsetzung der Berufsarbeit (jetzt in «eigener Regie»!);
   - Versuch der Sinnerfüllung (Verfolgung eines religiösen oder weltanschaulichen Anliegens, das «Sinn» hat);
   - Beruf nach dem Beruf (do it yourself; Schein von Selbstbestimmung und Konkretheit; aber längst kommerzialisiert).
c) Die kompensatorische Funktion: ausdrückliche Abkehr von der Berufssphäre und von Arbeit überhaupt; Hoffnung auf Entschädigung für die dort erlittenen Versagungen. Dazu gehören:

– Rückzug in die Kleinfamilie (Überschaubarkeit usw.);
– Konsum der Produkte der modernen Freizeit- und Kulturindustrie (Hoffnung auf Entspannung und Erholung, aber: wir konsumieren, wie wir produzieren!);
Sport und Spiel (scheinbar allen Zwängen entrückt, aber ebenfalls längst kommerzialisiert (Show-Geschäft) und auf die Arbeitswelt zugeschnitten).

6. Diese sechs Typen des Freizeitverhaltens sind natürlich keineswegs einfach zu verwerfen; sie enthalten allesamt vernünftige und notwendige Elemente: sie sind der legitime Ausdruck der Notwendigkeit, die menschliche Arbeitsfähigkeit zu erhalten, und gleichzeitig einer unbewußten Opposition gegen das System der entfremdeten Arbeit.

In ihrer offiziell geförderten Ausprägung aber täuschen sie etwas vor, was nicht existiert: die prinzipielle Trennbarkeit der gesellschaftlich untrennbaren Sphären von Arbeit und Freizeit; die Möglichkeit, in der Freizeit jene Selbstbestimmung und Selbstverwirklichung zu erlangen, die die Arbeit vorenthält; die Möglichkeit, über seine freie Zeit individuell und autonom entscheiden zu können – eben: das Freizeitparadies. Sie lenken den Blick dadurch gerade ab von dem, worauf er zu richten wäre: daß nämlich die gesellschaftlichen Verhältnisse – und damit auch das Verhältnis des Menschen zur Arbeit – historischem Wandel unterliegen, das heißt auch von Menschen verändert werden können.

7. Es liegt auf der Hand, daß in vielen Theorien auch der Freizeitpädagogik sich dieses ideologische Verständnis von Freizeit widerspiegelt; die Freizeitpädagogik möchte bieten, was die Arbeitswelt versagt: Selbsterfüllung, Kreativität, Kultur, Sinn, Entlastung, Erholung, Spaß usw. Von diesem Verständnis ist bis heute der überwiegende Teil auch der Methodik der Jugendfreizeitarbeit bestimmt. In dem Maße aber, in dem diese (richtigen) Hoffnungen auf einen isolierten Freizeitbereich eingeschränkt und damit aus dem gesellschaftlichen Zusammenhang abgezogen werden, trägt diese Pädagogik gerade zur faktischen Anerkennung dessen bei, was sie kritisch hinterfragen müßte: der Fremdbestimmung des Menschen in der Sphäre der Arbeit, der Politik, der Gesellschaft.

8. Sollen also die JFH keine bloße Verdoppelung der kommerziellen Freizeitindustrie sein, so müssen sie gerade das ins Zentrum ihres pädagogischen Selbstverständnisses stellen, was dort planmäßig ausgeblendet und verhindert wird: die Befähigung der Jugendlichen, ihre Probleme zunehmend nicht als nur private, sondern als gesellschaftliche zu verstehen; die Instanzen, als von denen abhängig sie sich tagtäglich erfahren, durchschauen und hinterfragen zu lernen; die eigenen sozialen Interessen erkennen und praktisch vertreten zu lernen.

9. Zur Vermeidung von Mißverständnissen: das oben entwickelte Selbstverständnis der JFH ist so sehr allgemein formuliert, hat aber – weitergedacht – sehr konkrete Konsequenzen. Auch zielt es keineswegs auf eine Verurteilung dessen, was heute in den JFH geschieht; vielmehr kritisiert es jene Positionen, die sich in der Begründung ihres Angebots ausschließlich auf die unmittelbaren Interessen der Jugendlichen zurückziehen, ohne diese selbst als Ausdruck entfremdeter Arbeitsverhältnisse zu begreifen. Denn erst dies setzt die Jugendfreizeitarbeit in die Lage, auf die unmittelbaren Interessen der Jugendlichen durchaus einzugehen, ohne damit ihre objektiven und weiterreichenden Interessen zu vernachlässigen. Schließlich wird sich ein solches Selbstverständnis der JFH weder von heute auf morgen durchsetzen, noch ohne Schwierigkeiten in gelungene Praxis umsetzen lassen; dazu fehlt es noch zu sehr an genauen Kenntnissen über die gesellschaftliche Lage und die sozialen Interessen der Besucher der einzelnen JFH sowie an Entwürfen und der Erprobung einer angemessenen Methodik.

Aber sind dies nicht gerade die Aufgaben der nächsten Zeit?

Weiterführende Literatur

Der unbefangene und naive Glaube, daß die Industrialisierung heute eine Freizeitgesellschaft hervorgebracht habe oder bringe, in der sich der Lebenssinn der Menschen immer mehr in den Freizeitraum verlagere und die den Menschen immer größere Freiheit und individuelle Selbstverwirklichung ermögliche, kennzeichnet die empirischen Untersuchungen von Blücher (1956 und 1966). Strzelewicz (1965) teilt diese Position im wesentlichen, weist aber auf die immer noch sehr ungleiche Verteilung von freier Zeit auf die Mitglieder der Gesellschaft hin; nach Möglichkeiten sinnvoller Freizeiterfüllung «des» Menschen und einer verbindlichen Werteordnung sucht kulturanthropologisch E. Weber (1963). Freizeitpädagogische Folgerungen finden sich in Giesecke (1968) und in den Visionen eines durch Freizeitberater zur Emanzipation geführten, autonomen, kritischen Freizeit- und Konsumbürgers (Hansen/Lüdtke 1971, Opaschowski 1971 und Nahrstedt 1972).

Demgegenüber analysieren Habermas (1958) die grundsätzliche Verschränktheit von Arbeit und Freizeit und weitergehend Holzinger (1974) die private Organisation der Reproduktionssphäre als die Produktionsstätte falschen Bewußtseins.

Viggo Graf Blücher: ‹*Freizeit in der industriellen Gesellschaft. Dargestellt an der jüngeren Generation*›. Stuttgart 1956

Viggo Graf Blücher: ‹*Die Generation der Unbefangenen. Zur Soziologie der jungen Menschen heute*›. Düsseldorf 1966

W. Strzelewicz: ‹*Jugend in ihrer freien Zeit*›. München 1965

E. Weber: ‹*Das Freizeitproblem. Anthropologisch-pädagogische Untersuchung*›. München 1963

Kein Geld zu haben . . .

... ist ein hartes Los, das manche mit einem Lotterielos zu ändern suchen, das sich dann doch nur als wertlos herausstellt. Zwischen Glückslos und glücklos steht eben nicht viel. Und Haupttreffer kann auch ein Schlag auf den Kopf sein.

Es ist ein schweres Los: Geld wird man so leicht los. Und was ist ohne Geld noch mit einem los! Geld ist nun mal der große Losmacher.

H. Giesecke (Hg.): ‹*Freizeit und Konsumerziehung*›. Göttingen 1968
R. M. Hansen und H. Lüdtke: ‹*Sozialwissenschaftliche Grundlegungen einer modernen Freizeitpädagogik*›. In: *deutsche jugend* 9, 10 und 11, 1971
H. W. Opaschowski: ‹*«Freizeitberater» – Plädoyer für ein neues Berufsfeld*›. In: *deutsche jugend* 11, 1971, S. 521–529
W. Nahrstedt: ‹*Freizeitberater – Argumente für ein neues «Berufsbild»*›. In: *deutsche jugend* 5, 1972, S. 228–238
J. Habermas: ‹*Soziologische Notizen zum Verhältnis von Arbeit und Freizeit*›. In: G. Funke (Hg.): ‹*Konkrete Vernunft*›. Bonn 1958, S. 214–231 (auch in: J. H.: ‹*Arbeit, Erkenntnis, Fortschritt*›. Amsterdam 1970, S. 56–74)
L. Holzinger: ‹*Gesellschaftliche Arbeit und private Hauswirtschaft. Theorie und Kritik des Reproduktionsbereichs*›. Starnberg 1974

An dieser Stelle wurde im Lehrgang das *Planspiel* (s. u.) durchgeführt. Es wurde im Lehrgang als Methode eingesetzt, weil es den Teilnehmern die Möglichkeit und Gelegenheit bot, mit den bis dahin erarbeiteten Informationen und Inhalten in einem ersten Schritt als «Probehandeln» experimentieren zu können, erarbeitete Inhalte als begriffene zu überprüfen und als Arbeitsform über die verbale Vermittlung von Informationen hinaus eigene Erfahrungen, Kenntnisse, Identifikationen und Affekte einbeziehen zu können. Diese Arbeitsform wurde so zu einer besonderen Attraktion und zum Höhepunkt des Lehrgangs.

Ablauf und Einschätzung des Lehrgangs

Der erste Lehrgang fand vom 16.4.–19.4.1973 mit etwa 35 Teilnehmern in einem kommunalen Tagungs- und Freizeitheim an der Peripherie Bremens in ländlicher Umgebung statt.

Als formaler Ablauf des Lehrgangs wurde von uns vorgeschlagen und im wesentlichen auch durchgeführt:

Zeit	Montag	Dienstag	Mittwoch	Donnerstag
vorm. 9–11.00 11–12.30	10–12.30 1. Vorstellung der Teamer 2. Programm des Lehrgangs 3. Gruppenbildung A, B, C 4. Thema I: Unterschiedliches Freizeitverhalten der Besucher von JFH	1. Fortsetzung Thema II; 2. Ab 11.00: Thema III: Verhältnis von Arbeit, Freizeit und Freizeitpädagogik	1. Einführung in das Planspiel; Erläuterungen 2. Durchführung 9–12.30	Plenum: 1. Auswertung des Planspiels 2. Diskussion (Inhalte des Lehrgangs, Spiel, Realität) 3. Konsequenzen (weitere Arbeit)
nachm. 15.30–18.00	1. Überleitung 2. Thema II: Zur sozialen und ökonomischen Situation der Arbeiter in der BRD	1. Freizeitpädagogische Ideologien 2. Kritik und Konsequenzen (Untersuchungsarbeit)	1. Fortsetzung des Planspiels 13.30–18 (mit kurzer Pause)	
abends 19.30–21.00	1. Film: Ich heiße Erwin und bin 17 Jahre alt (Erika Runge, 1970)	1. Möglich: Erstellung von Gruppenprotokollen 2. Möglich: Freizeit	1. Team: Auswertung 2. Geselligkeit	

Die neue Arbeitsform im Lehrgang, die wir in den Lehrgangsmaterialien und zu Beginn des Lehrgangs noch einmal mündlich dargestellt hatten, stieß bei den Teilnehmern zwar einerseits auf Zustimmung, weckte zugleich aber auch die Angst vor dem damit formulierten Anspruch, sich selbst, seine konkrete Tätigkeit und seine Erfahrungen im Lehrgang zur Diskussion stellen zu müssen, selbständige Aktivitäten zu entwickeln und sich insgesamt für das Gelingen der Arbeit mit verantwortlich zu fühlen.

Es gab im Lehrgang durchgängig gute Ansätze dazu, diesen Anspruch zu realisieren. Dies betrifft sowohl den Erfahrungsaustausch der Teilnehmer untereinander, der sich als wichtige Grundlage für die weitere theoretische Erfassung und Verallgemeinerung dieser Erfahrungen erwies, als auch das Verhältnis der Teilnehmer zum Leitungsteam. Hier ging es vor allem darum, die übliche Expertenrolle in eine Form richtig verstandener Anleitung zu überführen, in dem die vom Team vorbereitete Organisierung des gemeinsamen Lernprozesses nicht als Ersatz, sondern als Bedingung für die Aktivierung und die selbständige Arbeit der Teilnehmer verstanden wurde.

Schwieriger wurde die Einlösung dieses Anspruchs in dem Maße, wie sich die Diskussion von den unmittelbaren Erfahrungen der Lehrgangsteilnehmer entfernte, um sie zu verallgemeinern und ihren gesellschaftlichen Hintergrund aufzuzeigen. Hier machte den Teilnehmern zudem die unvermeidliche Komprimiertheit der Materialien zu schaffen. Von den konkret erscheinenden Freizeitinteressen jugendlicher Heimbesucher bis zur Bestimmung des kapitalistischen Arbeitsprozesses vorzustoßen und damit ein bestimmtes Freizeitverhalten als Produkt dieser Produktionsverhältnisse zu begreifen, ein solcher Lernschritt ist in einigen kurzen Diskussionen überhaupt nur als Andeutung dieser Zusammenhänge denkbar.

Eine gewisse Belastung für die Arbeitsgruppen stellte die Anwesenheit von Vorgesetzten im Lehrgang dar. Die unbefangene und spontane Darstellung der eigenen Arbeitsplatzsituation, der Amtshierarchie und ihrer Auswirkungen geriet permanent in Widerspruch zu dem Zwang, sich als erfolgreicher und integrierter Mitarbeiter gegenüber dem Vorgesetzten darzustellen. Sosehr einerseits die Teilnahme von Vorgesetzten im Interesse einer gegenseitigen Verständigung sinnvoll sein mag, so sehr stellte es sich als Trugschluß heraus, der Vorgesetzte nehme sozusagen «als Mensch», nicht aber in seiner Vorgesetztenfunktion an der Diskussion teil. Je mehr dies gerade von den Vorgesetzten beschworen wurde, um so deutlicher wurde die repressive Funktion, die eine solche Art von Rollendistanz in Konfliktsituationen haben kann. Wer will dem «Menschen» die Teilnahme an der Diskussion verweigern, der jedoch später als Vorgesetzter seine eigenen Konsequenzen ziehen muß?

Das Planspiel, das sich an die Gruppenarbeit anschloß, konnte einen Teil dieser Probleme auflösen. Im Spiel konnten die Teilnehmer innerhalb einer Rolle eine Selbständigkeit in ihren Entscheidungen entwikkeln, die in der Realität häufig mit gewissen Gefahren verbunden ist und deshalb gern als «unrealistisch» zurückgewiesen wird. Indem das Spiel aber andererseits an der Realität orientiert war, hatten die Teilnehmer zugleich die Möglichkeit, die zunächst zum Teil als abstrakt empfundenen Lehrgangsinhalte in bewußt politisches Handeln umzusetzen. Das Spiel bot somit den Sozialarbeitern und Sozialpädagogen die Gelegenheit, innerhalb eines typischen Konflikts die Interessen ihrer Adressaten

– und das heißt den Orientierungspunkt für die eigene Arbeit – zu begründen und aktiv zu vertreten. Die Erfahrung, daß ein solches selbstbewußtes Auftreten durch die theoretischen Erkenntnisse aus dem Lehrgang erst ermöglicht und abgesichert wird, machte neben der emotionalen Seite den Erfolg und den Stellenwert des Planspiels innerhalb des Lehrgangs aus (vgl. die Auswertung des Planspiels).

Zur Einschätzung des tatsächlichen Lehrgangsablaufs gehört abschließend noch ein Hinweis auf das Verhältnis von Arbeit und Freizeit im Lehrgang selbst. Ein Team, das innerhalb der Lehrgangsarbeit das Verhältnis von Arbeit und Freizeit thematisiert, das sich jedoch an der Freizeitgestaltung der Teilnehmer nicht beteiligt, setzt sich in Widerspruch zu seinem Gegenstand. Unser Versuch, die Lehrgangsfreizeit als integrierten Bestandteil der gesamten gemeinsamen Arbeit zu betrachten, trug zur Bewältigung von Lernschwierigkeiten auf beiden Seiten bei.

Planspiel: Konflikt im Jugendhaus

A. Materialien zum Planspiel: Konflikt im Jugendhaus

Die folgenden Materialien wurden den Teilnehmern zu Beginn des Planspiels als allgemeiner Orientierungsrahmen vorgestellt.

I. Allgemeine Bemerkungen

Ein Planspiel durchführen heißt nicht Theater spielen. Planspiel ist vielmehr eine Methode der Darstellung. An einem Konfliktfall werden jeweils typische Probleme aufgezeigt, und die Spieler sollen auf Grund ihrer eigenen Erfahrungen und ihrer eigenen Vorstellungen die Konflikte zu einer Entscheidung bringen.

Die Probleme dieses Planspiels sind scheinbar leicht zu lösen: Man weiß, wie die Jugendbehörde den Fall geregelt haben möchte, nämlich möglichst schnell und «harmonisch»; man weiß, wie wenig Entscheidungsmöglichkeiten man selbst im Jugendamt bzw. im JFH hat; man ist es nicht gewohnt, solche Fragen selbst zu entscheiden, und überläßt dies lieber den Vorgesetzten. Kurz: Viele der Spielteilnehmer denken so sehr in den gewohnten Bahnen ihrer Funktion im Jugendamt oder im JFH, daß sie am liebsten mit einem Achselzucken an diesem Problem vorbeigehen möchten: Das ist Sache meiner Vorgesetzten, ich kann da nichts machen.

Dieses Spiel ist jedoch gerade so konstruiert, daß es einerseits realistische Rollen und einen (hoffentlich) realistischen Fall enthält, zugleich aber die Spieler aufgefordert werden, nach ihren eigenen Meinungen, eigenen Vorstellungen zu diskutieren und zu entscheiden – aber natürlich so, daß das Ergebnis noch auf dem Boden der wirklichen Möglichkeiten bleibt. Die Aufgabe jedes einzelnen im Planspiel lautet also etwa so: Wie würden Sie entscheiden, wenn Sie in der betreffenden Rolle wären (Lehrling, Mitarbeiter im JFH bzw. im Jugendamt usw.)?!

II. Spielregeln

1. Jeder Spielgruppe wird ein Raum zugewiesen, die Gruppen kommunizieren nur schriftlich.
2. Jeder Spielschritt beträgt höchstens zwanzig Minuten.
3. Ein Durchschlag jedes Spielschrittes geht an die Spielleitung; ihm ist eine Begründung des Schrittes beigefügt.
4. Spielschritte können von den Gruppen oder der Spielleitung initiiert werden.
5. Die vorgegebenen Rollenbeschreibungen können von den Gruppen verändert werden.

III. Ausgangslage und Spielgruppen

1. Die *«Aktionsgruppe Mehrwert»* (AGM) ist eine Gruppe von etwa 25 Lehrlingen, die sich bei der Fa. Mehrwert & Söhne, einem elektronischen Großbetrieb, in einem Ausbildungsverhältnis befinden. Sie haben sich zusammengeschlossen, um eine Reform ihrer Ausbildung zu erkämpfen und weil sie erkannt haben, daß schlechte Ausbildung usw. nicht aus der Unkenntnis oder dem bösen Willen der Betriebsleitung, sondern aus dem Prinzip der Profitmaximierung herrühren. Sie wissen, daß sie dagegen nur die politische Solidarität derer setzen können, die sich in derselben Lage befinden wie sie selbst. (Vgl. dazu das *Flugblatt* der «Aktionsgruppe Mehrwert».)
2. Die *Sozialarbeiter*, die als pädagogisches Personal im Jugendhaus Prolesheim arbeiten, haben ihre pädagogische Konzeption auf die Einsicht gegründet, daß Jugendfreizeitarbeit – will sie ihrem Anspruch: sich an den Interessen der Jugendlichen zu orientieren und diese zu unterstützen, ernst nehmen – nicht neben und außerhalb der sozialen Lage und den realen Lebensperspektiven der Jugendlichen existieren darf, sondern sich aus diesen bestimmt und auf sie bezogen sein muß. Sie fassen ihre Arbeit politisch auf, weil sie wissen, daß Jugendarbeit immer politisch ist. Ihre Diskussion über die Grundlage ihrer Arbeit und ihre entsprechenden Realisierungsmöglichkeiten ist noch nicht abgeschlossen.

   Initiativen wie der der «Aktionsgruppe Mehrwert» stehen sie überwiegend positiv gegenüber; sie glauben es verantworten zu können, ja sogar verpflichtet zu sein, der AGM die Räume des Jugendhauses zur Verfügung zu stellen.
   Im Jugendamt galt die Arbeit des Jugendhauses Prolesheim bisher als interessant, ideenreich und fortschrittlich.
3. Die *Jugendhausbesucher* rekrutieren sich – durch das Einzugsgebiet des Jugendhauses bedingt – vorwiegend aus Arbeiterjugendlichen. Ihre Haltung zur AGM ist uneinheitlich: ein Teil plädiert für aktive Solidarisierung, ein anderer «interessiert sich nicht für Politik».
4. Das *Jugendamt* ist – aus Kenntnis der Probleme traditioneller Jugendfreizeitarbeit – neuen «Modellen» gegenüber im Prinzip aufgeschlossen. Es setzt sich ein für «emanzipatorische Jugendarbeit», begrüßt Initiativen, Demokratisierungsbestrebungen und Bewußtseinsbildung, nicht aber «gesellschaftsfeindliche Aktivitäten». Durch die Vorgänge im Jugendhaus Prolesheim wird es zur Präzisierung seiner Position gezwungen.
5. Die *Oberste Landesbehörde* ist demgegenüber etwas zurückhaltender. Ihre Position bestimmt sich vor allem durch die notwendige politische Rücksichtnahme; sie möchte weder mit der Öffentlichkeit noch mit hochgestellten Persönlichkeiten des gesellschaftlichen Lebens, noch mit den politischen Instanzen in ernstere Konflikte geraten. Auf die Vorgänge im Jugendhaus ist sie durch einen vertraulichen Hinweis

der Fa. Mehrwert & Söhne aufmerksam gemacht worden.

6. Die *Presse* ist über die AGM und ihre Aktivitäten gut unterrichtet; sie bezieht unterschiedlich Stellung: der *National-Anzeiger* ist mißtrauisch; er wittert «kommunistische Drahtzieher» hinter der ganzen Sache und sieht die «Werte unserer freiheitlich-demokratischen Grundordnung» in Frage gestellt. Der *Bürger-Kurier* dagegen versucht, in der Öffentlichkeit Verständnis für die sozialen und gesellschaftlichen Probleme der «vergessenen Majorität», der arbeitenden Jugend zu wecken. Seine Berichte sind eher gesellschaftskritisch.
7. Der *Jugendhaus-Rat* setzt sich aus vier Delegierten der Jugendlichen und den vier pädagogischen Mitarbeitern zusammen (also aus den Spielgruppen 1 [ein Del.], 2 [vier Del.] und 3 [drei Del.]). Er ist im Rahmen der von den pädagogischen Mitarbeitern angeregten und in der «Jugendhaus-Satzung» verankerten Mitverwaltung entstanden und soll über die wesentlichen Fragen des Lebens des Jugendhauses entscheiden. (Seine Einrichtung ist damals vom Jugendamt begrüßt worden.) Er ist keine eigentliche Spielgruppe, sondern tritt nur bei Bedarf zusammen. Er führt Protokolle über seine Sitzungen, die veröffentlicht werden.

IV. Flugblatt der AGM

Du bist ein Lehrling! Oder wirst bald einer!
Oder warst einer!

Was sind Deine Erfahrungen? Was erwartet Dich?
Eine gute Ausbildung?

Es kann aber auch sein, daß Du

- täglich erst um 19.00 Uhr statt um 17.00 Uhr Feierabend hast und ständig unbezahlte Überstunden machen mußt!
- tagelang putzen und fegen mußt, Kaffee kochst, Bier und Brötchen holst oder sonstige Arbeiten machst, die mit Ausbildung nichts zu tun haben!
- zwei Jahre Hilfsarbeiten leisten mußt für Hungerlöhne, und auf wessen Kosten? *Du* fällst schließlich bei der Prüfung durch!

Das sind die tagtäglichen Erlebnisse von Lehrlingen, auch unsere. Wir, eine Gruppe von Lehrlingen bei Mehrwert & Söhne, haben uns zusammengeschlossen, weil wir es satt haben, den Kapitalisten immer größere Profite in die Taschen zu schaufeln, weil wir es satt haben, ausgebeutet statt ausgebildet zu werden, und weil wir wissen, daß wir gemeinsam stark sind!

Wir haben Forderungen aufgestellt und sie im Betrieb und in der Öffentlichkeit verbreitet:

- Für eine grundlegende Reform der Berufsausbildung!
- Für eine angemessene Bezahlung: 500,– DM für jeden Lehrling!
- Streikrecht für Lehrlinge!

Der Erfolg war durchschlagend:

Die Betriebsleitung wirft uns vor, den «Betriebsfrieden des Hauses» zu stören, und streut Gerüchte aus über unsere «Fernsteuerung aus dem Osten»! Unser Jugendsprecher, der Kollege Weimeyer, soll – wie die Betriebsleitung angekündigt hat – nach Ablauf seines Lehrvertrages (also in vier Wochen!) nicht mehr weiter beschäftigt werden!

Wir wollten unsere Situation und unsere Forderungen auf der nächsten Betriebsversammlung den Kolleginnen und Kollegen darstellen. Das hat die Betriebslei-

tung untersagt!
Deshalb rufen wir auf zu einer Veranstaltung am

Donnerstag, dem 19. 4. 73, 18.00 Uhr
im Jugendhaus Prolesheim (großer Saal)

Wir wollen unsere Situation darstellen, unsere Forderungen mit Euch diskutieren und gemeinsame Aktionen vorbereiten!

FÜR FREIE POLITISCHE UND GEWERKSCHAFTLICHE BETÄTIGUNG IM BETRIEB!
GEGEN DIE ENTLASSUNG DES KOLLEGEN WEIMEYER!

Aktionsgruppe Mehrwert (AGM)
Kontaktadresse: Jugendhaus Prolesheim
Presserechtlich verantwortlich: X.Y. (Jugendhaus Prolesheim)

V. *Protokoll des Jugendhaus-Rats*

PROTOKOLL der außerordentlichen Sitzung des Jugendhaus-Rats Prolesheim am 13. 4. 1973.
Anwesend: alle Mitglieder des Jugendhaus-Rats; ca. 15 Jugendliche als Gäste.
Einziger Tagesordnungspunkt: Antrag der «Aktionsgruppe Mehrwert».

Zu Beginn der Sitzung stellte die «Aktionsgruppe Mehrwert» ausführlich die jüngsten Entwicklungen und die gegenwärtige Situation bei Mehrwert & Söhne dar. Diese Darstellung sollte der Information und der Begründung ihres Antrags dienen, am 19. 4. 73 eine Informationsveranstaltung zu besagten Vorgängen im Jugendhaus Prolesheim durchführen zu können.

Die Diskussion, die sich daran anschloß, war sehr intensiv, stellenweise hitzig. Die Argumente, die zur Unterstützung des Antrags vorgetragen wurden, sind in dem untenstehenden Beschluß zusammengefaßt. *Dagegen* wurde vorgebracht: man dürfe den Konflikt jetzt nicht weiter anheizen; die Betriebsleitung der Fa. Mehrwert & Söhne dürfe nicht durch unbedachte, öffentliche Aktionen provoziert werden, die Leidtragenden seien letzten Endes dann doch die Lehrlinge bzw. der Kollege Weimeyer; vor allem könne das Jugendhaus aus pädagogischer Verantwortung sich in dieser Situation nicht parteilich verhalten; auch seien die Konflikte, die sich daraus für das Jugendhaus ergeben könnten, gar nicht abzusehen.

Gemäß der Satzung des Jugendhauses Prolesheim faßte der Jugendhaus-Rat einstimmig (bei zwei Enthaltungen: ein Jugendl. und ein päd. Mitarb.) folgenden Beschluß:

1. Die Lehrlinge und Jungarbeiter der Fa. Mehrwert & Söhne gehören seit langem zum regelmäßigen Besucherkreis des Jugendhauses. Ihr Protest gegen die Ausbildungs- und Arbeitsverhältnisse in besagtem Betrieb ist ebenfalls schon längere Zeit Gegenstand der Diskussion und sogar einer Arbeitsgemeinschaft des Jugendhauses.

2. Das Selbstverständnis und der pädagogische und politische Auftrag der Jugendfreizeitheime verpflichten diese, sich an den Interessen der Jugendlichen zu orientieren und diese zu unterstützen – und dies nicht nur zum Zweck der Zerstreuung und Unterhaltung.

3. Da der Jugendhaus-Rat Prolesheim die Forderungen der «Aktionsgruppe» prinzipiell für berechtigt hält und besagter Konflikt für alle Schüler, Lehrlinge und jungen Arbeiter von Bedeutung ist, stimmt er der Durchführung einer Informationsveranstaltung im Großen Saal des Jugendhauses Prolesheim zu.

4. Die Veranstaltung soll auch vom Jugendhaus selbst öffentlich angekündigt werden.

Dieses Protokoll wird im Jugendhaus öffentlich ausgehängt.

gez. A. B.

B. Die Spielschritte der Spielgruppen

1

Von: AGM *An:* Bürger-Kurier

Betr.: Veranstaltung am 19. 4. im Prolesheim

Am 19. 4. findet im Jugendheim Prolesheim um 18.00 Uhr im großen Saal eine Informationsveranstaltung der «Aktionsgruppe Mehrwert» statt. Die Inhalte der Veranstaltung sind aus dem beiliegenden Flugblatt ersichtlich. (Flugblatt: siehe Spielmaterialien)

Wir bitten um Information in der Presse.

(*Begründung*: Wir informieren nur den Bürger-Kurier, da wir der Meinung sind, daß der National-Anzeiger mit der Bild-Zeitung zu vergleichen ist. Auf Veröffentlichung durch den National-Anzeiger würden wir allerdings reagieren.)

2

Von: AGM *An*: Mitglieder des Jugendhaus-Rats

Betr.: Antrag auf a.o. Sitzung des Jugendhaus-Rats

Um die Situation abzuklären, halten wir eine Sitzung des Jugendhaus-Rats für notwendig. Tagesordnungsvorschlag:

1. Informationsveranstaltung AGM

Terminvorschlag: 10.40 Uhr

3

Von: Sozialarbeiter *An*: Bürger-Kurier

Betr.: Informationsveranstaltung über die Situation der Ausbildung und Arbeitsverhältnisse der Lehrlinge in der Fa. Mehrwert am 19. 4. 1973, 18.00 Uhr

Wir bitten diese Veranstaltung in der nächsten Ausgabe Ihrer Zeitung in der Jugendecke in geeigneter Form anzukündigen.

(*Begründung*: Durch die Veröffentlichung soll ein größerer Kreis von Interessierten angesprochen werden. Der National-Anzeiger wurde bewußt nicht informiert, weil er unsachgemäß berichtete und nicht unsere Interessen vertritt.)

4

Von: Jugendhausbesucher *An*: AGM

Betr.: Sitzung des Jugendhaus-Rats

Die Einladung zur Sitzung um 10.40 Uhr wird angenommen. Die Mehrheit ist allerdings der Meinung, daß alle Heimbesucher an der Sitzung teilnehmen sollten.

(*Begründung*: Das Problem einer ordentlichen Lehrlingsausbildung wird für so wichtig gehalten, daß die Mehrheitsmeinung besteht, alle Heimbesucher am Gespräch zu beteiligen.)

5

Von: Jugendamt — *An*: Die Sozialarbeiter des JFH Prolesheim

Betr.: Aktionsgruppe Mehrwert (AGM)

Wie wir gehört haben, befindet sich in Ihrem Haus eine Aktionsgruppe (Lehrlinge der Firma Mehrwert), über die wir folgende nähere Auskünfte erbitten:

Sind für die geplante Veranstaltung am 19. 4. Vertreter politischer Gruppierungen eingeladen? (Wer? Welche Partei?)

Sind Arbeiterkammer und Gewerkschaft informiert?

Sind Störaktionen durch fremde Gruppen zu befürchten?

Für das Flugblatt zeichnet presserechtlich verantwortlich das Jugendhaus Prolesheim. Wir bitten Sie, bei künftigen Presseveröffentlichungen dafür zu sorgen, daß die Gruppe selbst verantwortlich zeichnet. Wir verweisen auf die J-Verfügung Z – 13/v. 23. 3. 1962 (Presseinformation)

gez. Luark

(*Begründung*: Wir wollen genaue Informationen über die Gruppe und über die Vorgänge im JFH. Durchschrift geht zur Kenntnisnahme an die Oberste Landesbehörde.)

6

Von: AGM — *An*: Bürger-Kurier

Betr.: Veranstaltung am 19. 4.

Nachtrag:

In der Zwischenzeit sind bei uns folgende Solidaritätsadressen eingegangen: Gewerkschaftsgruppen: GEW, ÖTV-Uni; VV der Uni; Gesamtschülervertretung; KJA/ÖTV; KJA/DGB; OJA/IGM; Jugendvertreter der Firma Meyer; Jugendvertreter Sengstak der Fa. Brinkmann; Vertrauensleuteversammlung der Firma Mehrwert; Arbeiterbasisgruppen; SDAJ; Betriebsrat Schmidt der Firma Meyer.

7

Von: Bürger-Kurier — *An*: Öffentlichkeit

Betr.: Informationsveranstaltung im Jugendhaus Prolesheim

Am 19. 4. 1973 um 18 Uhr findet im Jugendhaus Prolesheim eine Informationsveranstaltung über die Situation der Ausbildung und Arbeitsverhältnisse der Lehrlinge in der Fa. Mehrwert statt.

Die AGM hat folgende Forderungen aufgestellt: Grundlegende Reform der Berufsausbildung; angemessene Bezahlung der Lehrlinge; Streikrecht für Lehrlinge.

Die Situation der AGM sollte auf einer Betriebsversammlung dargestellt werden; dies wurde jedoch von der Betriebsleitung untersagt. Inzwischen sind viele Solidaritätsadressen bei der AGM eingegangen.

8

Von: Jugendamt — *An:* Oberste Landesbehörde

Betr.: Aussagen gegenüber Presse bezüglich der AGM im JFH Prolesheim

Wir erwarten Anfragen der Presse zu der Veranstaltung am 19. 4. 1973 im JFH Prolesheim. Wir bitten um Klärung, wer in diesem Fall Informationen geben darf.

(*Begründung*: Absicherung nach «oben».)

9

Von: Jugendamt *An*: Spielleitung

Betr.: Schreiben vom Bürger-Kurier

(*Begründung*: Der Artikel des Bürger-Kurier [Spielschritt 7] enthält noch nichts, was ein Eingreifen oder eine Stellungnahme unsererseits erforderlich machen würde.)

10

Von: Bund Freiheit des Bürgers (Bürgerinitiative)

Mit Besorgnis haben wir von Aktivitäten Kenntnis erhalten, die unserer Meinung nach eine Gefährdung unserer freiheitlich demokratischen Ordnung darstellen. Jugendliche, von denen wir nicht mehr sehen können, wie sie sich zu verantwortlichen Staatsbürgern entwickeln sollen, haben – vor allem im Umkreis des Jugendhauses Prolesheim – eine Hetzkampagne gegen freies Unternehmertum gestartet, der entschlossen entgegengetreten werden muß.

Wir bitten die verantwortungsvollen Organe der Presse, die Öffentlichkeit in diesem Sinn zu unterrichten.

Die zuständigen Behörden fordern wir auf, das in ihrer Möglichkeit Stehende zu unternehmen, um dieser zerstörerischen Flut entgegenzuwirken. Wir würden uns andernfalls genötigt sehen, unsere politische Verbindung wirksam werden zu lassen.

Hochachtungsvoll

i. A. Dr. Anstand, Notar

11

Von: Sozialarbeiter *An*: Jugendamt

Betr.: Aktionsgruppe Mehrwert

Bezug: Anfrage von heute, 10.00 Uhr

Zu den Anfragen teilen wir mit, daß zu der geplanten Veranstaltung am 19. 4. der Aktionsgruppe Mehrwert keine Informationen darüber vorliegen, ob Vertreter politischer Gruppierungen eingeladen worden sind.

Es ist bekannt, daß die AGM die zuständige Gewerkschaft informiert hat. Die Mehrheit der Jugendlichen hat sich mit der Veranstaltung solidarisiert. Es werden deshalb kaum Störaktionen zu erwarten sein.

Presserechtlich verantwortlich hat die AGM gezeichnet und lediglich das Heim als Kontaktadresse angegeben.

(*Begründung*: Besondere Begründung nicht erforderlich.)

12

Von: Oskar Weise, Renate Kern, Max Schmeling (Heimbesucher) *An*: Bürger-Kurier

Leserbrief: Sie haben eine Veranstaltung im JFH hinsichtlich der Ausbildungssituation der Lehrlinge bei der Fa. Mehrwert angekündigt. In dieser Ankündigung liegt bereits ein Vorurteil gegenüber der Fa. Mehrwert. Wir legen Wert auf die Feststellung, daß sich *nicht alle* Heimbesucher mit dieser Form der Veranstaltung einverstanden erklären.

(*Begründung*: Wir halten es für falsch, daß die Ausbildungssituation in der Fa. Mehrwert zum Ausgang und Aufhänger einer Veranstaltung gemacht wird, die nicht nur die Fa. Mehrwert betrifft, sondern ganz allgemein ist. Das JFH würde seine Neutralität einbüßen, wenn wir diese Firma negativ bewerten. Im übrigen besteht die Gefahr, daß verschiedene Lehrlinge des JFH auf Grund dieser Veranstaltung Schwierigkeiten mit ihrem Arbeitgeber bekommen.)

13

Von: AGM *An*: Heimbesucher, Sozialarbeiter, Bürger-Kurier

Info: Die Sozialarbeiter des Prolesheimes sowie einige Heimbesucher haben uns gebeten, die Geschäftsleitung der Firma Mehrwert & Söhne zu unsere Informationsveranstaltung einzuladen. Da die Geschäftsleitung uns auf der Betriebsversammlung jedoch untersagt hat, über unsere Probleme zu informieren, halten wir es eigentlich nicht für nötig, sie einzuladen. Wir haben jedoch dem Wunsch der Heimbesucher und Sozialarbeiter entsprochen. Die Mehrwert-Kapitalisten haben jedoch mit dem Hinweis, «sie würden an anderer Stelle informieren», abgelehnt.
Vorwärts in der Solidarität mit dem Kollegen Weimeyer!

Zusatz an den Bürger-Kurier:

Mit Befremden haben wir festgestellt, daß Sie die Solidaritätsadressen nicht namentlich aufgeführt haben, sowie unsere Forderung nach DM 500,– Bezahlung nicht vollständig abgedruckt haben.

14

Von: Oberste Landesbehörde *An*: Jugendamt

Betr.: Vorgänge im Jugendhaus Prolesheim

Wir bestätigen den Eingang Ihres Schreibens an das JH Prolesheim. Wir haben zwischenzeitlich auch Kenntnis genommen von einer Pressenotiz des Bürger-Kuriers.

Ein direkter, vertraulicher Hinweis der Fa. Mehrwert & Söhne über die Vorfälle im Betrieb und die Zusammenhänge mit dem JH Prolesheim liegt uns vor.

Wir bitten um Stellungnahme und Aufklärung darüber, inwieweit die Mitarbeiter im Jugendhaus initiierend an den Aktivitäten beteiligt sind, welche politischen Gruppierungen hier möglicherweise mitwirkend tätig sind, und bitten um laufende Information über die weiteren Vorgänge.

Für den Fall, daß Hinweise vorliegen, daß diese Veranstaltung benutzt wird zu politischer Agitation von Gruppen, die sich am Rande unserer verfassungsmäßigen Ordnung befinden und mit dieser Veranstaltung eine breite politische Bewegung, die über den unmittelbaren Rahmen der Lehrlingsforderungen hinausgeht, bezwecken, ist zu veranlassen, daß sich die Mitarbeiter von dieser Veranstaltung distanzieren und das JH *nicht* zur Verfügung stellen.

Stellungnahmen zu den Aktionen sollten grundsätzlich nur von der Aktionsgruppe abgegeben werden.

Zur Absicherung der Mitarbeiter sollten Rücksprachen mit der Presse *nur* in Absprachen mit dem Jugendamt und uns durchgeführt werden.

15

Von: Jugendhaus-Rat *An*: Sozialarbeiter, Lehrlinge, Besucher

Protokoll der Sitzung vom 18. 4. 1973, 10.40 Uhr: Die Jugendhaus-Rats-Sitzung am 18. 4. zeigte folgende Ergebnisse:

Zwar wurden Differenzen zwischen den Heimbesuchern hinsichtlich der Veranstaltung der AGM nicht aufgehoben, doch wurde der Beschluß der letzten Sitzung grundsätzlich bestätigt.

Der Oberschülerbund bekundet seine Solidarität mit der AGM. Es wurde angeregt, falls erforderlich vor der Veranstaltung noch eine Sitzung einzuberufen.

Protokoll: noge

16

Von: R. Kern. O. Weise, M. Schmeling (= Teil der Heimbesucher) *An*: AGM

Betr.: Unzufriedenheit über Aufruf an Heimbesucher

Der Begriff «Mehrwertkapitalisten» und der Kampfaufruf im letzten Satz weist eindeutig auf die parteipolitischen Absichten der Veranstalter hin. Es geht gar nicht um den Kollegen Weimeyer, sondern um die politische Einstellung. Wir haben keine Lust, daß unser Heim ein Stützpunkt linker Gruppen wird. Wir werden das während der Veranstaltung zum Ausdruck bringen.

(*Begründung*: Wir befürchten, daß das Heim zu einer Roten Zelle wird.)

17

Von: Prof. Dr. Johannes Zahn *An*: Oberste Landesbehörde Jugendamt

Betr.: JFH Prolesheim

Sehr geehrte Damen und Herren!

Mit Interesse habe ich der lokalen Presse entnommen, daß sich in der und um die Jugendfreizeitstätte Prolesheim ein Konflikt entwickelt hat.

Im Rahmen meiner Lehr- und Forschungstätigkeit habe ich mich bereits des längeren mit pädagogischen Lernfeldern dieser Struktur befaßt. Eine grundlegende Studie zu diesem – wissenschaftlich bisher nur unzulänglich bearbeiteten – Komplex habe ich ebenfalls in Vorbereitung.

Von einem Ansatz emanzipatorischer Pädagogik aus bin ich der Meinung, daß gerade für die heranwachsende Generation vielfältige Gelegenheiten zu emanzipatorischen Lernprozessen arrangiert werden müssen, aus denen mündige, d. h. kritische und selbständige, aber nicht bindungslose Bürger hervorgehen können.

Aus dem dargestellten Interesse möchte ich Sie, sehr verehrte Damen und Herren, bitten, Stellung dazu zu beziehen, unter welchen pädagogischen Gesichtspunkten sich *Ihnen* der o. g. Konflikt darstellt, worauf *Ihr* Interesse vor allem gerichtet ist und nach welchen *Maximen* Sie in der nächsten Zeit zu verfahren gedenken.

Sie würden meine Arbeit damit sehr unterstützen.

Mit freundlichem Gruß
gez. Prof. Dr. J. Zahn

18

Von: National-Anzeiger *An*: Öffentlichkeit

Kommunistisches Agitationsfeld im Jugendhaus Prolesheim?

(Eig. Ber.) Eine radikale Lehrlingsgruppe in der Firma Mehrwert & Söhne, die auch vom Betriebsrat als «Störenfried» erkannt wird, versucht das Jugendhaus Prolesheim für ihre Agitationen zu nutzen!

Worum geht es? Die «Aktionsgruppe Mehrwert» (AGM) konnte in den letzten Tagen innerhalb der Firma durch kommunistische Propaganda, in die sie geschickt z. T. berechtigte Forderungen einflochten, eine kleine Gruppe von Lehrlingen um sich scharen. Dies genügt der AGM natürlich nicht! Die jungen Sozialarbeiter im Jugendhaus Prolesheim, die ihre Arbeit als «pädagogische» und politische verstanden wissen wollen, haben dankbar die Agitationen der AGM aufgenommen und wollen durch Bereitstellung ihres großen Saales das Agitationsfeld dieser radikalen Lehrlingsgruppe vergrößern.

Die AGM wird sicherlich hocherfreut sein, so schnell eine Plattform gefunden zu haben, von der aus sie mit kommunistischen Parolen und Schlagwörtern wie «Kapitalisten», «Ausbeutern» und «Revolution» unsere freiheitlich demokratische Grundordnung angreifen kann. Hier wird es Zeit, das «pädagogische» Selbstverständnis der Mitarbeiter im Jugendhaus Prolesheim in Frage zu stellen. Wir hoffen, daß sich Jugendamt und Oberste Landesbehörde auch ihre Gedanken dazu machen.

Hegra.

(*Begründung*: Noch kein Vorwurf an JA und Landesbehörde; Herauspicken der Vorwürfe gegen Mitarbeiter im JFH zwecks Isolierung; kein Eingehen auf vorliegendes Material; sachliche Information geringhalten.)

19

Von: SDAJ-Vertreter, KOB-Vertreter (= Heimbesucher) *An*: AGM, Sozialarbeiter, Presse

Stellungnahme zur Veranstaltung am 19. 4. 1973 im Jugendhaus Prolesheim

NUR VEREINT SIND DIE SCHWACHEN STARK!

Wir sind uns mit der AGM darüber einig, daß die Lehrlinge sich über drei Jahre von den Kapitalisten, die nur Profitmaximierung im Auge haben, schamlos ausbeuten lassen müssen.

Damit die Lehrlinge sich über ihre Lage klarwerden, unterstützen wir die Veranstaltung am Donnerstag, dem 19. 4. 1973 im Jugendhaus Prolesheim.

Wir rufen alle fortschrittlichen Kräfte in Prolesheim auf, sich mit den Lehrlingen der Firma Mehrwert & Söhne zu solidarisieren.

Wir haben natürlich volles Verständnis für diejenigen unter uns, die sich unserer Sache nicht anschließen können. Sie haben Angst vor Entlassung aus dem Betrieb oder vor der reaktionären Einstellung ihrer Eltern.

ALLE RÄDER STEHEN STILL, WENN DEIN STARKER ARM ES WILL!

gez. Grautier SDAJ
Jeromier KOB

(*Begründung*: Beide Vertreter von Jugendorganisationen müssen aus ideologischen Gründen und aus voller Solidarisierung mit der Arbeiterklasse die Anliegen der Lehrlinge unterstützen.)

20

Von: Bürger-Kurier *An*: Öffentlichkeit

Betr.: Bürgerinitiative gegen Jugendheim Prolesheim

Folgendes Schreiben erreichte unsere Redaktion vom «Bund Freiheit des Bürgers»: «Mit Besorgnis haben wir von Aktivitäten Kenntnis erhalten, die unserer Meinung nach eine Gefährdung unserer freiheitlichen demokratischen Ordnung darstellen. Jugendliche, von denen wir nicht mehr sehen können, wie sie sich zu verantwortlichen Staatsbürgern entwickeln sollen, haben – vor allem im Umkreis des Jugendhauses Prolesheim – eine Hetzkampagne gegen freies Unternehmertum gestartet, der entschlossen entgegengetreten werden muß.

Wir bitten die verantwortungsvollen Organe der Presse, die Öffentlichkeit in diesem Sinne zu unterrichten.

Die zuständigen Behörden fordern wir auf, das in ihrer Möglichkeit Stehende zu unternehmen, um dieser zerstörerischen Flut entgegenzuwirken. Wir würden uns anderenfalls genötigt sehen, unsere politische Verbindung wirksam werden zu lassen.

i. A. Dr. Anstand, Notar»

21

Von: AGM *An*: Sozialarbeiter

Betr.: Solidarität mit der AGM

Solidarisiert Euch mit uns durch Eure Unterschrift.

Unsere Forderungen:

1. Eine grundlegende Reform der Berufsausbildung
2. Eine angemessene Bezahlung:
   500 DM für jeden Lehrling
3. Streikrecht für Lehrlinge

(Die Unterschriften wurden gegeben.)

22

Von: Jugendamt *An*: Sozialarbeiter des JFH Prolesheim

Betr.: Aktionsgruppe Mehrwert

Bezug: Ihr Schreiben von 10.50 Uhr

Wir bitten darauf zu achten, daß es sich bei der geplanten Veranstaltung um eine reine Initiative der Lehrlinge der Fa. Mehrwert (AGM) handelt; das JFH sollte hier als Gastgeber vorgehen. In Ihrem eigenen Interesse meinen wir, daß es notwendig ist, Erkundigungen einzuholen, inwieweit politische Gruppierungen hinter den Aktionen der Lehrlinge stehen.

Für den Fall, daß diese Veranstaltung benutzt wird zu politischen Agitationen von Gruppen, die am Rande unserer verfassungsmäßigen Ordnung stehen und mit dieser Veranstaltung eine breite politische Bewegung, die über den unmittelbaren Rahmen der Lehrlingsforderungen hinausgeht, bezwecken, bitten wir die Mitarbeiter, sich von der Veranstaltung zu distanzieren.

Wir bitten um weitere Informationen über die Entwicklung der AGM.

Bei künftigen Veröffentlichungen der AGM bitten wir, nicht mehr das JFH als Kontaktadresse anzugeben.

gez. Luark

(*Begründung*: Schreiben der Obersten Landesbehörde; Absicherung der Mitarbeiter [JFH].)

23

Von: Oberste Landesbehörde *An*: Bund Freiheit des Bürgers, z. Hd. Dr. Anstand

Betr.: Ihr Schreiben zu den Vorgängen im JH Prolesheim

Wir bestätigen den Eingang Ihres Schreibens. Über die Initiativen im JH Prolesheim sind wir informiert und haben uns mit den uns notwendig erscheinenden Mitteln eingeschaltet. Wir sind mit Ihnen der Auffassung, daß sich unter der Jugend radikale politische Tendenzen breitmachen; allerdings sehen wir im konkreten Fall eine solche Gefahr noch nicht. Wir haben Jugendamt und Mitarbeiter im JH angewiesen, bei sich verschärfender politischer Entwicklung einzugreifen und nötigenfalls die Veranstaltung sowie weitere Arbeit der Gruppe im JH zu unterbinden.

Nach unserer Meinung handelt es sich bei der AGM um eine innerbetriebliche und gewerkschaftliche Auseinandersetzung, die lediglich dadurch im Zusammenhang mit unserem Haus zu sehen ist, daß die AGM-Mitglieder zum großen Teil auch ständige Heimbesucher sind.

Hochachtungsvoll

(*Begründung*: Wir verhalten uns noch abwartend, weil wir keine einheitliche Strategie haben.)

24

Von: AGM *An*: Bürger-Kurier

Betr.: Pressemitteilung

Inzwischen sind weitere Solidaritätsadressen bei uns eingegangen: Oberschülerbund; Aktion demokratischer Lehrer; Arbeitskreis Kritische Sozialarbeit; SMV Berufsschule; Jusos; Naturfreundejugend; Falken; ESG.

Wir haben Unterschriftensammlungen durchgeführt mit dem Erfolg, daß sich 1700 Personen mit uns solidarisch erklären; u. a.: Professor Windhausen; Pastor Schule (Landesjugendpfarrer); Rektor der Uni: van Buren; Professor Holtzer sowie weitere Personen des öffentlichen Lebens; Kollege Bellmann (IGM); Kollege Bolle (IGM); Kollege Carstens (IG Druck) sowie weitere Gewerkschaftsfunktionäre.

25

Von: M. Schmeling, R. Kern, O. Wiese (= Teilgruppe Heimbesucher) *An*: National-Anzeiger

Leserbrief:

Der Inhalt Ihres Extrablattes ist uns aus dem Herzen gesprochen. Das Jugendfreizeitheim wird zu einem Agitationsfeld von Kommunisten, so daß die Besucher keine Möglichkeit mehr haben, ihre Freizeit mit Tanzen, Spielen, Filmen usw. zu verbringen. Wir sind der Meinung, daß einige Sozialarbeiter mit den Kommunisten gemeinsame Sache machen. Wir lassen uns dieses nicht mehr länger gefallen.

(*Begründung*: Die offensichtliche Minderheitengruppe fühlt sich unterdrückt und in der Ausübung ihrer Freizeit eingeschränkt. Sie bringt im letzten Satz ihre Hilflosigkeit zum Ausdruck. Sie fühlt sich auch durch die Sozialarbeiter allein gelassen.)

26

Von: Sozialarbeiter *An*: Jugendamt

Betr.: Schreiben 11.50 Uhr – AGM –

Der Jugendhaus-Rat, dessen Tätigkeit auch vom Jugendamt begrüßt wurde als Modell für das Erlernen politischer Verhaltensweisen, hat nach eingehender Diskussion die Forderungen der Lehrlinge als berechtigt angesehen.

Die Mitarbeiter verstehen den pädagogischen Auftrag so, daß wir uns an den berechtigten Interessen der Jugendlichen orientieren und diese unterstützen.

Wir fassen unsere Arbeit politisch auf, weil wir wissen, daß Jugendarbeit immer politisch ist!!

Inzwischen ist uns bekannntgeworden, daß Gruppen der SDAJ und des KOB sich mit der AGM solidarisiert haben.

Eine Einladung der AGM an die Geschäftsleitung der Fa. Mehrwert zur Teilnahme an der Informationsveranstaltung wurde von dieser abgelehnt.

Wir werden – im Rahmen unserer Möglichkeiten – darauf achten, daß die Veranstaltung nicht zu einer parteipolitischen Agitation umfunktioniert wird.

(*Begründung*: Wir halten es für notwendig, zur Klärung anstehender Fragen für 14.00 Uhr eine Sitzung des Jugendhaus-Rates einzuberufen.)

27

Von: AGM *An*: Sozialarbeiter

Betr.: Übergeordnete Behörden

Wir bitten um Mitteilung, ob die übergeordneten Behörden bereits reagiert haben.

Mit freundlichem Gruß

28

Von: R. Kern, O. Wiese, M. Schmeling (=Teilgruppe Heimbesucher) *An*: Heimleitung (Sozialarbeiter)

Betr.: Situation im JFH

Wir werfen Euch als Heimleitung vor, daß Ihr unsere Interessen nicht mehr vertretet. Ihr wollt unser JFH politischen Gruppen zur Verfügung stellen. Das Haus ist sowieso nur an 5 Tagen geöffnet, so daß durch die Veranstaltung mit den Lehrlingen schon wieder ein Tag für uns verlorengeht. Wir interessieren uns nicht für diesen politischen Mist. Aber wo sollen wir hingehen. Wenn das so weitergeht, spielen wir nicht mehr mit. Wir haben uns auch schon mit anderen Jugendlichen aus dem Stadtteil Chaos darüber unterhalten, ob wir uns nicht beim Jugendamt beschweren sollen. Wir werden es bald tun.

(*Begründung*: Die Minderheitengruppe ist völlig hilflos und reitet Attacken gegen die Heimleitung.)

29

Von: Oberste Landesbehörde *An*: Jugendamt

Betr.: AGM

Durch Stellungnahmen der Presse, Bürgerinitiative und Einschaltung der Wissenschaft (Prof. Dr. Zahn) ist um die Vorgänge im JH Prolesheim eine breite Öffentlichkeit hergestellt worden, die in höchst unterschiedlicher Weise die Zusammenhänge im JH darstellt.

Wir bitten um schnellstmögliche Information über die tatsächlichen Vorgänge im Heim und differenzierte Angaben über die von Ihnen zwischenzeitlich unternommenen Schritte.

(*Begründung*: Wir sind weiter im unklaren, müssen aber zu Entscheidungen kommen.)

30

Von: Jugendamt *An*: Oberste Landesbehörde
Betr.: AGM
Bezug: Ihr Schreiben von 11.35 Uhr

Hiermit teilen wir Ihnen mit, daß das JFH Prolesheim der AGM den Saal für die geplante Veranstaltung lediglich zur Verfügung gestellt hat.

Im Prinzip unterstützen wir alle demokratischen Maßnahmen in den JFH, die der politischen Aktivierung Jugendlicher dienen.

Für den Fall, daß diese Veranstaltung von extremen politischen Gruppierungen «übernommen» wird, werden sich unsere Mitarbeiter von den Aktionen distanzieren. Bisher ist nicht bekannt, ob weitere politische Gruppierungen beteiligt sind.

gez. Luark

(*Begründung*: Mit diesem Brief wollen wir uns hinter die Arbeit der Mitarbeiter stellen, aber wir setzen als selbstverständlich voraus, daß die Mitarbeiter so handeln werden, wie wir es der Obersten Landesbehörde geschildert haben.)

31

Von: National-Anzeiger *An*: Öffentlichkeit
Betr.: AGM – Jugendhaus Prolesheim

AGM ENTLARVT SICH SELBST!

Bürgerinitiativen gegen Radikale im Jugendhaus!

Bürger aus dem Umkreis des Jugendhauses Prolesheim und die jugendlichen Besucher dieses Hauses haben sich zusammengeschlossen, um die «Umfunktionierung» des Jugendhauses durch SDAJ und KOB zu verhindern!

In einer Stellungnahme der «Heimbesucher», die nur von Aktivisten der SDAJ und des KOB unterschrieben worden ist, werden «fortschrittliche Kräfte» zur Solidarität mit der AGM aufgerufen. Damit ist klar, wer hinter der AGM steht.

Dieses haben demokratische Bürger und Jugendliche erkannt; sie haben in scharfen Stellungnahmen die Behörden aufgefordert, gegen die Unterwanderung des Jugendhauses durch Radikale einzuschreiten!

Die Bürgerinitiative «Bund Freiheit des Bürgers», vertreten durch den namhaften Rechtsanwalt und Notar Dr. jur. Anstand, und die jugendlichen Besucher des Hauses hegen den Verdacht, daß die Sozialarbeiter des Jugendhauses mit den Kommunisten gemeinsame Sache machen.

Die Jugendlichen sehen die Gefahr, daß sie in ihrem Jugendhaus in Zukunft nicht mehr diskutieren, tanzen, spielen und ihre Freizeit sinnvoll verbringen können.

Hegra.

32

Von: AGM *An*: Heimbesucher

Info

Die AGM hält es für nötig, eine Stellungnahme zu der Mitteilung einiger Heimbesucher des Jugendhauses Prolesheim abzugeben. Auf Grund der Verwendung von Begriffen wir «Mehrwertkapitalisten» und «Vorwärts in der Solidarität mit dem Kollegen Weimeyer» wird uns unterstellt, daß wir mit der Veranstaltung parteipolitische Ziele verfolgen. Da der Begriff «Kapitalisten» in der gewerkschaftlichen Diskussion üblich ist (wir haben den Begriff auf einer Gewerkschaftsschulung gelernt!), ist uns dieser Vorwurf unverständlich. Wieso unsere Parole nicht zur Solidarität, sondern zur parteipolitischen Betätigung (zu welcher eigentlich?) aufrufen soll, ist uns ebenfalls unverständlich.

Vorwärts in der Solidarität mit dem Kollegen Weimeyer!

33

Von: Bürger-Kurier *An*: Öffentlichkeit

Betr.: Solidaritätserklärungen an die AGM

Mit den unserer Meinung nach berechtigten Forderungen der AGM:

- Grundlegende Reform der Berufsausbildung,
- Angemessene Bezahlung: 5 x 500,- DM für jeden Lehrling,
- Streikrecht für Lehrlinge!

haben sich inzwischen folgende Gruppen und Personen solidarisch erklärt: Gewerkschaftsgruppen: GEW, ÖTV-Uni; VV der Uni; Gesamtschülervertretung; KJA/ÖTV; KJA/DGB; OJA/IGM; JV der Fa. Meyer; JV Sengstak der Fa. Brinkmann; Vertrauensleuteversammlung der Fa. Mehrwert; Arbeiterbasisgruppen; SDAJ; Betriebsrat Schmidt der Fa. Meyer; Oberschülerbund; Aktion demokratischer Lehrer; Arbeitskreis Kritische Sozialarbeit; SMV Berufsschule; Jusos; Naturfreundejugend; Falken; ESG.

Außerdem wurde eine Unterschriftensammlung durchgeführt, bei der sich 1700 Personen mit den Forderungen der AGM solidarisch erklärt haben, u. a.: Prof. Windhausen; Pastor Schule; Rektor der Uni: v. Buren; Prof. Holtzer sowie weitere Personen des öffentlichen Lebens, Kollege Bellmann (IGM), Koll. Bolle (IGM), Koll. Carstens (IG-Druck) sowie weitere Gewerkschaftsfunktionäre.

34

Von: O. Weise, M. Schmeling, R. Kern (= Teilgruppe Heimbesucher) *An*: Jugendamt

Betr.: Unzufriedenheit über die Heimleitung

Sehr geehrte Herrn!

Wir als Heimbesucher fühlen uns von den Sozialarbeitern im Heim allein gelassen. Seit einiger Zeit wird von einigen Gruppen, die linke Politik machen, das Haus immer mehr besucht. Wir fühlen uns in unserer Freizeitgestaltung stark eingeschränkt. Es wird bestimmt nicht mehr lange dauern, dann haben wir nur noch solche Leute im Haus. Es müßte doch eigentlich Ihre Aufgabe sein, gegen so etwas anzugehen, denn dafür sind Sie doch schließlich da. Wir erhoffen uns in dieser Angelegenheit Unterstützung von Ihnen.

Hochachtungsvoll

(*Begründung*: Die Jugendlichen erhoffen, daß gegen die Heimleitung vorgegangen wird, da sie selbst nicht in der Lage sind, verbal sich darzustellen und ihre Interessen zu vertreten.)

35

Von: Jugendhäuser (Bezirk Ost) *An*: Sozialarbeiter Prolesheim

Betr.: Konflikt um AGM

Auf unserer heutigen Bezirksversammlung haben wir auch über die Auseinandersetzung in Prolesheim diskutiert. Die überwiegende Mehrheit unserer Mitarbeiter hält Euer bisheriges Verhalten für politisch und pädagogisch richtig und vertretbar, zumal die demokratische Selbstverwaltung Eures Hauses die Veranstaltung im Haus gebilligt hat.

Allerdings sehen wir mit Besorgnis, daß es offensichtlich noch nicht gelungen ist, *allen* Jugendlichen die Notwendigkeit und Wichtigkeit der politischen Arbeit der AGM einsichtig zu machen. Wir halten es daher in dieser Situation für notwendig, außer der Solidarität eine sorgfältige Begründung für Eure Sympathie mit der AGM zu erarbeiten und allen Heimbesuchern zugänglich zu machen. Vor allem halten wir es für wichtig, die falsche Alternative: Politik *oder* Freizeitangebote wie Tanzen, Basteln usw. richtigzustellen. Es geht ja gerade darum, die politischen Forderungen und Ingeressen der AGM zunächst allen Heimbesuchern auf der Veranstaltung darzustellen.

Mit kollegialem Gruß!

36

Von: Jugendamt *An*: Oberste Landesbehörde

Betr.: Ihr Schreiben von 12.10 Uhr

Zusätzlich zu unseren bisherigen Informationen können wir Ihnen jetzt mitteilen, daß die AGM eine Interessen- und keine parteipolitische Gruppe ist.

Mit den Mitarbeitern des Heimes verstehen wir den pädagogischen Auftrag so, daß wir uns an den berechtigten Interessen der Jugendlichen orientieren und diese unterstützen.

Wir werden uns dafür einsetzen, daß diese Veranstaltung nicht zu einer parteipolitischen Agitation umfunktioniert wird.

Wir stehen in ständigem Kontakt mit den Sozialarbeitern des Heimes.

(*Begründung:* Schreiben von Oberster Landesbehörde 12.10 Uhr. Wir wollen die Pädagogik der Mitarbeiter schützen.)

37

Von: AGM *An*: Sozialarbeiter

Betr.: Jugendhaus-Rat-Sitzung

Wir haben folgende Fragen:

1. Wieso handelt es sich um die 3. (dritte) Sitzung?
2. Es wurde uns zugesagt, daß wir Informationen über die Reaktionen der Behörden bekommen. Wir bitten um diese Informationen.

38

Von: Oberste Landesbehörde *An*: Herrn Prof. Dr. Zahn

Betr.: Vorgänge im JH Prolesheim

Sehr geehrter Herr Professor Dr. Zahn!

Für Ihr Schreiben und das gezeigte wissenschaftliche Interesse sagen wir unseren besten Dank. Die inzwischen in der Öffentlichkeit durch Presse und Bürgerinitiativen hochgespielte Aktion der Auszubildenden der Fa. Mehrwert und die damit möglicherweise verbundene Unsachlichkeit veranlassen uns nicht, die genannte Veranstaltung in unserem JH zu unterbinden.

Grundsätzlich kann von uns gesagt werden, daß wir nicht gewillt sind, in eine positive, politische Initiative von jungen Menschen einzugreifen. Sollten Sie die Möglichkeit haben, sich wissenschaftlich in die vorgehenden Prozesse einzuschalten und gewisse wissenschaftliche Ergebnisse zu erzielen, so wären wir Ihnen dankbar, wenn Sie uns diese zur Verfügung stellen könnten, damit wir möglicherweise pädagogische Maximen für uns ableiten können.

Mit freundlichem Gruß

(*Begründung*: Grundsätzlich begrüßen wir die Zusammenarbeit mit Wissenschaftlern. In beiderseitigem Interesse ist sie aber erst zu realisieren, wenn sich die Situation normalisiert hat.)

39

Von: Sozialarbeiter *An*: AGM

Betr.: Anfrage zur Heimratssitzung

Die erste Sitzung fand bereits vor einigen Wochen statt. (Siehe Protokoll in den Materialien S. 53) Die zweite Sitzung fand statt um 10.40 Uhr. Informationen über die Reaktion der Behörden sollen auf der Sitzung gegeben werden.

40

Von: AGM *An*: Öffentlichkeit

Flugblatt:

Weitere Angriffe auf unsere Rechte!

Inzwischen hat die Geschäftsleitung der Firma Mehrwert & Söhne eine weitere Entlassung angedroht!

Der Kollege Bärmann (im zweiten Lehrjahr) hat vor den Werkstoren Unterschriften gesammelt. Daraufhin hat die Geschäftsleitung einen Brief an die Eltern geschickt, in dem es heißt: «Falls Ihr Sohn es nicht unterläßt, durch seine politische Betätigung den Betriebsfrieden zu stören, sehen wir uns gezwungen, Konsequenzen zu ziehen und evtl. den Lehrvertrag zu kündigen.»

Wir finden: das sagt genug!

Der Vater von Kollege Bärmann, ein aktiver Gewerkschafter der IGM, hat sich mit unserer Aktion solidarisiert.

Auf der Versammlung im Jugendheim werden wir weitere Information geben. Kommt massenhaft!

Vorwärts in der Solidarität mit den Kollegen Weimeyer und Bärmann!

AGM: Kontaktadresse Jugendheim Prolesheim
privat: XY

41

Von: AGM *An*: Bürger-Kurier

Betr.: Zeitungsmeldung

Wir bitten darum, die letzte Pressemeldung folgendermaßen zu korrigieren:
«Angemessene Bezahlung: 500,- DM
für jeden Lehrling. . .»

42

Von: National-Anzeiger — *An*: Öffentlichkeit

Betr.: AGM-Jugendhaus Prolesheim

OBERSTE LANDESBEHÖRDE NIMMT EINDEUTIG STELLUNG!

Erst durch die Information des NATIONAL-ANZEIGER erfuhr die Oberste Landesbehörde, daß die radikalen Gruppen der SDAJ und des KOB zur Solidarität mit der AGM aufgerufen haben und sich dabei als Heimbesucher ausgaben.

Hier ist die Frage zu stellen, wieso in unserem demokratischen Staat die Oberste Landesbehörde nicht von ihren untergebenen Dienststellen unterrichtet wird. Weiter ist zu fragen, wer ein Interesse hat, diese umstürzlerische Veranstaltung zu verschleiern und Information abzublocken.

Der Pressesprecher der Obersten Landesbehörde erklärte auf die Information des NATIONAL-ANZEIGER hin, daß die Veranstaltung unter diesen Umständen nicht stattfinden wird!

Wie uns Herr Dr. Anstand, Sprecher der Bürgerinitiative «Bund Freiheit des Bürgers», mitteilte, haben immer mehr Bürger ihre Solidarität mit der Initiativgruppe erklärt.

(*Begründung*: Entscheidung der Behörde wird vorweggenommen; Mißtrauen in den Behördenweg gestreut, unterschwellige Aufforderung, «undemokratische» Quellen aufzuspüren.)

43

Von: Landesparlament — *An*: Oberste Landesbehörde

Betr.: Politischer Konflikt Prolesheim

In seiner Sitzung vom 18. 4. 1973 hat sich das Landesparlament auf Grund einer Kleinen Anfrage der CDU mit dem politischen Konflikt im Jugendhaus Prolesheim befaßt.

Die Vorgänge wurden von den Fraktionen unterschiedlich beurteilt. Mit knapper Stimmenmehrheit wurde nach heftiger Debatte folgender von der CDU eingebrachter Antrag angenommen:

Die Vorgänge im JH Prolesheim haben den ursprünglichen Rahmen inzwischen weit überschritten und sich zu einer tiefgreifenden Beunruhigung der Öffentlichkeit entwickelt. Zudem liegen von seiten der verfassungsschützenden Organe verläßliche Informationen vor, die eindeutig belegen, daß die Vorgänge weitgehend von bewußt verfassungsfeindlichen Personen und Organisationen gesteuert werden. Die zuständige Behörde möge deshalb mit *allen* im Rahmen der Gesetze zur Verfügung stehenden Mitteln darauf hinwirken, daß die von den politischen Gruppen (AGM usw.) (und anscheinend auch den pädagogischen Mitarbeitern, die als Angestellte im öffentlichen Dienst für ihre Handlungen zur Rechenschaft zu ziehen sind) intendierte Veranstaltung nicht stattfindet.

Der Innenminister

44

Von: AGM — *An*: Alle

Betr.: Berichtigung des Flugblattes

Da das Flugblatt unter Zeitdruck entstanden ist, haben sich zwei Fehler eingeschlichen: Kollege Bärmann heißt natürlich Bärmann. Die Namen Beermann und Barmann sind Schreibfehler. Wir bitten die Fehler zu entschuldigen.

45

Von: Jugendamt — *An*: Oberste Landesbehörde

Betr.: Veröffentlichung über Vorgänge im JFH Prolesheim: Artikel im National-Anzeiger und Bürger-Kurier

Wegen der o. g. Veröffentlichungen empfehlen wir eine Erklärung der Pressestelle, in der auf die Aufgaben der JFH hingewiesen wird.

Auch in diesem konkreten Fall begrüßen wir alle demokratischen Maßnahmen in JFH. Unser Anliegen ist, die Jugendlichen politisch zu aktivieren. Der Lehrlingsaktion stehen wir positiv gegenüber. Es muß der Presse gegenüber darauf hingewiesen werden, daß es sich nicht um eine Aktion des JFH, sondern um eine Gruppeninitiative der Lehrlinge der Fa. Mehrwert handelt. Falls sich extreme politische Gruppierungen einschalten, kann das nicht in jedem Fall verhindert werden.

Die städtischen JFH bemühen sich, für alle demokratischen politischen Aktionen, die nicht als verfassungswidrig anzusehen sind, offen zu sein. Daraus können auch Konfliktsituationen entstehen, die unsere Gesellschaft ertragen muß.

gez. Luark

(*Begründung*: Koordination der Presseerklärungen.)

46

Von: Bürger-Kurier — *An*: Öffentlichkeit

Berichtigung einer Pressemeldung

Leider ist uns in der 3. Ausgabe ein Druckfehler unterlaufen. Es muß richtig heißen: Angemessene Bezahlung: 500,– DM für jeden Lehrling.

Wir bitten, dieses Versehen zu entschuldigen.

47

Von: M. Schmeling, O. Weise (= Teilgruppe Jugendheimbesucher) — *An*: National-Anzeiger, Bürger-Kurier

Info: Es ist zu befürchten, daß von den linken Gruppen im Jugendhaus Informationen ausgehen werden, die uns unterstellen wollen, daß wir Papiere von ihnen entwendet haben sollen und der Presse zur Verfügung gestellt haben, was wir entschieden ablehnen müssen. Hier wird versucht, uns, den Stammbesuchern des Hauses, den Dreck in die Schuhe zu schieben.

(*Begründung*: Man kann sich nicht oft genug gegen die Diffamierungen der linken Gruppen wehren.)

48

Von: AGM — *An*: Alle

Der NATIONAL-ANZEIGER *und die Demokratie!*

In den letzten drei Ausgaben dieser «Zeitung» wird eine unverschämte Hetze gegen die AGM betrieben. Wenn Jugendliche, Lehrlinge, den Kampf um ihre Rechte führen, verstößt das gegen die freiheitlich-demokratische Grundordnung. Wenn der Rechtsberater der Fa. Mehrwert, Dr. Anstand, plötzlich eine Bürgerinitiative «ins Leben ruft», deren Hauptaufgabe die Unterdrückung demokratischer Tendenzen ist, wenn Jugendliche Unterlagen des Oberschülerbundes und der SDAJ stehlen und dem National-Anzeiger zuspielen, dann ist das Demokratie. Wir fordern: Diskussion dieser Vorfälle im Jugendhaus-Rat.

49

Von: Jugendamt *An*: Oberste Landesbehörde

Betr.: Artikel im National-Anzeiger

Wir bitten dringend um Informationen, was es mit der Erklärung auf sich hat, wonach die geplante Veranstaltung im JFH Prolesheim *nicht* stattfinden soll.

Wir würden es sehr bedauern, wenn der Artikel des National-Anzeigers dazu beitragen sollte, die Zusammenarbeit mit der Dienststelle zu erschweren. Ernsthaft nehmen wir nicht an, daß solche Informationen nicht auf direktem Wege, sondern *dieser* Presse entnommen werden müssen.

gez. Luark

(*Begründung*: Wir legen Wert auf Zusammenarbeit mit der Obersten Landesbehörde. Wir sind nicht von der Richtigkeit der Information, nämlich daß die Veranstaltung *nicht* stattfinden soll, überzeugt.)

50

Von: Sozialarbeiter *An*: Jugendamt

Betr.: Bezirks-Besprechung

Der *Rahmen für unsere pädagogische, politische Arbeit in unserem Jugendfreizeitheim* wird bestimmt:

a) durch die objektiven und subjektiven Interessen der Jugendlichen, die das Heim besuchen.
(Die Jugendlichen entstammen fast ausschließlich der Unterschicht und sind z. Zt. entweder als Hauptschüler, Lehrlinge, Anlernlinge und Hilfsarbeiter tätig. Im Umkreis des JFH leben ca. 2000 Arbeiterfamilien mit 3000 Kindern, von denen 1500 im Alter von 8 bis 20 Jahren sind. Vgl. Statistisches Landesamt Bremen);

b) durch die Erkenntnis, daß es Kinder und Jugendliche, die in diesen sozioökonomischen Verhältnissen aufwachsen, besondern schwer haben, ihre eigenen Interessen zu erkennen, zu artikulieren und durchzusetzen; und durch

c) unsere Parteilichkeit auf Grund dieser Erkenntnisse, die von uns als Aufforderung verstanden wird, Jugendlichen, die unser Heim besuchen, die nötigen Hilfestellungen zu geben, die es ihnen ermöglichen, als kritische Subjekte in und zu dieser Gesellschaft Stellung zu beziehen und eigene, berechtigte Ansprüche zu artikulieren.

Da wir unsere Rolle mehr als Berater sehen, fördern wir, daß die Jugendlichen eigene Organisationsformen finden oder sich anderen politischen Organisationen anschließen, um so ihre politischen Interessen zu vertreten.

Die AGM ist eine Gruppe Jugendlicher, die auf Grund ihrer Erlebnisse und Erfahrungen in der Firma Mehrwert die Notwendigkeit politischen Handelns erfahren hat. In den letzten Sitzungen der Gruppe hat sich diese vor allem mit arbeitsrechtlichen Fragen und den Möglichkeiten der Durchsetzung ihrer Interessen beschäftigt.

Wir versuchen, auch andere Jugendliche, die im Jugendfreizeitheim stärker ein passives Freizeitverhalten pflegen, mit den berechtigten Forderungen der AGM vertraut zu machen. Es ist uns dabei klar, daß Freizeitangebote, wie zum Beispiel Tanzen, Basteln usw., und politische Arbeit keine Alternativen darstellen, sondern sich ergänzen sollen.

51

Von: SDAJ/KOB *An*: AGM

Riesenhetzkampagne der Reaktionäre

gegen Lehrlingsforderungen und gegen AGM, SDAJ und KOB.

Auf Grund ihrer hetzerischen Lügen ist es den Reaktionären in Zusammenarbeit mit Oskar Weise, gelungen, die geplante Veranstaltung im JFH Prolesheim zu boykottieren.

Die Veranstaltung ist inzwischen von der Obersten Landesbehörde abgesetzt worden.

Wir schlagen deshalb vor, in Verbindung mit einer Demonstration, das Haus der Obersten Landesbehörde zu besetzen, um mit *den dortigen* Bevollmächtigten zu sprechen.

Wir laden ein zu einer kurzen Lagebesprechung, um weitere Schritte in die *Wege zu leiten.* Wir können uns im JFH Prolesheim zu einem Euch genehmen Termin treffen.

Grautier: SDAJ
Jeromier: KOB

52

Von: AGM *An*: Heimbesucher (SDAJ und KOB)

Wir haben Euer Schreiben erhalten und bereits eine eigene Stellungnahme verfaßt. Hausbesetzungen o. ä. halten wir allerdings z. Z. für abenteuerlich und politisch falsch. Solche Aktionen isolieren uns von breiten Teilen der Bevölkerung, auf deren Solidarität wir aber angewiesen sind, wenn wir etwas erreichen wollen.

Mit solidarischem Gruß

53

Von: Jugendamt *An*: Spielleitung

Den Brief der Teilgruppe der Heimbesucher Schmeling, Weise u. Kern mit dem Inhalt:

«Unzufriedenheit über die Heimleitung» geben wir an die Mitarbeiter des JFH mit der Bitte um Kenntnisnahme und Stellungnahme zurück.

54

Von: Heimbesucher (SDAJ, KOB) *An*: Alle

Flugblatt

Wir haben den Verdacht, daß die «Teilgruppe Heimbesucher» unter der Leitung von O. Weise die gerechte Sache der Lehrlinge durch Informationsspionage ins falsche Licht rücken will! Unsere Entwurfnotizen wurden entwendet und vermutlich reaktionären Kräften in unserer Stadt zugeleitet.

Hütet euch vor «Oskar Weise», er ist ein Verwandter der Mehrwert-Ausbeuter-Clique! (Dies hat Herr Weise selber behauptet!)

Wir stellen fest, daß es im JH Prolesheim zwei gegensätzliche Richtungen in Bezug auf die Situation der Lehrlinge gibt. Wir möchten daher im Einzelnen feststellen, wo die Ursachen für die Lehrlingsmisere einerseits und die Hilflosigkeit und Machtlosigkeit der Lehrlinge andererseits liegen. Selbst in der Volksschule, die uns eigentlich auf das Arbeitsleben vorbereiten sollte, die die optimale Entfaltung der Persönlichkeit garantieren sollte, wird aus dem Schüler ein Mensch gemacht, für den «Ordnung, Sauberkeit, Fleiß und Gehorsam» zur Richtlinie seines Handelns gemacht wird. Dies äußert sich insbesondere im Lehrplan, in dem Ideale Vorbilder sind, die mit den Realitäten im Elternhaus nicht mehr übereinstimmen. Diese Vorstellungen werden

meistens im Elternhaus weiter fortgeführt. Das ist oft zurückzuführen auf die unmenschliche Wohn- und Arbeitssituation der Eltern (Umwelt, finanzielle Lage, Kinderreichtum, niedriger Bildungsstand u.s.w.). Sie halten ihre Lage für naturgegeben und unabänderlich und vertrauen auf eine bessere Welt im Jenseits.
LEHRJAHRE SIND KEINE HERRENJAHRE!!
Das sagen alle. Und viele Lehrlinge finden das richtig. Sie glauben, nach Beendigung der Lehrzeit ist die Schinderei vorbei.
DAS IST EIN TRUGSCHLUSS!!
Die Unterdrückung setzt sich weiter fort durch das ganze Leben, und der Erwerb von Statussymbolen soll die wahre miese Maloche-Situation nur verschleiern. Aber jahrhundertelang galt der Erwerb von Eigentum als erste Maxime! Heute ist das noch immer so.

Auch bei uns im Jugendhaus gibt es eine starke Gruppe, die um ihre Privilegien fürchten, wenn die AGM an Boden gewinnt. Sie wollen nicht mit der AGM in Verbindung gesetzt werden, weil sie im Betrieb Repressionen befürchten.

Wir verstehen das – aber was ist das für ein System, in dem man Angst um seinen Arbeitsplatz haben muß, wenn man seine Rechte, die gesetzlich verankert sind, in Anspruch nimmt.

Die AGM will aus dem Jugendhaus keine Agitationszentrale machen. Sie will mit Euch gemeinsam diskutieren. Ihr sollt nicht verdrängt werden aus dem JH, wir wollen gemeinsam gegen die Lehrlingsmisere kämpfen!

gez. Grautier SDAJ
Jeromier KOB

55

Von: Bezirksversammlung der Sozialarbeiter in JFH (Ost) *An*: Kollegen des JFH Prolesheim
Betr.: Begründung Eurer Konzeption
Liebe Kollegen!
Durch einige uns bekannte Kollegen im Jugendamt erfuhren wir von Eurem Bericht ans Jugendamt. Wir erklären uns mit dem Bericht inhaltlich voll einverstanden.

Wir bitten Euch aber zu überlegen, ob Ihr den Inhalt dieses Berichtes nicht in geeigneter Form den Heimbesuchern, den anderen Kollegen und der Presse mitteilen solltet.

Mit kollegialem Gruß

56

Von: Bürger-Kurier *An*: Öffentlichkeit
Veranstaltung der AGM im Jugendheim Prolesheim muß stattfinden
Wie wir erfahren haben, soll die Veranstaltung der AGM im Jugendhaus Prolesheim von der Obersten Landesbehörde verboten werden.

Der Leser wurde von uns bereits über die Situation und die Forderungen der AGM ausführlich informiert.

Unsere Zeitung unterstützt die Forderungen der AGM. Unsere jungen Menschen haben ein Anrecht auf gute Ausbildung, sie sollen nicht ausgebeutet und zu Arbeitssklaven gemacht werden, also nicht zu Überstunden gezwungen werden, selbst wenn diese gut honoriert werden. Sie sollen nicht als Bier- und Brötchenholer benutzt werden, sondern zu guten Facharbeitern ausgebildet werden. Sie haben ein Anrecht auf angemessene Bezahlung.

Die Betriebsleitung macht es sich zu einfach, wenn sie kritischen Lehrlingen mit Entlassung droht. Sie sollte ihrerseits prüfen, ob die Ursache der Unruhe unter den Lehrlingen nicht bei der Betriebsleitung zu suchen ist.

Die Veranstaltung im Jugendhaus muß stattfinden. Die Lehrlinge müssen zu Wort kommen!

57

Von: National-Anzeiger *An*: Öffentlichkeit

Betr.: AGM-Jugendhaus Prolesheim

Hetze gegen National-Anzeiger!

Parlament beschäftigt sich mit Jugendhaus Prolesheim!

Auf Flugblättern versuchen die radikalen Gruppen, die sich mit der AGM verbündet haben, gegen den National-Anzeiger zu hetzen.

Daß sie damit gegen ein demokratisches Presseorgan vorgehen, erweist sich dadurch, daß auf der heutigen Parlamentssitzung eine CDU-Anfrage zu dem Ergebnis führte, daß die Aktivitäten der AGM vom Parlament mit Mehrheit verurteilt wurden.

Der Innenminister hat die Oberste Landesbhörde zu einer Untersuchung aufgefordert!

Hegra

(*Begründung*: Herausstellung der eigenen demokratischen Auffassung, die durch das Parlament legitimiert scheint.)

58

Von: AGM *An*: Spielleitung

Betr.: Gegenwärtige Aktivitäten

Für den Fall, daß tatsächlich noch eine Versammlung im Jugendheim stattfindet, haben wir folgende Resolution vorbereitet:

«Die hier im Jugendheim Prolesheim versammelten Jugendlichen solidarisieren sich mit den Kollegen Weimeyer und Bärmann. Sie verurteilen die Methoden der Geschäftsleitung der Firma Mehrwert, die mit solch massiven Drohungen die berechtigten gewerkschaftlichen Forderungen der Lehrlinge unterdrücken will.

Die Vollversammlung beauftragt den Jugendhaus-Rat, an der Aktionseinheit zur Vorbereitung einer Demonstration aktiv und positiv teilzunehmen.»

59

Von: Jugendamt *An*: Sozialarbeiter

Betr.: Flugblatt AGM 14.05 Uhr:

«Der National-Anzeiger und die Demokratie»

Betreffs der im Flugblatt geäußerten Vorwürfe gegenüber dem National-Anzeiger empfehlen wir Ihnen, die Diskussion aus dem Heimrat herauszuhalten, um Ihnen direkte Stellungnahmen zu ersparen.

Vielmehr sollten die betroffenen Gruppen unter sich die Vorfälle diskutieren.

(*Begründung*: Versuch, die Mitarbeiter aus den direkten politischen Auseinandersetzungen herauszuhalten.)

60

Von: Oberste Landesbehörde *An*: Jugendamt
Betr.: Durchführung der Veranstaltung am 19. 4. 73 im JH Prolesheim

Auf Grund einer Entscheidung im Landtag sowie des Herrn Innenministers verfügen wir hiermit, daß die Veranstaltung der AGM im JH Prolesheim nicht stattfinden kann.

Durch die starke Politisierung der Vorgänge durch radikale Gruppierungen erscheint uns der Sinn der Veranstaltung, nämlich die Information und Auseinandersetzung über die sicherlich berechtigten Forderungen von Auszubildenden, nicht mehr gewährleistet, sondern daß das staatliche JH zum Handlungsfeld verfassungswidriger Agitatoren wurde. Wir sind vielmehr der Meinung, daß, da es sich um ursprünglich gewerkschaftliche Forderungen handelte, der Ort der Auseinandersetzung wieder die Gewerkschaft werden muß, und schlagen deshalb vor, die AGM an den DGB zu verweisen, damit sie dort um geeignete Räumlichkeiten nachfragt.

(Der oben stehende Teil des Textes geht auch an die Presse).

Ungeachtet der konkreten politischen Entwicklung im JH Prolesheim halten wir es für unbedingt erforderlich, daß eine Auseinandersetzung mit den Mitarbeitern in JH sowie den Verantwortlichen im JA über die Grenzen pädagogisch-politischer Arbeit in staatlichen JH stattfinden muß. Die politische Eskalation verdrängt völlig den allgemeinen Auftrag, alle Jugendlichen anzusprechen und allen Interessen nachzukommen, durch einen nicht mehr zu rechtfertigenden Rückzug auf eine kleine radikale Minderheit.

Wir bitten darum, daß der AGM mitgeteilt wird, daß wir ihren Aktivitäten, soweit sie berechtigte Interessen von Auszubildenden und die Durchsetzung von größerer Chancengleichheit und Mitbestimmung betreffen, durchaus positiv gegenüberstehen, sie dennoch aber auf Grund unseres allgemeinen pädagogischen Auftrags und der ausschließlich gewerkschaftlichen Orientierung der Gruppe weiter im Gewerkschaftshaus arbeiten sollte.

Der im Bericht des Herrn Innenministers angesprochene Vorwurf der politischen Einseitigkeit und damit Unterstützung der radikalen politischen Arbeit im JH durch die pädagogischen Mitarbeiter muß umfassend untersucht werden. Wir erwarten schnellste Benachrichtigung über die Ergebnisse.

Wir verweisen nochmals darauf, daß die Mitarbeiter auf ihre Verfassungstreue hingewiesen werden und bei entsprechenden Abweichungen arbeitsrechtliche Folgen zu erwarten haben.

61

Von: Jugendamt *An*: Oberste Landesbehörde
Betr.: Durchführung der Veranstaltung am 19. 4. im JFH Prolesheim
Dringend: Bezüglich des uns angewiesenen Verbots o. g. Veranstaltung der AGM in Prolesheim bitten wir um klärende Information, da wir aus pädagogischen Gründen die Durchführung der Veranstaltung für richtig halten.

Die Mitteilung an die Mitarbeiter des Heimes haben wir vorerst zurückgehalten.

(*Begründung*: Wir befürchten Konsequenzen für die Mitarbeiter, wollen aber doch noch versuchen, die Veranstaltung stattfinden zu lassen, sowie Zeit zu gewinnen.)

62

Von: Bürger-Kurier *An*: Öffentlichkeit

Veranstaltung der AGM verboten!

Die Oberste Landesbehörde gab uns folgende Mitteilung:

«Auf Grund einer Entscheidung im Landtag sowie des Herrn Innenministers verfügen wir hiermit, daß die Veranstaltung der AGM im Jugendheim Prolesheim nicht stattfinden kann.

Durch die starke Politisierung der Vorgänge durch radikale Gruppierungen erscheint uns der Sinn der Veranstaltung, nämlich die Information und Auseinandersetzung über die sicherlich berechtigten Forderungen von Auszubildenden nicht mehr gewährleistet, sondern daß das staatliche Jugendheim zum Handlungsfeld verfassungswidriger Agitatoren wurde. Wir sind vielmehr der Meinung, daß, da es sich um ursprünglich gewerkschaftliche Forderungen handelte, der Ort der Auseinandersetzung wieder die Gewerkschaft werden muß, und schlagen deshalb vor, die AGM an den DGB zu verweisen, damit sie dort um geeignete Räumlichkeiten nachfragt.»

Wir bedauern diese Maßnahme, weil wir glauben, daß eine solche Veranstaltung, wo es um die Rechte junger Menschen geht, in einem Jugendhaus stattfinden sollte.

63

Von: National-Anzeiger *An*: Öffentlichkeit

Betr.: AGM – JH Prolesheim

Dem Treiben ein Ende gemacht?

Die Pressestelle der Obersten Landesbehörde teilt mit, daß auf Grund einer Entscheidung im Landtag sowie des Herrn Innenministers die Veranstaltung der AGM im Jugendhaus Prolesheim nicht stattfinden kann. Als Begründung wird sehr richtig die Gefahr erkannt, daß verfassungswidrige Agitatoren das JH als ihr Handlungsfeld mißbrauchen.

Allerdings soll nun der DGB mit diesen Radikalen belastet werden; die Oberste Landesbehörde fordert in ihrer Stellungnahme quasi den DGB auf, der AGM Räumlichkeiten zur Verfügung zu stellen, da es sich um ursprünglich «gewerkschaftliche Forderungen» handeln würde. Hier läßt sich der Einfluß radikal-liberaler Kräfte in der Behörde vermuten.

Ob das im Sinne des DGB ist, wird er uns sicherlich in einer demokratischen Entscheidung beweisen, da er sich in seinen Satzungen selbst zur freiheitlich demokratischen Grundordnung bekennt!

(*Begründung*: Weiteres Mißtrauen in die Behörde streuen; DGB auf freiheitlich-demokratische Grundordnung festnageln.)

64

Von: Jugendamt *An*: Sozialarbeiter (durchschriftl. an Oberste Landesbehörde)

Betr.: Veranstaltung am 19. 4. der AGM

Hiermit müssen wir Ihnen mitteilen, daß lt. Anweisung der Obersten Landesbehörde verfügt wurde, o. g. Veranstaltung nicht in den Räumen des JFH stattfinden zu lassen, sowie zu empfehlen, hierfür Gewerkschaftsräume in Anspruch zu nehmen.

Die Oberste Landesbehörde geht davon aus: «Durch die starke Politisierung der Vorgänge durch radikale Gruppierungen erscheint uns der Sinn der Veranstaltung, nämlich die Information und Auseinandersetzung über die sicherlich berechtigten

Forderungen von Auszubildenden, nicht mehr gewährleistet, sondern daß das staatliche Jugendheim zum Handlungsfeld verfassungswidriger Agitatoren wurde.»

Wir sind bemüht, ein klärendes Gespräch mit der Obersten Landesbehörde zu führen, das die Durchführung der Verfügung verhindern könnte.

Es ist nicht ausgeschlossen, daß dennoch die geplante Veranstaltung abgesagt werden muß.

gez. Luark

(*Begründung*: Die Verfügung kann nicht ignoriert werden; wir bemühen uns, die Veranstaltung doch noch stattfinden zu lassen.)

(Danach wurde das Jugendamt in der Obersten Landesbehörde vorstellig und veranstaltete dort eine Art «Sit-in».)

65

Von: Jugendhaus-Besucher (= SDAJ, KOB) — *An*: AGM

Betr.: Verbot der Versammlung

Wir sind der Meinung, daß wir nach Stand der Dinge *gemeinsam* weiterplanen müssen. Darum fragen wir Euch, ob Ihr bereit seid, uns an Euren Sitzungen teilnehmen zu lassen.

66

Von: Sozialarbeiter — *An*: Jugendamt

Betr.: Stellungnahme über «Unzufriedenheit mit der Heimleitung»

Wir bedauern, daß die Heimbesucher (3 Jugendliche) die Möglichkeit einer demokratischen Auseinandersetzung im Heimrat nicht genutzt haben und direkt an das Jugendamt herangetreten sind.

Wir haben mit dieser Gruppe inzwischen ausführlich über den Inhalt der Veranstaltung diskutiert.

Eine Diskussion im Heimrat über die im Flugblatt geäußerten Vorwürfe gegenüber dem National-Anzeiger fand nicht statt.

Die Anweisung der Obersten Landesbehörde ist nicht mehr einzuhalten, da die organisatorischen Vorbereitungen so weit gediehen sind und die Absage zu spät kam (15.10 Uhr), so daß die Veranstaltung stattfinden muß.

(Die Jugendlichen sind inzwischen alle unterwegs zum JFH)

67

Von: Sozialarbeiter — *An*: Spielleitung

Betr.: Schreiben der Mitarbeiter des JFH Prolesheim an das Jugendamt (Absendezeit 15.10 Uhr)

Wir bitten, das Schreiben an das Jugendamt, das der Spielleitung zugegangen ist, so zu betrachten, daß es zur Kenntnisnahme den Heimen des Bezirks Ost zugegangen ist.

(*Begründung*: Um eventuelle spätere Solidaritätsbekundungen zu erreichen.)

68

Von: IG Metall im DGB *An*: Öffentlichkeit

Betr.: AGM

Stellungnahme

Mit Interesse haben wir die Entwicklung um die Lehrlingsausbildung bei der Fa. Mehrwert & Söhne verfolgt. Zwar sieht es die Gewerkschaft als eine ihrer ureigensten Aufgaben an, sich für eine menschliche und fachlich qualifizierende Ausbildung einzusetzen und Mißständen auf diesem Gebiet entgegenzutreten.

Gewerkschaftlich organisierte Lehrlinge der Fa. Mehrwert, die auch Mitglieder der sog. AGM sind, haben die Situation und Vorfälle bei besagter Firma auf die Tagesordnung der nächsten Sitzung der zuständigen Organe gesetzt.

Allerdings sind wir der Ansicht, daß die Aktionsgruppe der AGM als spontane Selbstorganisation von Lehrlingen mit einer für uns undurchsichtigen politischen Provenienz ihre Aktivitäten weiterhin selbständig und in dem Rahmen entwickeln sollte, in dem sie bisher gestanden haben.

Wir sehen deshalb keinerlei zwingende Notwendigkeit, in dieser Situation *von uns aus* durch räumliche oder andere materielle Unterstützung tätig zu werden. Wir würden aber eine öffentliche Veranstaltung zur Information und Diskussion um besagte Vorgänge im Jugendhaus Prolesheim begrüßen.

Ortsleitung der IGM

69

Von: AGM *An*: Öffentlichkeit

Flugblatt

PARLAMENT – OBERSTE LANDESBEHÖRDE – JUGENDAMT – FIRMA MEHRWERT MIT IHREM SPRACHROHR NATIONAL-ANZEIGER IN EINER FRONT GEGEN DIE DEMOKRATISCHEN RECHTE DER LEHRLINGE

Die Forderungen der Lehrlinge sind bekannt. Außer unseren erklärten Gegnern redet niemand von Revolution und Umsturz, sondern von Streikrecht und mehr Lohn.

Und was passiert:

VERBOT DER INFORMATIONSVERANSTALTUNG IM JUGENDHEIM PROLESHEIM
(lt. Information durch den Bürger-Kurier und den National-Anzeiger).

Das sind Verbote (Versammlungsverbot), die eigentlich der Vergangenheit angehören und nicht in eine demokratische Gesellschaft passen.

Die Sozialarbeiter des Heimes Prolesheim haben uns erlaubt, trotzdem die Veranstaltung durchzuführen. Damit begeben sich die Sozialarbeiter in die Gefahr, von der übergeordneten Bürokratie diszipliniert zu werden. Deshalb geht es nicht mehr allein um die Rechte im Betrieb. Selbst die sog. Freizeit wird reglementiert.

Diese Probleme müssen sofort diskutiert werden.

FÜR FREIE GEWERKSCHAFTLICHE BETÄTIGUNG IM FREIZEITHEIM!
VORWÄRTS IN DER SOLIDARITÄT MIT DEN KOLLEGEN WEIMEYER UND BÄRMANN!

70

Von: AGM *An*: Sozialarbeiter

Wir bitten darum, uns einen Zwischenbericht über die gegenwärtige Lage bezüglich der heutigen Veranstaltung zu geben, insbesondere über mögliche Stellungnahmen der Behörden.

71

Von: Jugendhaus-Rat *An*: Sozialarbeiter, AGM, Heimbesucher

Protokoll der Sitzung des Jugendhaus-Rats

Der Jugendhaus-Rat hatte zu einer Sitzung eingeladen, um die Veranstaltung vorzubereiten. Es gab zunächst Auseinandersetzungen mit einem Teil der Heimbesucher, die die Politisierung des Jugendfreizeitheimprogramms ablehnte. Daraufhin gaben die Sozialarbeiter eine schriftliche Ausarbeitung über ihre Auffassung von der Arbeit in Jugendfreizeitheimen bekannt.

Nach längerer Diskussion mit sehr unterschiedlichen Standpunkten wurde folgendes beschlossen:

Die Veranstaltung soll im JFH durchgeführt werden. Soweit sich verschiedene Gruppierungen mit der AGM solidarisieren, sollen sie ebenfalls eingeladen werden. Auch die Presse wird zugelassen. Flugblätter dürfen nur außerhalb des Heimes verteilt werden.

Thema der Veranstaltung:

Schilderung der Situation bei der Fa. Mehrwert & Söhne. Vorlage einer Resolution; Abstimmung über die Resolution.

Evtl. Bildung eines Aktionskomitees und Vorbereitung evtl. Demonstrationen.

Auf den Einwand, was geschehe, wenn das Jugendamt die Veranstaltung 1/2 Std. vor Beginn untersage, wurde vom Jugendhaus-Rat erklärt, daß dann auch die Vertreter des Amtes vor den Jugendlichen eine entsprechende Begründung geben müßten.

72

Von: Jugendamt *An*: Oberste Landesbehörde

Betr.: Durchführung der Veranstaltung am 19. 4. im JFH Prolesheim

Zu unserem Bedauern müssen wir Ihnen mitteilen, daß die o. g. Veranstaltung nicht mehr abzusagen ist, da, wie uns die Heimleitung mitteilte, die von Ihnen ausgesprochene Verfügung das Heim zu spät erreichte.

Die Jugendlichen sind bereits unterwegs. Die Vorbereitungen für die Veranstaltung sind abgeschlossen.

Ein Verbot unmittelbar vor Beginn der Veranstaltung auszusprechen würde sicher zu erheblichen Ausschreitungen führen. Für diesen Fall sehen wir uns nicht in der Lage, die Verantwortung zu übernehmen.

gez. Luark

(*Begründung*: Um eventuelle Konsequenzen für die Mitarbeiter abzuwehren, müssen wir die Oberste Landesbehörde auf die zeitliche Verspätung hinweisen.)

73

Von: National-Anzeiger *An*: Öffentlichkeit

Betr.: AGM – JH Prolesheim

Widersetzt sich Jugendamt der Anweisung des Innenministeriums?

Vertraulichen Informationen zufolge scheinen sich im Jugendamt radikale Kräfte der Anweisung unseres Innenministers, der AGM keinen Raum im JH Prolesheim zur Verfügung zu stellen, widersetzen zu wollen. Wie aus gewöhnlich gut unterrichteten Kreisen verlautet, will das Jugendamt die Veranstaltung kommunistischer Jugendlicher doch durchführen, weil angeblich die organisatorischen Vorbereitungen so weit fortgeschritten seien, daß eine Absage der Veranstaltung «nicht zu verantworten» sei.

Die Tatsache wirft ein bezeichnendes Licht auf das Jugendamt, das eigentlich die Interessen unserer Jugendlichen vertreten sollte und nicht die einiger Kommunisten und deren arbeitsscheuer Anhänger.

Wie vom National-Anzeiger erwartet, hat sich der Ortsvorstand der IG Metall im DGB eindeutig von den undurchsichtigen politischen Aktivitäten der AGM distanziert, und man sieht dort keinerlei Notwendkigkeit, die Radikalen räumlich oder materiell zu unterstützen.

(*Begründung*: Öffentlichkeit soll Druck auf Behörden ausüben, von sich aus Stellung zu nehmen zum Vorwurf Radikaler im Jugendamt.)

74

Von: Sozialarbeiter *An*: AGM, Heimbesucher

Betr.: Veranstaltung heute

Um 15.10 Uhr erreichte uns eine Verfügung der Obersten Landesbehörde über das Jugendamt, die für heute geplante Veranstaltung in unserem Hause abzusagen.

Wir haben das Jugendamt dahingehend informiert, daß aus Gründen der vorgeschrittenen Zeit die Veranstaltung nicht mehr abzusagen ist.

Es ist zum augenblicklichen Zeitpunkt noch nicht abzusehen, ob nicht durch eine weitere dienstliche Anweisung verfügt wird, das Heim unter allen Umständen zu schließen.

(*Begründung*: Wir waren davon ausgegangen, daß der Entscheidungstermin – Veranstaltung ja oder nein – mit dem Kaffeetrinken [15.00] überschritten war. Die Verfügung wurde um 15.10 Uhr vorgelegt. Wir erwarten das Erscheinen der Jugendlichen zur Veranstaltung.)

75

Von: Jugendamt *An*: Oberste Landesbehörde (nachrichtl. auch Sozialarbeiter)

Betr.: Pädagogische Konzeption der Mitarbeiter aus dem JFH Prolesheim

Als Anlage übersenden wir Ihnen die uns kürzlich zugegangene Konzeption des JFH Prolesheim, die Aufschluß gibt über die pädagogischen Absichten der Mitarbeiter.

Wir haben den Eindruck, daß unsere Kollegen in der außerordentlich schwierigen Situation sich immer im Rahmen ihres pädagogischen Auftrages gehalten haben und daß sie unsere volle Unterstützung gegenüber irgendwelchen Mißdeutungen und Mißverständnissen verdienen.

Wir bitten, diese Konzeption in Ihre Überlegungen einzubeziehen.

(*Begründung*: Wir beabsichtigen, die Oberste Landesbehörde wohlwollend für die Konzeption des JFH einzustimmen.)

76

Von: M. Schmeling u. a. (=Teilgruppe Heimbesucher) *An*: Alle

Info:

Wir als Heimbesucher haben soeben (16.00 Uhr) die Information bekommen, daß die Landesbehörde die Veranstaltung nicht billigt, was wir sehr begrüßen.

Sollte dennoch die Veranstaltung stattfinden, so werden wir uns zusammen mit weiteren 60 Jugendl. dafür einsetzen, daß die Veranstaltung *nicht* stattfindet.

Wir sind zwar nicht in der Lage, unsere Interessen mit Worten zu begründen. Wir können dafür aber andere Mittel einsetzen.

77

Von: Sozialarbeiter *An*: Teilgruppe Besucher, AGM

Betr.: Gewaltandrohung

Wir haben inzwischen eine Mitteilung des Jugendamtes an die Oberste Landesbehörde zur Kenntnis erhalten, aus der hervorgeht, daß das Jugendamt unsere Arbeit unterstützt und die Veranstaltung im Rahmen unseres pädagogischen Auftrages billigt.

Wir bitten Euch von gewalttätigen Aktionen während der Veranstaltung abzusehen, weil dieses keine politische Konfliktlösung bedeutet.

Wir verweisen außerdem noch einmal besonders auf die Heimratssitzung, auf der Ihr Euch zwar von der Veranstaltung distanziert habt, aber auf unser Angebot der weiteren Freizeitmöglichkeiten im Hause (Film, Jugendbar) eingegangen seid.

78

Von: Jugendamt *An*: Sozialarbeiter

Betr.: Info der Gruppe Max Schmeling

DRINGEND: In der Anlage übersenden wir Ihnen eine Information o. g. Gruppe, die eine ernstzunehmende Drohung enthält.

Wir bitten umgehend um Nachricht, ob der Schutz des Hauses und seiner Bewohner gewährleistet ist, oder ob es ratsam erscheint, Polizeischutz anzufordern.

gez. Luark

(*Begründung*: Absicherung der Veranstaltung.)

79

Von: Bürger-Kurier *An: Öffentlichkeit*

Betr.: AGM-Veranstaltung

Jugendamt hüllt sich in Schweigen.

AGM plant Aktion

Das Jugendamt konnte unserem Reporter noch keine Auskunft darüber geben, wie es sich zu dem Verbot der Obersten Landesbehörde stellen wird.

Die Sozialarbeiter werden das Haus öffnen. Die AGM will die Veranstaltung trotz Verbots durchführen.

Tagesordnung:

1. Bericht des Koll. Weimeyer über Vorfälle im Betrieb;
2. Bericht des Koll. Bärmann über Vorfälle, die zum Verbot der Veranstaltung führten;
3. Vorschlag zur Resolution;
4. Vorschlag zur Aktionseinheit «Kampf für demokratische Rechte».

Wir sind der Meinung, daß in dieser Auseinandersetzung die Oberste Landesbehörde sowie das Jugendamt gut beraten wären, wenn sie die Stellungnahme der Sozialarbeiter als Fachkräfte berücksichtigen würden. Diese sind der Ansicht, daß Jugendliche eigene Organisationsformen finden sollten, sich politischen Organisationen anschließen sollen, um so ihre politischen Interessen zu vertreten.

80

Von: Sozialarbeiter *An*: Jugendamt
Betr.: Schreiben 16.15 Uhr

Wir begrüßen es, daß das Jugendamt sich voll hinter die Aktivität der Mitarbeiter gestellt hat. Wir erwarten und bitten auch um die Unterstützung bei der Durchführung der Veranstaltung. Zur Information sei mitgeteilt, daß eine kleine Gruppe von Jugendlichen angedroht hat, die Veranstaltung mit Gewaltmaßnahmen zu stören oder zu sprengen.

Der Anführer, Oskar Weise, ist zum Zeitpunkt der Veranstaltung nicht anwesend. Wir glauben, daß damit die mögliche Gefahr einer massiven Störung relativ gering ist. Wir werden uns vorsorglich mit dem Polizei-Revier in Verbindung setzen.

(*Begründung*: Wir sehen die Spielleitung als Polizei-Revier an und haben damit vorsorglich Verbindung aufgenommen.

Frage: Wann findet die Veranstaltung statt??)

81

Von: National-Anzeiger *An*: Öffentlichkeit
Betr.: AGM – JH Prolesheim

Unmut demokratischer Kräfte wird größer!

Täglich erreichen uns unzählige Anrufe und zahlreiche Leserbriefe, die ihren Unmut über das Verhalten des Jugendamtes zum Ausdruck bringen. Die klare Entscheidung unseres Herrn Innenministers und des Parlaments sowie die der Obersten Landesbehörde sollte doch auch die Mitarbeiter im Jugendamt, die mit dieser Entscheidung nicht einverstanden sind, veranlassen, ihre prokommunistische Unterstützungspolitik aufzugeben. Uns wird oft die Frage gestellt, ob nicht alle Mitarbeiter in der Behörde der freiheitlich demokratischen Grundordnung verpflichtet sind.

Der Jugendliche M. S. (Name und Anschrift sind der Redaktion bekannt), ein ständiger Besucher des Jugendhauses Prolesheim, schreibt uns wie folgt:

«Wir als Hausbesucher haben soeben die Information bekommen, daß die Landesbehörde die Veranstaltung nicht billigt, was wir sehr begrüßen. Sollte dennoch die Veranstaltung stattfinden, werden wir uns zusammen mit weiteren 60 Jugendlichen dafür einsetzen, daß die Veranstaltung nicht stattfindet.»

Das ist ein Beweis, daß unsere Jugendlichen nicht schlafen, daß sie unsere Demokratie zu verteidigen wissen und sich nicht von den Kommunisten in die Ecke stellen lassen!

Wir sind der Meinung, daß es dem Jugendamt gut anstehen würde, mit diesen Jugendlichen zu arbeiten und sie nicht auf die Straße zu werfen.

81a

(An dieser Stelle erfolgte ein Selbstauflösungsversuch der «Obersten Landesbehörde»; er war einerseits durch tiefgreifende Differenzen innerhalb der «Behörde» bezüglich der eigenen pädagogischen und politischen Position sowie des praktischen Vorgehens, andererseits durch das Mißverständnis, «um 15.00 Uhr» finde die AGM-Veranstaltung statt und man wolle sich persönlich an den Ort der Geschehnisse begeben, begründet. Er erledigte sich durch den nächsten Spielschritt.)

82

Von: Landesparlament, Innenminister

An: Oberste Landesbehörde (ggf. Jugendamt)

Betr.: Jugendhaus Prolesheim usw.

Die Verschärfung und erhebliche Ausweitung des Konflikts um das Jugendhaus Prolesheim hat heute eine erneute Befassung des Parlaments mit der Situation erforderlich gemacht. Nach eingehender Debatte wurde folgender Antrag angenommen:

«Die Tatsache, daß bereits breite Kreise der Bevölkerung, der politschen Parteien und der Gewerkschaften eine eher wohlwollende Haltung den Jugendlichen und ihren Forderungen gegenüber eingenommen haben und daß auf der anderen Seite eine zunehmende Radikalisierung sich anzubahnen droht (Besetzung o. ä.), lassen es angeraten erscheinen, das Vorgehen der zuständigen Behörden insofern zu variieren, als besagter politischer Bewegung zum gegenwärtigen Zeitpunkt offensichtlich weniger durch starre Reglementierungen als vielmehr durch flexibles Auffangen begegnet werden kann.

Die zuständige Behörde möge sich angesichts der gegenwärtigen Sachlage und dem Stand der Entwicklung auf die nötige Flexibilität einstellen, d. h. die umstrittene Veranstaltung nach Möglichkeit so durchführen lassen, daß die notwendige Pluralität gewährleistet und eine Überführung dieser politischen Bewegung in verfassungsgemäße Bahnen längerfristig sichergestellt wird.»

Der Innenminister

83

Von: AGM

An: M. Schmeling u. a. (=Teilgruppe Heimbesucher)

Kollegen!

Wir haben Eure Mitteilung erhalten. Scheinbar sind da einige Informationen nicht rechtzeitig angekommen. Wir wollen an *einem* Abend unsere Informationen geben. Das wollen wir ab und zu machen. Wir wollen aber auch mit Euch feiern und tanzen. Wir wollen nicht das Programm umfunktionieren und nur noch trockene Politik machen. Wir sind auch Jugendliche: Lehrlinge, die gerne Bier trinken, tanzen, lachen und Freundinnen haben. Kollegen, laßt Euch nicht ausnutzen und gegen uns ausspielen.

Ihr seid auch Lehrlinge und Jungarbeiter, und morgen fliegt vielleicht einer von Euch!

84

Von: Jugendamt

An: ALLE

Betr.: *Rücktritt der Obersten Landesbehörde*

Nach dem Rücktritt der Obersten Landesbehörde um 16.30 Uhr sehen wir uns verpflichtet, die Aufrechterhaltung des Dienstverkehrs und die Betreuung der JFH treuhänderisch fortzuführen. Alle Anfragen sind zur Zeit an die Amtsleitung Jugendamt zu richten.

gez. Luark

(*Begründung*: *Wir* sind Beamte [treue].)

85

Von: Sozialarbeiter *An*: Alle

Betr.: Veranstaltungsbeginn

Die Informationsveranstaltung der AGM findet um

17.00 Uhr

im Großen Saal des Jugendhauses Prolesheim statt.

86

Von: Heimbesucher (SDAJ, KOB) *An*: Alle

Stellungnahme zu den Vorfällen im JH Prolesheim:

SOLIDARITÄT MIT DER AGM

Wir, eine Gruppe von Heimbesuchern, halten die Forderungen der AGM für eine bessere Berufsausbildung für gerechtfertigt. Wir verurteilen auf schärfste:

a) die Reaktion der Fa. Mehrwert & Söhne und fordern die sofortige Rücknahme der angedrohten Kündigungen von Bärmann und Weimeyer;

b) die Reaktion eines Teiles der bürgerlichen Presse, die bewußt falsche Informationen herausgab und die AGM fälschlich als kommunistische Kadertruppe herausstellte;

c) die Reaktion der Obersten Landesbehörde, die durch ihr Verbot der Versammlung klar zeigte, daß sie Konfliktsituationen nicht gewachsen ist;

d) die Reaktion der IG Metall, die durch ihr systemkonformes Verhalten zu erkennen gab, daß sie nicht gewillt ist, konsequent die Interessen der Arbeiter zu vertreten.

WIR FORDERN DAHER:

1. daß die von der AGM aufgestellten Forderungen voll erfüllt werden;
2. volle Versammlungs- und Redefreiheit für alle politischen Gruppen im Freizeitheim!

gez. Jeromier, Grautier, Manfred, O. Malzan, Frank Zappa, H. Koschnyk

87

Von: AGM *An*: Alle

Flugblatt:

Wir werden der Sozialbürokratie nicht den Gefallen tun, uns mit unseren Kollegen zu prügeln. Der Widerspruch zwischen uns und Teilen der Heimbesucher ist bewußt von solchen Blättern wie dem National-Anzeiger und seinen Hintermännern provoziert worden.

Wir haben für heute eine Niederlage erlitten, sind jedoch der Meinung, daß dieser Widerspruch aufzulösen ist. Und wir werden dann gemeinsam gegen die vorgehen, die uns heute gespalten haben.

AGM

88

Von: Oberste Landesbehörde *An*: Vollversammlung im JH Prolesheim

Betr.: Stellungnahme zu den Vorfällen

Die Oberste Landesbehörde gibt folgende Stellungnahme ab:

1. Wir haben uns entschlossen, die Veranstaltung stattfinden zu lassen, obwohl sie unseren Vorstellungen von politischer Bildung nicht entspricht und obwohl bisher schwerwiegende Übertretungen unserer Anordnungen seitens der uns untergeordneten Behörden stattgefunden haben.
2. Die weitere pädagogische Arbeit im JH Prolesheim wird in Zusammenarbeit mit dem JH und uns inhaltlich längerfristig geplant werden. Wir werden zu einem

späteren Zeitpunkt die Beteiligten dazu zusammenrufen.

3. Wir behalten uns dienstrechtliche Schritte gegenüber dem JA und seinen Mitarbeitern vor.
4. Wir verweisen hiermit auf unsere grundsätzliche Einstellung und entsprechende Erklärung zur Arbeit der AGM, die wir in einem längerem Schreiben an das JA mit der Bitte um Weiterleitung abgegeben haben.

89

Von: National-Anzeiger *An*: Öffentlichkeit
Betr.: AGM – Prolesheim (JH)

Werte Leserschaft!

Bestürzung und Entsetzen herrschen in unserer Stadt, die sich wohl sehr schnell auf unsere Bundesrepublik Deutschland übertragen werden.

Die Oberste Landesbehörde ist zurückgetreten, da das Parlament und der Minister ihr in den Rücken gefallen sind. Das offensichtlich von Kommunisten verseuchte Jugendamt führt den Dienstverkehr «treuhänderisch» fort.

Da nach der Hetze der letzten Tage unserer Zeitung gegenüber gewalttätige Aktionen der radikalen Linken auf unser Pressehaus zu befürchten sind, wir aber unsere werten Mitarbeiter nicht der Gefahr aussetzen wollen, von Kommunisten brutal zusammengeschlagen zu werden, werden wir das Erscheinen unserer Zeitung einstellen. Es ist bedauerlich, daß dadurch viele Kollegen arbeitslos werden.

Unser verehrter Verleger, Herr Willibald Aufrichtig, dem wir für sein bisher forsches Auftreten für die freiheitlich demokratische Grundordnung und die freie Marktwirtschaft aufrichtig danken, ist in Begleitung des namhaften Rechtsanwalts und Notars Dr. jur. Anstand, der heldenhaft in der Bürgerinitiative «Bund Freiheit der Bürger» für Recht und Ordnung gekämpft hat, in die Schweiz gereist. Halten wir diese Herren in ehrendem Andenken.

Die Redaktion

90

(Die sich anschließende kurze «Veranstaltung der AGM im Großen Saal des JH Prolesheim» war eine Mischung aus gespielter Veranstaltung – so konnten die ca. 60 Jugendlichen, die die Veranstaltung gewaltsam zu stören angekündigt hatten (vgl. 76), friedlich abgedrängt werden – und Reflexion über den erreichten Spielstand und die Möglichkeiten der weiteren Entwicklung.)

C. Zur Auswertung des Planspiels

I. Zusammensetzung der Spielgruppen

Die Spielgruppen wurden in der Regel von je fünf bis sechs Teilnehmern gebildet; die beiden Presse-Gruppen bestanden aus je zwei Teilnehmern. Insgesamt waren 36 Personen am Planspiel beteiligt. Zur personellen Aufteilung der Teilnehmer auf die Spielgruppen unterbreitete die Lehrgangsleitung (= Spielleitung) einen Vorschlag, um damit einerseits zeitraubende Zuteilungsdiskussionen zu vermeiden, andererseits gleichmäßig zusammengesetzte und aktionsfähige Gruppen bilden zu können. Gespielt wurde insgesamt ca. sechs Stunden, unterbrochen durch eine Mittagspause. Die Spielintensität war durchgängig sehr hoch.

II. Der Spielverlauf

Der Spielverlauf zeigt eine gewisse Strukturierung in Spielphasen, die sich durch Wendepunkte im Spielgeschehen voneinander abheben. Diese Wendepunkte wurden teilweise von der Spielleitung, die – gemäß den Spielregeln – ebenfalls Spielschritte initiieren konnte, teilweise von den Spielgruppen selbst herbeigeführt.

Die *erste Phase* (1.–9. Spielschritt) ist gekennzeichnet durch Informationsaustausch und erste Kontaktaufnahme der Spielgruppen: die AGM betreibt Öffentlichkeitsarbeit, kündigt ihre Veranstaltung an und teilt die bei ihr eingegangenen Solidaritätsadressen mit. Sie regt eine Sitzung des Jugendhaus-Rates an, der zugestimmt wird. Insgesamt macht sie damit deutlich, daß sie nicht nur ein isoliertes Grüppchen darstellt, sondern sich auf breite Zustimmung stützen kann. Die Sozialarbeiter des Jugendhauses (SA) unterstützen diese Öffentlichkeitsarbeit. Das Jugendamt (JA) versucht zunächst, Informationen über das Geschehen zu erhalten, und sichert sich hinsichtlich seiner eigenen Informationspolitik durch eine entsprechende Anfrage bei der Obersten Landesbehörde (OLB) ab.

Der Charakter der *zweiten Phase* (10.–42. Spielschritt) ist durch eine merkliche Verschärfung der Konflikte und – dadurch hervorgerufen – durch eine deutliche Profilierung der einzelnen Positionen geprägt; politische Lager entstehen. Den Auftakt bildet die Attacke der konservativen Bürgerinitiative «Freiheit des Bürgers», die die Legitimität der Aktionen der AGM grundsätzlich in Frage zu stellen versucht, indem sie die AGM zu Verfassungsfeinden stempelt, und die durch diese Definition und durch den Hinweis auf ihre eigenen politischen Beziehungen der OBL unmißverständlich nahelegt, repressiv gegen die AGM vorzugehen.

Die Jugendhaus-Besucher (JHB) fraktionieren sich in zwei Gruppierungen: in eine, die sich «nicht für Politik interessiert», die zunehmende Politisierung des Jugendhauses ablehnt, sich durch die SA und deren Sympathisieren mit der AGM im Stich gelassen fühlt und schließlich sogar das JA gegen diese Entwicklung anruft. Die andere Seite setzt sich mindestens zum Teil aus Jugendlichen zusammen, die sich in politischen Jugendverbänden organisiert haben (SDAJ, KOB); diese rufen zur Solidarität mit der AGM und zur Bildung einer Aktionseinheit auf. Eine Sitzung des Jugendhaus-Rates bringt diese Differenzen zum Vorschein, bestätigt aber, daß die AGM-Veranstaltung im Jugendhaus stattfinden soll.

Die SA solidarisieren sich per Unterschrift mit der AGM und begründen gegenüber dem JA ihren politisch-pädagogischen Standpunkt. Das JA versucht gegenüber der OLB, die Aktivitäten der SA unter Hinweis auf deren Konzeption sowie die berechtigten Interessen der Jugendlichen und ihre begrüßenswerte Aktivierung abzusichern. Den SA gibt es allerdings dennoch zu verstehen, daß sie sich von parteipolitischer – «parteipolitisch» wird von allen Behörden offenkundig als etwas Einseitiges, nicht mit den sozialen Interessen der Betroffenen Zusammenhängendes, Gefährliches und Verwerfliches aufgefaßt – Agitation zu distanzieren hätten. Dazu veranlaßt wird es durch die OLB, die für den Fall der politischen Umfunktionierung der AGM-Veranstaltung die Sperrung des Jugendhauses anordnet. Mit der Bürgerinitiative «Freiheit des Bürgers» stimmt sie in der Besorgnis über radikale Tendenzen in der Jugend überein, sieht aber aktuell noch keinen Anlaß zu schärferen Interventionen. Auf die Anfrage des emanzipationsorientierten Prof. Dr. Joh. Zahn versichert sie zwar die prinzipielle Bereitschaft zur Kooperation mit der Wissenschaft, umgeht aber eine Präzisierung ihres politisch-fachlichen Standpunktes. (Den Mitteilungen der OLB an die Spielleitung ist zu entnehmen, daß sie überhaupt hinsichtlich Standpunkt und Strategie große Schwierigkeiten hat.)

Die Presse radikalisiert sich nach rechts und links. Der National-Anzeiger (NA) betreibt die «Entlarvung» der AGM als Kommunisten (wobei dieses Etikett und nicht die inhaltliche Position und die Praxis der AGM von Bedeutung ist), wettert gegen die Umfunktionierung des Jugendhauses und versucht, die SA zu isolieren, das JA zu verdächtigen und die OLB zur Repression zu animieren. Der Bürger-Kurier (BK) beschränkt sich demgegenüber zunächst auf eine positive Berichterstattung über die AGM und die breite Zustimmung, die diese erfährt.

Die *dritte Phase* (43.–59. Spielschritt) wird durch die Intervention des Parlaments bzw. des Innenministers eingeleitet, die einen Umschwung des Spielgeschehens bedeutet: Verbot der Veranstaltung. Diese Phase ist gekennzeichnet durch die Verarbeitung dieser neuen Sachlage. Der BK kritisiert die Entscheidung des Parlaments, der NA begrüßt sie und sieht seine Position bestätigt. Das JA fragt unsicher bei der OLB an; die SA legen dem JA – angeregt von den Kollegen im Bezirk Ost – noch einmal eine ausführliche Darstellung und Begründung ihrer Konzeption und Arbeit vor. (In diesem Spielschritt spiegeln sich die Thematik und die inhaltlichen Diskussionsschwerpunkte der Fortbildungsveranstaltung am deutlichsten wider.) Die linke Fraktion der JHB will das Veranstaltungsverbot mit einer Hausbesetzung beantworten, wird aber von der AGM mit dem Hinweis auf die Gefahr der Isolierung davon abgebracht.

Die *vierte Phase* (60.–65. Spielschritt) wird durch die Anordnung der OLB, die AGM-Veranstaltung dürfe nicht im Jugendhaus stattfinden, eröffnet. Erst durch diesen Schritt gewinnt die Entscheidung des Parlaments praktische Bedeutung. Gleichzeitig versucht die OLB einen Ausweg anzubieten: Verweisung der AGM an die Gewerkschaft – womit sie sich selbst aus dem Konflikt herauslaviert hätte.

(Die Ortsleitung der IGM sieht aber ihrerseits keine Veranlassung, sich der ihr politisch dubiosen AGM anzunehmen; sie empfiehlt vielmehr die Durchführung der Veranstaltung im Jugendhaus – womit sie sich ebenfalls aus der Sache herauszuhalten gedenkt. Die OLB stellt eine Untersuchung der politischen Aktivitäten der SA in Aussicht.

Die Verbots-Anordnung der OLB verschärft den Konflikt zwischen ihr und dem JA. Dieses insistiert aus pädagogischer Überzeugung darauf, die Veranstaltung stattfinden zu lassen; es teilt den SA die Anordnung mit und verweist auf seine Bemühungen um Rücksprache (es kommt zu einem sit-in-ähnlichen Protest des JA in der OLB). Der BK bedauert die Anordnung der OLB; der NA hält sie für halbherzig.

In der *fünften Phase* (66.–81. Spielschritt) ergibt sich eine erneute Wendung im Spielverlauf: die SA teilen dem JA mit, die Veranstaltung könne aus zeitlichen und organisatorischen Gründen nicht mehr abgesagt werden; die Jugendlichen seien bereits unterwegs. Die AGM protestiert gegen das Verbot. Ein Beschluß des Jugendhaus-Rats bekräftigt abermals, daß die Veranstaltung im Jugendhaus stattfinden solle; er enthält Richtlinien für die Durchführung der Veranstaltung sowie einen Vorschlag für die Tagesordnung. Das JA gibt die Mitteilung der SA sowie deren ausgearbeitete pädagogische Konzeption an die OLB weiter, um dort Verständnis zu erzeugen und die Behörde womöglich doch noch umzustimmen.

Eine weitere Eskalation bahnt sich an, als die «unpolitischen» JHB ankündigen, die Veranstaltung, falls sie doch stattfände, gewaltsam zu sprengen. Diese Drohung verursacht einige Erregung: Die SA versuchen, die Jugendlichen davon abzubringen; sie verweisen auf die wohlwollende Haltung des JA und auf den positiven Beschluß des Jugendhaus-Rates, an dem auch die «unpolitischen» JHB beteiligt waren. Das JA wendet sich irritiert an die SA: ist Polizeischutz erforderlich? Die SA sehen sich genötigt, vorsorglich die Polizei (= Spielleitung) zu informieren. Die AGM (ihre diesbezüglichen Spielschritte erfolgen erst in der nächsten Phase) nimmt ihre schon früher wiederholt unternommenen Versuche, sich mit den «unpolitischen» JHB zu verständigen, verstärkt auf. Sie erklärt nochmals ihre Absichten, stellt die Gemeinsamkeit heraus und versucht mit allen Kräften, eine Spaltung und falsche Konfrontation innerhalb der Jugendlichen zu verhindern. Sie wäre, wenn eine Verständigung nicht erzielt werden könnte, bereit, auf die Durchführung der Veranstaltung zu verzichten.

Die *sechste Phase* (82.–90. Spielschritt), mit der das Planspiel abschließt, wird durch das Einlenken des Parlaments bzw. Innenministers bestimmt. Unter dem Druck der Öffentlichkeit und der politischen Gruppierungen, die der AGM Sympathie entgegenbringen, scheint eine flexible Taktik eher zu gewährleisten, die Bewegung wieder unter Kontrolle zu bringen. Die OLB revidiert daraufhin ihre Anordnung, nicht ohne auf ihre schweren Bedenken hinzuweisen und eine Untersuchung der Vorfälle durch den Innenminister sowie dienstrechtliche Schritte gegen die SA sowie die Mitarbeiter im JA anzukündigen. (Kurz zuvor war es zu einem Versuch von Selbstauflösung der OLB gekommen, begründet teils durch schwerwiegende amtsinterne Differenzen, teils durch die Motivation, sich persönlich an den Ort der Geschehnisse, ins Jugendhaus Prolesheim, zu begeben. Über die Interpretation der Lage herrschte ebenfalls Uneinigkeit. Das JA hatte deshalb die Geschäfte der OLB kommissarisch übernommen.)

Angesichts der chaotischen Zustände und düsteren Perspektiven löst sich der NA auf; Chefredakteur Aufrichtig und der Sprecher der Bürgerinitiative «Freiheit des Bürgers», Dr. Anstand, haben sich in die Schweiz abgesetzt.

Die abschließende Versammlung, zu der die «Massen» aus den Spielgruppen in den großen Saal des Jugendhauses Prolesheim strömen, ist eine Mischung aus Fortführung – so konnten zum Beispiel die 60 Jugendlichen, die die Veranstaltung gewaltsam zu stören angekündigt hatten, friedlich abgedrängt werden (nur wenige Stühle wurden symbolisch umgestoßen) – und Abbruch des Spiels, das heißt gemeinsamer Reflexion über den erreichten Spielstand, weitere Entwicklungsmöglichkeiten sowie selbstkritische Analyse, warum es nicht möglich gewesen war, die «unpolitischen» JHB besser in den Prozeß zu integrieren.

III. Die Spielgruppen

1. Aktionsgruppe Mehrwert (AGM; 21 Spielschritte)

Die AGM verhält sich durchgängig massenfreundlich; unablässig ist sie bemüht, die Öffentlichkeit über ihre Interessen aufzuklären (geradezu eifrig korrigiert sie fehlerhafte Darstellungen in der Presse). Sie ist auf diese «Informationspolitik» angewiesen, weil sie als isoliertes Grüppchen schwach, getragen von der Solidarität der Kollegen und ihrer Bündnispartner aber stark ist. Insgesamt hat sie einen klaren und einheitlichen Standpunkt, von dem aus sie eine aktive Auseinandersetzung mit allen Gruppierungen führen kann. Aktionen, die in die politische Isolation führen, lehnt sie konsequent ab. Sobald sie die Gefahr der Spaltung innerhalb der Jugendlichen erkannt hat, betreibt sie eine intensive Überzeugungsarbeit; auf ihre Veranstaltung würde sie eher verzichten, bevor sie es zu einer gewaltsamen Konfrontation mit den «unpolitischen» JHB kommen lassen würde. Innerhalb der Spielgruppen gab es eine relativ starke Rollendifferenzierung (opinion leader, Ausführende usw.).

2. Die Sozialarbeiter (SA; 14 Spielschritte)

Die SA gründen ihre Arbeit im Jugendhaus auf eine ernsthafte, pädagogisch-politische Konzeption. Ihre Position präzisiert sich im Kampf um ihre Durchsetzung. Ihre Orientierung an den subjektiven und objektiven Interessen der Jugendlichen impliziert notwendig, daß sie sich mit der AGM solidarisieren. Dies aber bringt sie – in Abstufungen – mit ihren vorgesetzten Behörden in Konflikt, deren Vorstellung von der Rolle und

Funktion des Sozialarbeiters offenkundig von der ihrigen abweicht. Erst in der Auseinandersetzung – und in solidarischer Kritik von Kollegen darauf hingewiesen – lernen sie, daß sie nicht allein auf innerbehördliche Anerkennung ihrer fachlichen Kompetenz bauen können, sondern daß es der differenzierten, öffentlichen Darstellung und Begründung ihrer Position bedarf, um sich breite Zustimmung und damit Durchsetzungsfähigkeit zu sichern. Die Fraktionierung der Jugendlichen macht den SA einige Schwierigkeiten; erst nach und nach interessiert sie die inhaltliche Betreuung der «unpolitischen» JHB, ohne daß sie bis Spielende zu einem befriedigenden Ergebnis geführt hätte. Die Position innerhalb der Spielgruppe ist einheitlich; eine Fraktionierung hinsichtlich der Frage, wie bei Aufrechterhaltung des Veranstaltungsverbots weiter zu verfahren sei, wird allerdings nicht ausgeschlossen.

3. Die Jugendhaus–Besucher (JHB; 15 Spielschritte)
Bei den JHB bilden sich früh (auf Grund einer spielgruppeninternen Verständigung über die Darstellung verschiedener Positionen) unterschiedliche Gruppierungen heraus: die politische Fraktion, der offenbar auch unterschiedlich organisierte Jugendliche angehören (SDAJ, KOB), solidarisiert sich voll und ganz mit den Forderungen der AGM und arbeitet auf die Bildung einer Aktionseinheit hin. Etwas im Widerspruch dazu (und zu ihrer politischen Zusammensetzung) steht ihr schneller und in dieser Situation sicher problematischer Entschluß, das Veranstaltungsverbot mit einer Hausbesetzung zu beantworten. Die andere, «unpolitische» Fraktion der JHB erscheint in sich noch einmal differenziert (wenn das in den Spielschritten auch nicht ganz deutlich zum Ausdruck kommt): einerseits eine Gruppe «zufriedener» Lehrlinge, die sich für Politik zwar nicht besonders interessieren, aber ansprechbar sind und sich mit der AGM zu arrangieren bereit sind; andererseits eine kleinere Gruppe um Oskar Weise u. a., die ihre vermeintliche Benachteiligung aggressiv beantwortet. Diese hält sich auch nicht an die Beschlüsse des Jugendhaus-Rats. (Eine andere Interpretation – Spielschritt 54 – bringt Oskar Weise in verwandtschaftliche Beziehungen mit dem Mehrwertkapitalisten.) Unklar bleiben allerdings die Größenverhältnisse der drei Gruppierungen; die Angaben hierüber widersprechen sich.

4. Das Jugendamt (JA; 16 Spielschritte)
Das JA stellt sich weitgehend auf die Seite der SA, weil es deren pädagogische Konzeption offenbar teilt. Gegenüber der OLB versucht es, diese zu vertreten und die Arbeit der SA abzuschirmen (besonders nachdem die OLB Repressionen ankündigt). Nach diesem Gesichtspunkt bemißt es auch die Informationen, die es der OLB zukommen läßt. In der Verteidigung dieser Konzeption gegenüber der OLB legt das JA eine große Hartnäckigkeit an den Tag; selbst als die Sache an oberster Stelle ent-

schieden ist und eine Verbotsanordnung vorliegt, versucht es, die Veranstaltung zu retten (was u. a. zur Zurücknahme des Verbots durchaus beiträgt). Andererseits mahnt es auch die SA immer wieder zu politischer Zurückhaltung und empfiehlt ihnen Distanzierung, sobald es «parteipolitisch» oder sonstwie brenzlig wird. Ob aus taktischen oder prinzipiellen Gründen vorgebracht: das Pluralitäts-Argument des JA hat für die SA objektiv eine disziplinierende Funktion. Trotz des ambivalenten Verhaltens und Taktierens gegenüber OLB und SA fühlt sich das JA dem sozialpädagogischen Anspruch letztlich stärker verpflichtet als der repressiven Strategie der OLB. Innerhalb der Spielgruppe gab es mitunter verschiedene Meinungen, die dann am konkreten Problem ausgetragen wurden.

5. Die Oberste Landesbehörde (OLB; 6 Spielschritte)
Die OLB ist weitab vom Geschehen, sie leidet deshalb unter permanentem Informationsrückstand, der ihre Handlungsfähigkeit einschränkt. Allerdings verfügt sie gegenüber anderen Spielgruppen über zusätzliche Kontakte und Informationen (Fa. Mehrwert & Söhne, Bürgerinitiative, Wissenschaft usw.). Die Weisung des Innenministers bringt die OLB notgedrungen in einen offenen Widerspruch zum JA, läßt aber auch einen latenten internen Konflikt zum Vorschein kommen: den Konflikt zwischen liberalem Anspruch und Selbstverständnis und der politischen Realität. Dieser Konflikt scheint die Entscheidungs- und Handlungsfähigkeit der OLB besonders beeinträchtigt zu haben. Er führte schließlich auch zu jenem Selbstauflösungsversuch, über dessen Interpretation selbst innerbehördlich keine Einigkeit herrscht; innerhalb der Spielgruppe gab es dementsprechend auch Schwierigkeiten der Standort- und Strategiefindung. Insgesamt schließt sich die OLB der Doppelstrategie des Innenministers an, sich gegenüber der in Bewegung geratenen Öffentlichkeit liberal zu gebärden, gegen einzelne Beteiligte aber repressiv vorzugehen: Mit der Eröffnung der Möglichkeit des Einlenkens kündigt sie gleichzeitig unmißverständlich disziplinarische Maßnahmen gegen SA und JA an.

6. Die Presse
6.1 Der Bürger-Kurier (BK; 7 Spielschritte)
Der BK informiert von Anfang an ausführlich und positiv über die Bestrebungen der AGM; diese wendet sich deshalb mit ihren Informationen vorzugsweise an ihn. Mit Zuspitzung der Konflikte verschärfen sich auch seine Stellungnahmen: er nimmt offen Partei für die AGM und die SA und kritisiert die Entscheidung des Parlaments bzw. der OLB.

6.2 Der National-Anzeiger (NA; 8 Spielschritte)
Der NA zeichnet sich dadurch aus, daß er konkrete Information hinter allgemeine konservative Agitation zurücktreten läßt. Hauptmittel ist ihm dabei die diffamierende Etikettierung seiner Gegner; überall – selbst in den Behörden – wittert er Drahtzieher. Auch die SA sind für ihn verkappte, geschickt und getarnt arbeitende Kommunisten, die die Jugendlichen manipulieren und für ihre Zwecke einspannen wollen. Auf die Behörden und Politiker sucht er durch entsprechende Stimmungsmache und durch Vorwegnahme ihrer Entscheidungen Druck auszuüben. Daß die Veranstaltung schließlich doch zustande kommt, bedeutet für ihn den Sieg des Chaos; ihm bleibt nur die Auflösung.

7. Der Jugendhaus-Rat (JHR; 2 Spielschritte)
Der JHR tritt während des Spiels zweimal zusammen; seine Position bleibt konstant: die Veranstaltung soll im Jugendhaus stattfinden. Gleichzeitig stellt er ein Diskussionsforum für unterschiedliche Auffassungen dar; er hat damit eine wichtige Funktion im Prozeß der Meinungsbildung innerhalb des Jugendhauses.

8. Die Spielleitung (7 Spielschritte)
Die Spielleitung initiiert Spielschritte im wesentlichen aus dreierlei Gründen: zum einen, um während des Spielgeschehens Entscheidungen herbeizuführen, die durch teilweise realitätsfernes Verhalten einzelner Spielgruppen oder eine Diffusität des Spielverlaufs nicht zustande kommen würden (Parlamentsentscheidungen). Zum zweiten, um die Spielgruppen zu einer Präzisierung ihrer Standpunkte zu veranlassen (die Bürgerinitiative und Prof. Zahn gegenüber der OLB; die Mitarbeiter der JFH-Ost gegenüber den Sozialarbeitern). Schließlich, wenn das Spiel eine Reaktion erforderte, die den weiteren Verlauf beeinflußt (IGM Ortsvorstand, dessen Abwehr der OLB einen Ausweg abschneidet).

IV. Spiel und Realität

1. Daß das Planspiel «Konflikt im Jugendhaus» die Struktur des gesellschaftlichen Sektors, auf den es sich bezieht, im großen und ganzen wirklichkeitsgetreu widerspiegelt, braucht nicht weiter nachgewiesen werden. Es ist weder ein Märchen noch eine Karikatur, noch sonst ein Zerrbild jener Konflikte geworden, die sich im Bereich der Jugendfreizeitarbeit ergeben oder ergeben können. Die Haupt- und Nebenkonfliktebenen, die Bündnisse und Fraktionierungen, die Verteilung der Spielaktivitäten im Verhältnis zu den Interessen, die es zu verteidigen oder durchzusetzen gilt – dies alles ist von der gegebenen gesellschaftlichen Realität keineswegs abgehoben. Und obgleich sich die Spieler zu Beginn des Planspiels darüber verständigt hatten, nicht «lokalspezifisch» spielen zu wollen, drängt sich die gesellschaftliche Realität bis in die im

Spiel vorgenommene Namengebung, in der sich verschiedentlich originelle Anspielungen auf lokale Konflikte und Persönlichkeiten finden.

2. Ein gewisses Spannungsverhältnis zwischen Spiel und Realität resultiert bereits aus der *Form* des Planspiels; dies ist deshalb zu betonen, weil es ein Licht auf die Möglichkeiten und Grenzen des Planspiels als Methode der Fortbildung wirft. Das Planspiel erzwingt die Beschränkung auf eine relativ geringe Anzahl von Spielgruppen; damit wird jedoch – aus methodischen Gründen der Durchführbarkeit – die tatsächliche Komplexität gesellschaftlichen Geschehens in ganz erheblichem Ausmaß reduziert, was sich bis zu inhaltlich falscher Reproduktion sozialer Verhältnisse im Spiel verschärfen kann. (Zum Beispiel spiegelt die Spielgruppe JA und OLB die Möglichkeit gleichberechtigter Beteiligung der Mitarbeiter an der Entscheidungsfindung innerhalb der Behörden vor, die im Gegensatz zu der tatsächlich vorhandenen hierarchischen Kompetenzverteilung steht.) Ebenso widersprüchlich ist die Funktion der Spielleitung: methodisch ist sie als sammelnde, koordinierende, intervenierende und vor allem als auswertungsvorbereitende Instanz unverzichtbar. Ihre durch ihre Informations- und Interventionsmöglichkeiten deutlich vorhandene Privilegierung gegenüber den anderen Spielgruppen suggeriert aber ein gesellschaftliches Äquivalent – eine über den gesellschaftlichen Interessenwidersprüchen und Konflikten stehende neutrale Institution, die es im gesellschaftlichen Bereich gerade nicht geben kann, weil der Verfolgung einer bestimmten Strategie immer entsprechende Interessen zugrunde liegen.

Die einschneidendste Abweichung von der Realität, die aus der Form des Planspiels resultiert, liegt auf der Ebene der *Verkehrsformen*, das heißt des Umgangs der Spielgruppen miteinander. Die räumliche Trennung und damit die Isolierung der Spieler, die Fixierung auf ausschließlich schriftliche Kommunikation werden wiederum durch die Methoden verursacht; sie sind die Bedingung dafür, den Spielverlauf festzuhalten, um sich in der Auswertung gemeinsam darauf beziehen zu können. Gleichzeitig aber bringen die so festgelegten Kommunikationsformen Verzerrungen mit sich, die auch eine Verzerrung der Realität bedeuten: sie verallgemeinern eine bestimmte, spezifisch bürokratische Verkehrsform, das heißt, sie zwingen diese auch denjenigen gesellschaftlichen Gruppierungen auf, die in Wirklichkeit ganz anders miteinander umgehen würden. Im vorliegenden Planspiel wird dies vielleicht am deutlichsten an der AGM und der Gruppe der Jugendhausbesucher (und ihren Untergruppen): ihre Auseinandersetzung und Verständigung wäre «in Wirklichkeit» in ganz anderen, natürlich nicht nur schriftlichen oder mindestens verbalen Formen verlaufen und damit möglicherweise auch zu anderen Ergebnissen gelangt. Die Überlegung liegt sogar nahe, daß die Androhung der gewaltsamen Störung der AGM-Veranstaltung durch die «unpolitischen» JHB geradezu mit als Resultat ihrer zwangsweisen Fixierung auf eine Verkehrsform, die ihnen relativ fremd ist und in der sie sich nicht behaupten können, zu werten ist. Diese Verzerrung gilt sicher auch für das Verhältnis von AGM zu SA, von SA zu JHB, in bestimmter Hinsicht sogar für das Verhältnis von JA und OLB (z. B. die Mißverständnisse um die Selbstauflösung der OLB oder auch um den Termin der AGM-Veranstaltung). Für den Behördenverkehr ist die Kommunikationsform des Planspiels allerdings insgesamt noch am adäquatesten, genauer: die Form des Planspiels verstärkt bürokratische Prozesse und schwächt spontane, averbale, handlungsorientierte Aktivitäten bzw. leistet nicht deren angemessene Darstellung.

Ebenfalls nicht zur Darstellung kommen in dieser Form die gruppeninternen Prozesse, als deren Resultat erst das schriftliche Produkt (der Spielschritt) entsteht. Die Prozesse innerhalb der Spielgruppen, die Rollenverteilung, ihre spontane Durchsetzung oder ausdrückliche Thematisierung, die Auseinandersetzungen und Veränderung von Positionen, die Lernprozesse der Gruppe und ihrer Mitglieder – all dies kommt in der schriftlichen Form des Spielschritts nur ungenügend zum Ausdruck. Gewisse Rückschlüsse ermöglichen zwar die an die Spielleitung gerichteten Begründungen; detaillierter aber lassen sich diese Prozesse nur durch eine nachträgliche Reflexion festhalten und interpretieren.

3. Eine andere Art des Abweichens von bzw. des Überschreitens der Realität geht weniger auf die Form des Planspiels als vielmehr auf die *inhaltliche Gestaltung* bestimmter Spielzüge durch die Spieler zurück. Dabei handelt es sich um Spielschritte, in denen nicht mehr nur ein nach Maßgabe der zugrunde liegenden gesellschaftlichen Realität «plausibler» Verhaltens- oder Aktionsspielraum der Spielgruppen ausgeschöpft, sondern dieser merklich und in Richtung auf «Unwahrscheinlichkeit» überschritten wird. Als derartige Spielschritte bzw. Tendenzen könnten im vorliegenden Planspiel u. a. folgende gelten: daß sich die «unpolitischen» JHB mit ihrer Ablehnung der Politisierung des JFH an das JA wenden; der Vorschlag der Hausbesetzung durch die «politischen» JHB (der gerade auf Grund der organisatorisch-politischen Zusammensetzung dieser Gruppe unwahrscheinlich ist); die äußerst liberale Haltung des JA insgesamt, das Sit-in des JA in der OLB oder gar die Übernahme der Geschäfte der OLB durch das JA; die Heftigkeit des Konflikts zwischen pädagogischem Anspruch und politischer Realität in der OLB (der in der Wirklichkeit kaum bis zur Selbstauflösung der Behörde führen dürfte); die politische Profilierung der Presse, besonders des liberalen BK, der die Möglichkeiten und Grenzen eines den geltenden Marktgesetzen (Anzeigenboykott) unterworfenen Presseorgans leichthin überspielt; das ebenso unrealistische Gegenstück: die verzweifelte Selbstauflösung des NA; schließlich, daß der Konflikt im Jugendhaus überhaupt eine derartige

politische Bedeutung gewinnt, daß selbst das Landesparlament (ob übrigens der Innenminister hier zuständig ist, sei dahingestellt) nicht umhinkann, sich mit der Angelegenheit zu befassen.

4. Faßt man das Verhältnis von Spielverlauf und Realität zusammen, so zeichnet sich das vorliegende Spiel gewiß durch eine erheblich größere Liberalität und Fortschrittlichkeit gegenüber der politisch-institutionellen Strukturen der gegenwärtigen Praxis im JFH-Bereich aus. Dieses *Transzendieren* der gegebenen Realität hat eine eigentümliche Dialektik: auf der einen Seite zeugt es davon, daß das Selbstverständnis, das Problembewußtsein und die Intentionen der im JFH-Bereich Tätigen sich durchaus nicht mit der gegebenen Wirklichkeit decken, sich mit ihr abfinden, sie für optimal halten. Die Überschreitung der Wirklichkeit im Spiel demonstriert die Notwendigkeit der Veränderung dieser gegebenen Wirklichkeit in der Wirklichkeit selbst; und die Ebene des Spiels bietet die Möglichkeit, in Anwendung und Auseinandersetzung mit den im Lehrgang erarbeiteten Inhalten und Erkenntnissen die Richtung dieser Veränderung abzutasten und im Ansatz zu erproben.

Auf der anderen Seite aber bleibt das Spiel ein *Spiel*; die fortschrittlichen Willensbekundungen der Spieler, die in den Spielschritten zum Ausdruck kommen, werden noch keiner *realen* Bewährungsprobe ausgesetzt. Sie bleiben in diesem Sinne unverbindlicher Niederschlag eines Wunschdenkens, das sich mit der Realität noch nicht ernsthaft ins Verhältnis gesetzt hat. Nach dieser Seite birgt das Planspiel immer die Gefahr, daß sich die Spieler in ihm «einmal richtig austoben», ohne sich konsequent Rechenschaft zu geben, in welchem Verhältnis das Wünschbare zur Wirklichkeit steht. Dabei steht nicht die Reduzierung des Wünschbaren auf das Mögliche zur Debatte, sondern die Möglichkeiten der *Durchsetzung* des Wünschbaren und Notwendigen unter gegebenen Verhältnissen.

5. Diese Dialektik des Verhältnisses von Spiel und Realität weist auf die entscheidende Bedeutung der gemeinsamen Auswertung des Planspiels hin. In der Regel bleibt dafür in den Fortbildungsveranstaltungen kaum genügend Zeit (und im oben genannten Lehrgang war es ähnlich). Ohne intensive Auswertung, das heißt ohne die gemeinsame Bearbeitung der Fragen, die das Planspiel aufgeworfen hat, begibt sich das Spiel aber seiner Funktion als einer spezifischen Methode des Lernens. Soll also das vorliegende Planspiel wirklich ausgeschöpft werden, kommt es auf die weitere Beschäftigung mindestens mit den folgenden Fragen an: Welche gesellschaftlichen Interessen und Interessengegensätze stehen hinter den Konflikten, die im Planspiel verhandelt werden? Welche dieser Interessen können als legitim, welche als illegitim bestimmt werden bzw. welche Prioritäten können hier begründet gesetzt werden? Unter welchen Per-

spektiven sollen die im JFH-Bereich Tätigen arbeiten? Und welches sind die Möglichkeiten der Verwirklichung der eigenen Intentionen, der Durchsetzung der eigenen Interessen?

Es ist kein Zufall, daß diese Fragen mit der zweiten Einheit der Fortbildungsveranstaltung, die sich mit dem Komplex: «Institutionelle Bedingungen der Arbeit im JFH» beschäftigen soll, zusammenfallen. Die Auswertung des Planspiels ist deshalb kein bloßes Anhängsel der letzten Fortbildung, sondern stellt sich als Verbindungsstück zwischen den Fortbildungseinheiten dar, das Kontinuität der Arbeit und Erkenntnisfortschritt zu gewährleisten in der Lage ist.

Weiterführende Literatur

Die Verwendung des Plan- oder Entscheidungsspiels in der Jugend- und Erwachsenenbildung ist verhältnismäßig neu. Aus dem strategischen Kriegsspiel des 18. Jahrhunderts hervorgegangen, wurde es als Ausbildungsmethode von Produktions- und Absatzstrategen von der Industrie aufgegriffen und den eigenen Interessen nutzbar gemacht (Bleicher 1962). Die Erfahrungen und Erkenntnisse über die Grenzen von Lernprozessen, die sich nur in der Form verbaler Kommunikation *über* einen Gegenstand abspielen, führten zu seiner Anwendung und Erprobung als didaktische Methode in der Jugend- und Erwachsenenbildung. Seine Leistungsfähigkeit und -grenzen diskutieren Rehm (1964), C.W. Müller (1968), W. Beck (1970), Marzahn u. a. (1972) und Balon/Sokoll (1974).

K. Bleicher: ‹*Unternehmungsspiele. Simulationsmodelle für unternehmerische Entscheidungen*›. Baden-Baden 1962

M. Rehm: ‹*Das Planspiel als Bildungsmittel*›. Heidelberg 1964

C. W. Müller: ‹*Entscheidungsspiele in der Jugendarbeit*›. In: *deutsche jugend* 3/1968, S. 114–121

W. Beck: ‹*Entscheidungsspiel als Methode internationaler Jugendarbeit*›. In: *deutsche jugend* 12/1970, S. 555–564.

Chr. Marzahn und AG Modelle offener Jugendhilfe: ‹*Kampf um ein Jugendwohnkollektiv. Planspiel und Wirklichkeit*›. Frankfurt/M. 1972 (= Materialien zur Jugend- und Sozialarbeit Nr. 3, hg. von der Victor Gollancz-Stiftung, Frankfurt/M.)

K.-H. Balon und D. Sokoll: ‹*Planspiel. Soziales Lernen in simulierter Wirklichkeit*›. Starnberg 1974

Weiterführende Aktivitäten

AG Fortbildung

Auf den Wunsch eines Teils der Mitarbeiter der Abteilung Jugendförderung bildete sich nach der ersten Fortbildungsveranstaltung eine Arbeitsgemeinschaft Fortbildung, an der sechzehn Mitarbeiter und das Team teilnahmen, um die Inhalte des ersten Lehrgangs vertiefend fortzuführen und den zweiten Lehrgang vorzubereiten. Die AG traf sich regelmäßig alle vierzehn Tage. Ein umfangreiches Arbeitspapier, das die AG erarbeitet hatte und auf einer Plenumsveranstaltung der Abteilung zur Diskussion stellte, gibt Auskunft über Motivation, Zielsetzung und Inhalte dieser weiterführenden Arbeit. In diesem Papier heißt es u. a.:

«Der Bereich der Jugendförderung steht in einem politischen Spannungsfeld, das nur von Mitarbeitern beherrscht werden kann, die die anstehenden Probleme so weit aufgearbeitet haben, daß sie aktiv agieren können und nicht ohne weitere Einsichten reagieren müssen.(. . .) Ziel dieser Arbeitsgemeinschaft war es, sich in der ersten Phase mit dem Freizeitverhalten in unserer Gesellschaft auf der Basis der sozioökonomischen Situation des einzelnen zu beschäftigen. Folgende Themenbereiche wurden behandelt:

a) Ökonomische Entwicklung und Strukturwandel der Erwerbsbevölkerung;
b) Arbeitssituation, Arbeitsbedingungen der Industriearbeiter und die ökonomische Situation der Arbeiter;
c) die Wohn- und Familiensituation der Arbeiterkinder;
d) die Ausbildungssituation der Arbeiterkinder;
e) zur Situation in der Freizeit.

Als Arbeitsgrundlage diente das Buch: Materialien zur Lebens- und Arbeitssituation der Industriearbeiter in der BRD. Studienreihe des soziologischen Forschungsinstituts Göttingen (SOFI). Herausgegeben von Martin Baethge, Hans Paul Bahrdt, Frank Gerlach und Michael Schumann, Europäische Verlagsanstalt, Frankfurt/M. 1973.»

Exkursion nach Berlin

Vom 17. 9.–22. 9. 1973 führten die Mitarbeiter der Abteilung Jugendförderung zusammen mit dem Landesjugendring eine Berlin-Fahrt zum Zweck der Erkundung jugendpflegerischer Einrichtungen durch. Auf dem Programm standen: eine Veranstaltung in der Informationszentrale Berlin des Bundesministeriums für gesamtdeutsche Angelegenheiten; ein Besuch in Berlin-Ost mit einer Diskussion im «Haus des Lehrers» über die Freizeitsituation in der DDR; Erkundungen in Westberliner Kinder- und Jugendfreizeiteinrichtungen unter Anleitung der jeweiligen Bezirksjugendpfleger.

Die kurzen Einblicke in die lokalen Gegebenheiten offenbarten schnell die strukturelle und inhaltliche Vergleichbarkeit der Berliner mit der Bremer Situation: Hier wie dort existierte das Problem der knappen Mittel, der Widerspruch zwischen Innendienst und Außendienst und zwischen den Selbständigkeitsbestrebungen der Einrichtungen und der Kontrollfunktion der Administration. Allerdings ließ sich erkennen, daß der Stand der politischen Auseindersetzung um die Jugendarbeit in Berlin weiter fortgeschritten war als in Bremen.

Die Berlin-Exkursion war kein fester Bestandteil der Fortbildungsreihe, obwohl die erkundeten Sachverhalte durchaus als Fragestellungen und Beispiele in die weitere Arbeit einflossen. Planung und Vorbereitung der Exkursion geschahen weitgehend ohne Beteiligung der Kollegen; deshalb und wegen der durch Zeitmangel bedingten Oberflächlichkeit der jeweiligen Besuche konnte die Exkursion insgesamt kaum mehr als einen Eindruck von den dortigen Arbeitsbedingungen im Jugendfreizeitbereich geben.

AG Filmprogramm

Als die Arbeitsgruppe Fortbildung nach den Sommerferien die Arbeit wiederaufnahm, erwies sich vor allem die Erstellung eines neuen Arbeitsprogramms als notwendig. Die Arbeitsplanung schwankte zunächst zwischen dem Anspruch, das Problem «Jugend in der Klassengesellschaft» auf einer theoretischen Ebene fundiert zu erfassen, um sich allgemeine Kategorien für die Weiterarbeit zu verschaffen, und andrerseits dem Interesse, aktuelle, konkrete Darstellung, Berichte und Analysen aus dem Bereich der Jugendfreizeitarbeit zur Kenntnis zu nehmen, um im Zusammenhang mit praktischen Beispielen die jeweiligen theoretischen Grundlagen zu erarbeiten. Es ist selbstkritisch anzumerken, daß gerade das Team zunächst für den ersteren Weg plädierte. Nicht nur fühlten wir uns auf den «sauberen» Wegen theoretischer Ableitungen sicherer als die weniger geschulten JFH-Mitarbeiter; vor allem «vergaßen» wir trotz unserer allgemeinen Einsichten in die Struktur von Lernprozessen immer wieder, daß diejenigen, die täglich Problemen und Konflikten in ihrer Arbeitssituation ausgesetzt sind, zu denselben Erkenntnissen auf anderem Wege gelangen als diejenigen, die sich dazu betrachtend, aber nicht praktisch verhalten.

Als die AG dieses Problem erfaßt hatte, konnte sie Arbeitsprogramm und -stil ändern. Ein bereits von einigen Jugendfreizeitheimen für das Winterhalbjahr geplantes politisches Filmprogramm für Jugendliche strukturierte das weitere Vorgehen. Zunächst an Hand der bereits vorbereiteten Filmabende, im weiteren unter Einbeziehung der Filmauswahl und -abfolge diskutierte die Arbeitsgruppe über:

- Inhalte und Aussagen der Filme;
- das Verhältnis der Filmaussagen zu der sozialen Situation der Jugendlichen und die sich daraus ergebenden Möglichkeiten und Grenzen politischen Lernens;
- Integration der Filmabende in das Heimprogramm;
- das Verhältnis von Lernen und Entspannung beim Ansehen und Besprechen der Filme;
- Beteiligung der Jugendlichen an der Filmprogrammplanung;
- Formen der Propagierung und Ankündigung der Filmabende;
- Arbeitsteilung und Kooperation der an dem Filmprogramm beteiligten Heime;

– finanzielle, technische und organisatorische Fragen.

Die Ergebnisse dieser Arbeit dienten im dritten Lehrgang dazu, allen Mitarbeitern der Jugendfreizeitheime eine Möglichkeit politischer Bildung im Jugendfreizeitheim mitsamt den Erfahrungen, die man bei der praktischen Durchführung gesammelt hatte, vorzuführen und zur Diskussion zu stellen.

Die Arbeitsweise der AG – ausgehend von einem konkreten und praktischen Problem, von dem aus die allgemeinen Zusammenhänge als jeweils notwendige erarbeitet wurden – erwies sich als gut und weiterbringend; sie zwang zur konkreten Sorgfalt bis in die Planung von Einzelheiten und verkam dennoch zu keiner Zeit zu einem bloßen Austausch beliebiger Erfahrungen. Im Gegenteil mußte sowohl die Frage der Zielsetzung (was wollen wir mit dem Zeigen der Filme an politischem Bewußtsein erreichen?) als auch die der analytischen Voraussetzungen (in welcher gesellschaftlichen Lage befinden sich diejenigen, die sich die Filme ansehen?) in immer erneuter Präzisierung diskutiert werden.

Insgesamt trug die Entwicklung des Filmprogramms – sein begrenzter Stellenwert in der JFH-Arbeit und unsere vielfältigen Fehler bei der Planung und Durchführung in Rechnung gestellt – nicht wenig zur Konkretisierung des dritten Lehrgangs und auch der Konzeption stadtteilorientierter Jugendfreizeitheimarbeit bei.

Lehrgang II: Institutionelle Bedingungen der Arbeit im Jugendfreizeitheim

Zielsetzung

Thematisch knüpfte dieser Lehrgang an den ersten an; auch hier sollten die Erfahrungen der Kollegen Ausgangspunkt der gemeinsamen Arbeit sein. Wurden im ersten Lehrgang das Verhältnis von Arbeit und Freizeitverhalten der Zielgruppen von Freizeitpädagogik und ihr daraus resultierendes Selbstverständnis entwickelt, sollten nun die institutionellen Bedingungen freizeitpädagogischer Arbeit genauer betrachtet werden.

Die Mitarbeiter erfahren täglich den Widerspruch zwischen einer Arbeit, die sich an den Bedürfnissen und Interessen der Jugendlichen zu orientieren sucht, und den institutionellen Möglichkeiten ihrer Realisierung. Zu untersuchen sind hier Probleme, die sich für die Arbeit aus der Funktionsteilung zwischen Innen- und Außendienst, der hierarchischen Kompetenzverteilung innerhalb der Abteilung sowie aus der ständigen materiellen Unterausstattung ergeben.

Die Gegebenheiten und Erfahrungen am Arbeitsplatz des Freizeitpädagogen und der Mitarbeiter im innerdienstlichen Bereich der Abteilung sind als Ausdruck allgemeiner Merkmale staatlicher Verwaltung im

Kapitalismus zu verstehen. Grundlegend erscheint hier, ihre Handlungsmöglichkeiten und -grenzen im Zusammenhang des Widerspruchs zwischen wachsendem gesellschaftlichem Reichtum und fortdauernder öffentlicher Armut und der Prioritätensetzung staatlicher Mittelverteilung zu begreifen.

Vor dem Hintergrund dieser Informationen sollte nun das Selbstverständnis politisch verstandener Freizeitpädagogik, die sich an den subjektiven und objektiven Interessen ihrer Adressaten ausrichtet, ins Verhältnis gesetzt werden zu den faktischen Verwaltungsabläufen und -strukturen und ihren Bedingungen. Dadurch sollten die Mitarbeiter darin unterstützt werden, in auftretenden Konfliktsituationen begründet Position beziehen und diese in gemeinsamem Handeln angemessen vertreten zu können.

Diese Zielsetzung sollte durch die Bearbeitung dreier Themenkomplexe realisiert werden.

Thema 1: Strukturkonflikt zwischen Verwaltungsprinzipien und sozialpädagogischem Handeln

Der Strukturkonflikt zwischen den Prinzipien bürokratischer Organisationen und sozialpädagogischem Handeln wurde an Hand folgender Materialien erläutert und diskutiert:

1. In verschiedenen Spielschritten des Planspiels hatten die Teilnehmer diesen Konflikt selbst zum Ausdruck gebracht. So etwa in der Aufforderung der Lehrlinge (AGM) an die Sozialarbeiter, sich mit ihnen zu solidarisieren (Spielschritt 21); in den Schreiben der Sozialarbeiter an das Jugendamt, in denen sie ihre Solidarität mit den Lehrlingen rechtfertigen und die Parteilichkeit ihrer Arbeit konzeptionell begründen (Spielschritte 26 und 50); in den Spielschritten 30, 36, 45, 61 und 75, in denen das Jugendamt seinen Außendienstmitarbeitern in der Solidarisierung mit den Jugendlichen deutliche Grenzen setzt, sich bei der Obersten Landesbehörde absichert oder Weisungen einholt.
2. Beispiele, die in protokollarisch zusammengefaßten Beobachtungen der Berlin-Exkursion der Abteilung Jugendförderung (zusammen mit Delegierten des Landesjugendringes Bremen) festgehalten waren: zum Beispiel der Loyalitätskonflikt einer Vertreterin der Bezirksjugendpflege Schöneberg gegenüber ihrem Amt und den Jugendlichen, die im Rahmen der Sozialpädagogischen Sondermaßnahmen Berlin (SSB) ein «selbstbestimmtes Jugendzentrum» einrichten wollten. Die Jugendpflegerin unterstützte die Bemühungen der Jugendlichen, wurde aber durch die Vorschriften und die begrenzten Mittel, die zur Verfügung standen, in ihren Intentionen erheblich eingeschränkt; auf der anderen Seite lehnten sie auch die Jugendlichen ab: «Behördlich angestellte Mitarbeiter können nach Auffassung der Jugendlichen eine solche Arbeit nicht leisten, da sie in Abhängigkeit zur herrschenden

Klasse damit im Widerspruch zu den Interessen der Jugendlichen handeln müssen.» (Protokoll der Berlin-Fahrt, Abteilung Jugendförderung des Jugendamts Bremen, 17./22. 9. 1973, S. 2). Oder in einer Diskussion mit Kollegen des Bezirksjugendamts Reinickendorf: «Auch das Verhältnis von Sozialarbeitern im Amt und Mitarbeitern in den Einrichtungen wurde als ein Gegensatz von ‹oben und unten› gekennzeichnet, wobei interessant war, daß Herr X. als ein solidarisierungswilliger Sachbearbeiter im Amt diesen Widerspruch bezeichnete als: ‹Die im Amt meinen, von den Kollegen in den Einrichtungen hintergangen zu werden›. (. . .) Es wurde aber sehr deutlich, wo das solidarische Verhalten der Verwaltung zu den Heimen brüchig war wie bei der Beschreibung konkreter Formen gleichberechtigter Zusammenarbeit und Durchsetzung ihrer Ergebnisse, Informationsfluß von oben nach unten, gemeinsamer Einsatz um Veränderungen der materiellen Bedingungen der Heimarbeit usw.» (Protokoll, S. 13) Schließlich aus der Diskussion mit einem Bezirksjugendpfleger über administrative Konflikte: «Hierbei ging es im wesentlichen um den Widerspruch von Obrigkeitsverwaltung und pädagog. Fachverwaltung. (. . .) Diese Hoheitsverwaltung soll sich, lt. neuerer Selbstdarstellungen, zur Dienstleistungsverwaltung im Interesse des Bürgers, ‹bürgernahe Verwaltung›, entwickelt haben. An Hand konkreter Berliner Entwicklungen wies Herr Y. nach, daß das überhaupt nicht der Fall sei, sondern daß die pädagogische Fachverwaltung immer mehr in ihren Rechten eingeschränkt wird zugunsten einer übergeordneten Aufsichtsverwaltung. Die starke Verflechtung von Kapitalinteressen, polit. Interessen und Verwaltungsaufgaben wurde deutlich gemacht, eine Ausübung von Verwaltungsaufgaben im Sinne der polit. Herrschenden.» (Protokoll, S. 17)

3. Ein Text von Ulf Lüers sollte verdeutlichen, wie eine anfängliche Unterstützung von Jugendinitiativen in dem Moment durch übergeordnete Stellen unterbunden wird, wo die Jugendlichen Reglementierungen zurückweisen und Unabhängigkeit fordern.
4. An Hand eines Zeitungsberichts (*Weser-Kurier* vom 1. 3. 1973) wurde ein aktueller Bremer Konflikt einbezogen: Jugendliche in einem Bremer Stadtteil erkennen ebenso wie die Jugendbehörde die Diskrepanz zwischen den Interessen und Bedürfnissen der Jugendlichen nach einem Jugendheim und dem Defizit an entsprechenden Angeboten im Stadtteil. Dem von der Verwaltung anerkannten Bedarf wird – mit dem Hinweis auf «knappe Mittel» und die Priorität der vorschulischen Erziehung – nicht stattgegeben.
5. Ein Textauszug aus dem Dritten Jugendbericht (1972) faßte – unter besonderer Berücksichtigung der politischen Bildung – noch einmal die Probleme, Konflikte und Konsequenzen zusammen, die sich aus dem Widerspruch zwischen fiskalischen und ordnungsrechtlichen Re-

geln einerseits und sozialpädagogischen Standards andererseits ergeben.

Lehrgangsmaterial I: Strukturkonflikt zwischen Verwaltungsprinzipien und sozialpädagogischem Handeln

Die Praxis erscheint verworren und paradox:
Fall 1: Überall im Lande entwickeln sich Initiativen für Jugendzentren und Jugendclubs. So auch in der Mittelstadt A. Die Jugendlichen erarbeiten eine Konzeption. Als der Stadtjugendring und der kommunale Jugendpfleger davon erfahren, bieten sie Unterstützung und Mitwirkung an. Es entsteht der Plan für ein Jugendzentrum, die Stadt stellt Hilfe in Aussicht; auch ein Landeszuschuß für Modelljugendclubs erscheint möglich. Aber die Jugendlichen wollen unabhängig bleiben und begründen dies unter anderem mit negativen Erfahrungen bei sogenannten «freien» Trägern sowie der zu starken Reglementierung in konfessionellen Heimen. Sie gründen einen Verein. Da brechen Jugendpfleger und Stadtrat die Verhandlungen ab. Für sie kommt nur die «öffentliche» Trägerschaft, d. h. ein Club mit eigener Satzung, aber in der Regie des Jugendamtes, in Betracht. Das Land erkennt in seinen Zuschußbedingungen zwar beide Möglichkeiten der Trägerschaft an, kann die Mittel jedoch nur über die Kommune bewilligen. So kommt es zu keiner Förderung. Die Jugendinitiative erschöpft sich in verbalen Auseinandersetzungen. (Ulf Lüers: *«Neutraler» Staat und «freie» Träger – Wider die falschen Alternativen in der Jugendbildungspolitik*. In: *deutsche jugend* 67, 1973, S. 255)

Junge Leute fragen: Wohin in der Freizeit?
In Findorff gibt es zuwenig Gemeinschaftseinrichtungen
Wohin sollen sie gehen, wenn daheim der Fernseher angeschaltet ist und sie mit sich selbst nichts anzufangen wissen? Wo können sie andere junge Leute treffen, ohne immer gleich das Taschengeld für Eintritt oder Getränke auf den Tisch legen zu müssen? Die Jugendlichen in Findorff wissen es nicht. Und diesen Mangel empfinden sie immerhin als so drückend, daß sich mehrere junge Leute unabhängig voneinander beim WESER-KURIER meldeten, um über die Situation zu klagen – und um ihre Wünsche vorzutragen. Die lassen sich im Grunde leicht auf einen Nenner bringen: Wenn einem danach zumute ist, müßte man irgendwohin gehen können, wo man mit Sicherheit Gleichaltrige trifft. Um zusammen Musik zu hören oder zu tanzen, um zu diskutieren und zu klönen, um Billard, Tischtennis oder Schach zu spielen. Aber, so sagt es ein junges Mädchen, «das Angebot ist im Grunde gar nicht so wichtig. Die Hauptsache, es ist immer geöffnet und es sind immer nette Leute da».

Es mag verwundern – sie finden übereinstimmend: «Und ein Erwachsener sollte auch dabeisein. Nicht als Aufpasser natürlich.» Er sollte nach den Vorstellungen der jungen Leute Anregungen geben, Rat erteilen, sich persönlich um die Schwierigen kümmern – und die Anpassungswilligen vor den allzu Schwierigen, den sogenannten Rockern, schützen.

Für ein solches Zentrum wären die jungen Leute auch bereit, einiges an Aktivität mitzubringen. Die 17jährige Schülerin Marion Beier: «Wenn man ein altes Haus bekäme – man könnte es ja selbst anstreichen, Möbel vom Sperrmüll besorgen, Bands einladen, selbst ein Programm aufstellen.» Andere wollen etwas mehr Anregung, ein Programm «von oben», weil «man ja nicht so sehr viel Zeit hat.» Aber zum Saubermachen wären zum Beispiel auch die 17jährigen Schülerinnen Heidi Schubert und Rita Warnke bereit.

Eine Fabrik als Vorbild

Die Gestaltung einiger Räume ist auch der Wunsch von sechs 14- bis 15jährigen Schülerinnen der Schule an der Regensburger Straße, die sich ebenfalls an den WESER-KURIER wandten. Astrid Albertzart: «Das Wichtigste ist doch, daß man mit anderen zusammenkommen kann, daß man diskutiert und Probleme bespricht.» Die Räume sind ihrer Meinung nach weniger wichtig: «Wenn man selbst zupackt, hat man mehr Freude an dem Haus.» Auch diese Schülerinnen wünschen sich mindestens einen Erwachsenen, «mit dem man mal sprechen kann». Er sollte sich «auch um die Schwierigen kümmern». Aber, so betont Astrid, die Jugendlichen müßten auch selbst etwas für die sogenannten Rocker tun, «mal in Ruhe mit denen reden, sie mitmachen lassen». Als Vorbild schwebt den Mädchen die Fabrik in Hamburg-Altona vor, in der junge Leute gemeinsam wirken. Sie haben das vieldiskutierte Hamburger Zentrum mit ihrem Kunsterzieher besucht.

Vernünftige Wünsche, gemäßigte Vorstellungen, Bereitschaft zur Eigeninitiative – all das spricht aus diesen Anregungen. Schade, daß der Wunsch der Findorffer Jugend vorerst bei den zuständigen Behörden auf taube Ohren stößt. Daß etwas geschehen muß – jetzt, da der sogenannte Kinderberg zum Jugendberg wird –, das weiß man auch beim Senator für Soziales, Jugend und Sport. Aber, so der Leiter der Abteilung Jugend- und Familienhilfe, Hentschel, «die Planungen liegen noch in weiter Ferne». Als nächste Jugend- und Gemeinschaftszentren stehen Osterholz und Obervieland auf dem Programm, ab 1975 sind Planungskosten für Horn-Lehe eingesetzt, ab 1976 für Burg-Lesum und Woltmershausen. Findorff steht in der Dringlichkeitsliste so weit vorn, beziehungsweise hinten, daß Planung und Ausführung für 1977/78 erwartet werden. Wenn alles gutgeht, hat die Jugend in Findorff von 1979 an eine neue Jugendfreizeitstätte. Hentschel: «Die vorschulische Erziehung hatte nun mal den Vorrang.»

Bevölkerung soll mitplanen

1979 – zu spät für die jungen Leute, die heute nicht wissen, wo sie ihre Abende verbringen sollen. Mindestens zwei Generationen 14- bis 17jähriger Jugendlicher müssen also noch «gammeln», bevor ein geeignetes Jugendzentrum vorhanden sein wird. Nach den Vorstellungen des Stadtteilbeirats sollte die Jugendfreizeitstätte im Zusammenhang mit einem Kommunikationszentrum gebaut werden, das für alle Findorffer irgendwann – ebenfalls in weiter Ferne – entstehen wird. Stadtteilbeirats-Mitglied Lutz Bach: «Bei den Planungen für ein solches Gemeinschaftszentrum soll die Bevölkerung aktiv mitwirken. Auch Jugendliche müssen gehört werden.»

Aber wie gesagt, vorerst ist alles noch graue Theorie. Und so bleibt die Frage, was denn zur Zeit vorhanden ist. Es gibt nämlich an der Magdeburger Straße ein Jugendfreizeitheim, dem alle – Jugendliche, Mitglieder des Stadtteilbeirats und sogar die Heimleiterin selbst – völlige Unzulänglichkeit bescheinigen. Leiterin Lieselotte Wendt: «Das Haus ist zu klein, das Personal völlig unzureichend.» Mit Hilfe einiger Honorarkräfte für Werk- und Bastelstunden steht Liselotte Wendt in dem Jugendfreizeitheim ganz allein ihre Frau. «Da kommt man ganz automatisch in eine Aufpasserfunktion hinein. Mit mehr Personal wäre ein ganz anderes Programm aufzubauen.» Aber woher nehmen? Hentschel: «Schon jetzt sind ja sogar viele bewilligte Stellen unbesetzt.» (Aus: *Weser-Kurier* vom 1. 3. 1973.)

Bedingungen im Zusammenhang mit der Einbettung der Jugendämter in die öffentliche Verwaltung

Im Teil II dieses Berichts ist bereits darauf hingewiesen worden, daß die Zugehörigkeit der öffentlichen Jugendhilfe zu einer öffentlichen Verwaltung mit spezifischen Problemen verknüpft ist. Die Diskussion zu diesem Thema betrifft im wesentlichen die Konflikte und Schwierigkeiten, die sich für die Mitarbeiter daraus ergeben, daß sie in ihrem Handeln einerseits den fiskalischen und ordnungsrechtlichen Regeln und Gesetzmäßigkeiten der Verwaltung unterliegen, andererseits jedoch ihre Praxis von sozialpädagogischen Standards leiten lassen sollten. (. . .)

Die mit der Entstehung einer sozialpädagogisch ausgebildeten Mitarbeiterschaft und ihren professionellen Standards verknüpfte Problematik äußert sich heute in zwei Formen. Zu relativ konfliktfreien «Arrangements» zwischen Administration und sozialpädagogischen Kräften kommt es überall da, wo die sozialpädagogischen Mitarbeiter des Jugendamtes das hierarchische Kontrollgefüge als ausreichenden Handlungsspielraum akzeptieren. Die durch die Jugendamtsadministration vorgegebenen institutionellen und organisatorischen Handlungsmuster werden in diesem Fall hingenommen. Die Arbeit vollzieht sich innerhalb der durch sie abgesteckten Grenzen. Konflikte zwischen der Verwaltung des Jugendamtes und sozialpädagogischen Fachkräften stellen sich hier höchstens als «Reibungsverluste» formaler und technischer Art dar.

Solche «Reibungsverluste» entstehen z. B. dann, wenn das situationsbezogene, individuelle Probleme berücksichtigende Reagieren und Handeln des Sozialarbeiters in der auf eindeutige Regelhaftigkeit und strikte Kompetenzeinhaltung ausgerichteten Verwaltungsbürokratie auf Unverständnis stößt. Derartige Spannungen weiten sich in diesen Fällen aber kaum zu grundsätzlichen Loyalitätskonflikten der Administration gegenüber aus, sondern äußern sich eher in individuellen Reaktionen des «Unbehagens» über die mangelnde Flexibilität der schwerfällig arbeitenden Verwaltung bei der Genehmigung neuer Aktionen oder über die Überlastung des Sozialarbeiters mit zusätzlicher Verwaltungsarbeit.

Dieses relativ «unproblematische» Verhältnis zwischen sozialpädagogischen Fachkräften einerseits und den Verwaltungskräften andererseits gilt immer noch für einen relativ großen Teil der Jugendämter (vor allem der kleineren) in der BRD. Es ist überall da anzutreffen, wo der Sozialarbeiter in seiner Praxis weniger das Moment des autonomen Entscheidens und der selbstverantwortlichen Entwicklung von Handlungsstrategien in den Vordergrund stellt als vielmehr die methodische Bewältigung eines in seinen Ausführungsmaßstäben administrativ organisierten und fixierten Aufgabenkatalogs. Diese Orientierung an vorgegebenen, institutionell verfestigten Handlungsmustern hindert die Mitarbeiter aber sehr leicht daran, sich auf die Veränderungen und Umschichtungen der Erziehungsfelder einzustellen.

Eine zweite Ausprägung der Konfliktsituationen im Verhältnis von sozialpädagogischer und bürokratischer Handlungsorientierung ist dort zu beobachten, wo «professionelle Orientierungsmaßstäbe» in den Vordergrund treten. Die hier auftretenden Konflikte gehen dann auch über bloß technisch verursachte «Reibungsverluste» hinaus. Dieser Prozeß wird einerseits vorangetrieben durch die Systematisierung, Differenzierung und Anhebung der sozialpädagogischen Ausbildungsgänge; andererseits durch die Entstehung neuer Probleme in der Praxis selbst, die die Entwicklung neuer, z. T. spezialisierter Hilfen verlangen und damit zu neuen Organisationsformen zwingen. (. . .)

Beispiel II:
Ein zweites Feld, in dem eine an den skizzierten Problemlagen orientierte Arbeit im Jugendamt zu spezifischen Schwierigkeiten im Sinne der erwähnten Loyalitätskonflikte führt, ist der Bereich der politischen Bildung. Hier werden die Probleme in dem Maße akut, in dem politische Bildung sich nicht mehr darauf beschränkt, Informationen über die bloßen Spiel- und Verfahrensregeln demokratischer Institutionen zu vermitteln, sondern dazu übergeht, sich mit den Jugendlichen vor allem über die Inhalte und Bedingungsfaktoren politisch-sozialer Prozesse, auch in ihrem konkreten Bezug zur Situation der Jugendlichen selbst, kritisch auseinanderzusetzen.

Diese neue Konzeption politischer Bildung – die allerdings von personellen Voraussetzungen abhängig ist, die bisher nur in einigen Großstadtjugendämtern und wenigen großen Kreisjugendämtern gegeben sind – stößt jedoch auf unüberwindliche Barrieren, wenn sich als Folge politischer Lernprozesse politische Aktionen ergeben, die etablierten Interessenpositionen zuwiderlaufen, also oppositionell werden.

Der Mitarbeiter des Jugendamtes gerät hier in eine erhebliche Konfliktsituation. Auf der einen Seite muß er versuchen, Grundlagen für die Artikulation und praktische Umsetzung politischer Interessen bei den Jugendlichen zu erarbeiten. Er läuft Gefahr, den Zugang zu ihnen zu verlieren, wenn er die daraus resultierenden Konsequenzen nicht wenigstens zum Teil mitvertritt. Andererseits sieht er sich als Angestellter oder Beamter behördlichen Aufsichts- und Verantwortungsprinzipien gegenüber verpflichtet, die aber in dieser Situation gleichzeitig über ihre eigentlich verwaltungsbezogene Funktion hinaus zu Kontrollkategorien sozialpädagogischer Prozesse werden und an diesen im Grunde vorbeigehen. In diesem Sinn bilden der behördliche Verhaltenskodex, der den öffentlichen Dienst auf Unparteilichkeit verpflichtet, und das klassische Prinzip der behördlichen Verantwortungsregelung Barrieren, an denen die Verwirklichung eines modernen Konzepts politischer Bildung praktisch scheitert. Gerade das zuletzt genannte Prinzip verhindert im allgemeinen den notwendigen Grad an Selbstverantwortlichkeit des Sozialarbeiters und macht darüber hinaus auch die Durchsetzung von Mitbestimmungsansprüchen Jugendlicher bei der Planung und Gestaltung politischer Bildungsveranstaltungen nahezu unmöglich.

Die «Lehren» und Konsequenzen, die Jugendamtsmitarbeiter aus den Erfahrungen solcher Loyalitätskonflikte ziehen, führen allerdings meist weniger zu Versuchen, diese Konflikte auszutragen, als zu Strategien, ihnen auszuweichen. Solche Strategien äußern sich entweder in der Anpassung der Formen und Inhalte politischer Bildung an relativ «konfliktfreie» Veranstaltungsformen, oder in der Loslösung solcher Aktivitäten von der Jugendamtsadministration. (. . .)

Die Mitarbeiter des Jugendamtes im Spannungsfeld widerprüchlicher Erwartungen
(. . .) Dies führt in der Praxis entweder zu Versuchen der Abschirmung des sozialpädagogischen Handelns vor der Amtshierarchie, oder aber zu einer bedingungslosen Angleichung der Praxis an die vorgegebenen administrativen Kontrollmaßstäbe. In beiden Fällen besteht die Gefahr, daß das sozialpädagogische Handeln sich mehr an den Bedingungen der Jugendamtsorganisation als an den sachlichen Erfordernissen orientiert. (. . .)

Die Situation der Mitarbeiter in den Jugendämtern wird schließlich, zumindest seit einiger Zeit, über die bereits dargestellten Faktoren hinaus wesentlich mitbestimmt durch die Erwartungen und die Kritik politischer Gruppen. Diese, zunächst im Bereich der Universitäten entstandene, dann aber weitere Gruppen erfassende grundsätzliche Kritik der politischen, wirtschaftlichen und sozialen Verhältnisse in der Bundesrepublik zielte – zumindest in bestimmten Phasen – auch auf die Bedingungen der Sozialisation in der Gesellschaft der Bundesrepublik. Hierbei ging es insbesonders um diejenigen Phänomene, in denen sich nach Auffassung der Kritiker das Versagen dieser Gesellschaft am unmittelbarsten äußerte, nämlich in den fehlgelaufenen Sozialisationsprozessen und den Versuchen zu ihrer Kompensation in den Institutionen der Jugendhilfe.

Damit sehen sich Sozialarbeiter über die bereits dargestellten Erwartungen hinaus einem primär politischen Druck ausgesetzt, der von Gruppen ausgeht, die fast ausschließlich außerhalb des institutionalisierten Ausbildungs- und Praxisfeldes der Jugendhilfe stehen. Sie fordern vom Sozialarbeiter eine unmittelbare politische Realisierung dessen, was er bisher nur professionell zu vertreten versuchte, nämlich der Interessen der Kinder und Jugendlichen. Damit verschärft sich einer der grundlegenden Konflikte des Sozialarbeiters, der darin besteht, daß er die Konsequenzen, die sich aus dem «Wissen» über die Verursachungsfaktoren der Lage seiner Klienten ergeben, nicht selbst ziehen kann, weil der Handlungsspielraum, über den die Jugendhilfe und das Jugendamt verfügen, dafür nicht ausreicht. (Aus: ‹*Dritter Jugendbericht*›. Hg. vom Bundesminister für Jugend, Familie und Gesundheit, Bonn 1973, S. 107–110.)

Für Lehrgang II und III verzichten wir auf die Angabe weiterführender Literatur; sie wird gemäß den Themenbereichen im Exkurs (S. 137f) aufgeführt.

Thema 2: Verwaltung als Teil des Staates

Eine einleitende Begründung dieses Themas skizzierte die Verwaltung als exekutiven Teil des Staats, als wichtigen Berührungspunkt zwischen Staat und Bürger. Die widersprüchlichen Aufgaben der Eingriffs- und Leistungs-, Hoheits- und Sozialverwaltung wurden kurz umrissen und die Frage nach Handlungsspielraum und Abhängigkeit des Staats und seiner Verwaltung aufgeworfen. Die Beschäftigung mit aufgearbeiteten statistischen Daten und kommentierenden Texten veranschaulichte die gesellschaftlichen Hintergründe staatlichen Handelns, den Zusammenhang von Marktwirtschaft und Sozialpolitik und die Konsequenzen für die Freizeitpädagogik. Die Erarbeitung dieser Zusammenhänge sollte verdeutlichen, wie ideologisch die Rede von der Unabhängigkeit und Neutralität des Staates gegenüber den Verwertungsgesetzen kapitalistischer Produktion ist.

Lehrgangsmaterial II: Verwaltung als Teil des Staates

1. Phänomene öffentlicher Armut

Die Betrachtung der Geschichte der BRD vermittelt den Eindruck, als handele es sich dabei um die Geschichte eines kontinuierlich wachsenden nationalen Reichtums (Wirtschaftswunderland). Ökonomen und Politiker weisen darauf hin, daß sich das Bruttosozialprodukt (als die Summe des in einem Jahr erzeugten gesellschaftlichen Wertprodukts) von 1950 bis 1970 versiebenfacht, von 1950 bis 1973 sogar verachtfacht habe; dies sei der Maßstab des Erfolgs: des Erfolgs einer funktionierenden Marktwirtschaft für die einen, des fleißigen deutschen Menschen für die anderen.

Offenkundig ist dies aber nur die eine Seite. Die andere kommt zum Ausdruck, wenn zum Beispiel

- der Deutsche Städtetag 1971 unter dem Motto: «Rettet unsere Städte jetzt!» stattfand und die Gefahr eines Bankrotts der Gemeinden beschwor;
- sich wegen nicht vorhandener oder unzureichender öffentlicher Einrichtungen zahlreiche und immer neue Bürgerinitiativen bilden, die für die Versorgung der Bürger mit Gütern, die nicht auf dem Markt zu kaufen sind, sich einsetzen, so zum Beispiel für
- angemessene Verkehrsbedingungen und Fahrpreise
- Spielplätze
- Jugendfreizeiteinrichtungen
- Kindergärten
- kleine Klassen
- saubere Umwelt;
- wenn also die Parole der «Verbesserung der Lebensqualität» gegen die tatsächliche «Vergiftung der Umwelt, den Energie-Notstand, die Gastarbeiter-Malaise, den drohenden Kollaps eines Bildungswesens, das unter dem Reizwort ‹Chancengleichheit› immer mehr Jugendliche von den Universitäten aussperrt» (*Spiegel* vom 10. 12. 1973) gesetzt werden muß.

Die in diesen Erscheinungen zum Ausdruck kommenden Widersprüche deuten darauf hin, daß trotz des steigenden Bruttosozialprodukts nur unzureichende Mittel für die Abdeckung der Gemeinschaftsaufgaben vorhanden sind (vgl. dazu die unter Nr. 6 zusammengestellten Daten auf S. 109).

2. Staat und Umverteilung

Aus: Freerk Huisken: ›*Zur Kritik bürgerlicher Didaktik und Bildungsökonomie*‹. München 1972, S. 252:

«Die Knappheit der finanziellen Ressourcen des Staates ist immer auch ein Resultat der Tatsache, daß der Staat die in einer Gesellschaft produzierten Werte – in Geldform oder Warenform – nicht selbst verteilt. Vielmehr beschränkt sich seine Funktion darauf, bestimmte Teile des insgesamt produzierten Werts umzuverteilen. Der Staat besitzt keine *Distributions-* sondern nur eine *Redistributionsfunkion.* Die für das Bildungswesen verausgabten Mittel sind Teile von Einkommen. Weder die Löhne noch die Einkommen der Selbständigen sind das Resultat staatlicher Distribution, sondern das Resultat der Auseinandersetzung der Tarifpartner um die Aufteilung des Wertprodukts in Lohn und Profit. So schlagen sich die aus den Produktionsverhältnissen resultierenden Distributionskategorien – Lohnarbeit–Lohn, Kaptiatl–Profit – (. . .) als vorgängige Beschränkung der staatlichen Funktion auf die Umverteilung von Einkommensteilen nieder.»

Aus: Ebenda, S. 256:

«Da der Staat keine oder nur äußerst geringe Möglichkeiten hat, in den Produktionsprozeß der privaten Wirtschaft einzugreifen, um die aus den Produktionsverhältnissen resultierenden Distributionsverhältnisse zu verändern, ohne die durch seine Existenz sanktionierten Prinzipien der kapitalistischen Wirtschaftsverfassung zu verletzen, muß er versuchen, durch steuerliche Maßnahmen (Abschreibungsvergünstigungen), durch Kreditpolitik (niedrige Zinsen) oder durch staatliche Aufträge neue Impulse zu geben. Der Staat kann also allenfalls indirekt, insbesondere durch Maßnahmen im Bereich der Zirkulation, versuchen, den Wirtschaftsverlauf zu steuern. Indem er versucht, die Bedingungen für ein Steigen der Nachfrage nach Waren zu verbessern oder selbst neue Nachfrage zu schaffen, ist er zwangsläufig darauf angewiesen, die für staatliche Aufgaben ihm zur Verfügung stehenden Mittel innerhalb des Haushalts umzuverteilen, d. h. sie so zu verausgaben, daß der Produktionsrückgang in den Zweigen der Industrie, die am schwersten betroffen sind, durch «Konjunkturspritzen» aufgefangen wird. Die Folge der durch Umverteilung im Staatshaushalt (aber auch durch Extrahaushalte, durch Defizitpolitik usw.) ermöglichten Subventionen, Staatsaufträge usw. ist die Reduzierung von Etatposten des Haushalts, die nicht kurzfristig die Verwertungs- und Realisierungsschwierigkeiten der Privatwirtschaft ansatzweise beheben können.»

Aus: Ebenda, S. 258:

«Betrachtet man die Quelle staatlicher Ressourcen, so bedeuten die genannten konjunkturpolitischen Maßnahmen des Staates folgendes: In der Krise werden vom Staat kassierte, also dem Lohnarbeiter vorenthaltene Lohnteile z. T. dazu mitverwendet, den Akkumulationsprozeß des Kapitals anzukurbeln. In Zeiten des Booms dagegen besteht gleichfalls die Tendenz, Teile des Lohns nicht für soziale Dienstleistungen zu verwenden, sondern stillzulegen, um den Boom zu bremsen.»

3. Die «eisernen Gesetze» der Sozialpolitik

Aus: Wolfgang Müller: ‹*Die Grenzen der Sozialpolitik in der Marktwirtschaft*›. In: G. Schäfer u. C. Nedelmann (Hrsg.): ‹*Der CDU-Staat*›. Bd. 1, Frankfurt/M. 1969, S. 26 ff. Müller stützt sich im folgenden auf die Argumentation der: ‹*Sozialenquête, Bericht der Sozialenquête-Kommission*›. Stuttgart 1966 (abgekürzt: SE):

«Zunächst wird die untere Grenze für das Sozialbudget bestimmt. Zur Erhaltung des ‹sozialen Friedens› sollen bestehende Leistungen und durch Zahlung in der Vergangenheit erworbene Ansprüche möglichst nicht angetastet werden; weiter ist ein Minimum an Sozialleistungen gerade im Interesse der ‹langfristigen Erfordernisse der Wirtschaftspolitik› unentbehrlich, nämlich zur Erhaltung der Arbeits- und Leistungsfähigkeit, zur Förderung der Berufserziehung und der Mobilität.

Bei der Beschreibung der oberen Grenze der Sozialbudgets (SE Ziffer 422–26) werden die in diesem Zusammenhang üblichen Argumente zusammenfassend referiert; daher soll der Gang der Argumentation hier kurz vorgetragen werden. Erhöhte Sozialaufwendungen führen über eine erhöhte Nachfrage der Haushalte nach Konsumgütern im volkswirtschaftlichen Kreislauf zu einem erhöhten Bedarf an Gütern und Dienstleistungen. Sofern die verfügbaren ‹produktiven Kapazitäten› voll ausgelastet sind, insbesondere ‹die Arbeitskraft›, also Vollbeschäftigung herrscht, läßt sich die Konsumgüternachfrage nur durch Einschränkung der Nachfrage an anderer Stelle befriedigen, wenn nicht das Mißverhältnis von Angebot und Nachfrage durch Preiserhöhungen, also einen Verlust von realer Kaufkraft für die schwächsten Nachfrager, z. B. Rentner, beseitigt werden soll.

Die Nachfrageeinschränkungen können allgemein an folgenden Stellen erfolgen: dem Konsum, den Investitionen, den Käufen des Staates für Gemeinschaftsbedürfnisse und dem Export. «Das Exportvolumen kann im Interesse der dauerhaften internationalen Leistungsfähigkeit der Volkswirtschaft nicht gekürzt werden. Die Deckung vieler Gemeinschaftsbedürfnisse . . . wie insbesondere Straßenbau, Ausbildungswesen, Reinigung von Luft und Wasser u. v. a. m. sollte eher ausgedehnt werden . . . Die Aufrechterhaltung der Investitionen ist sowohl im Interesse des Wachstums der Gesamtversorgung als auch im Interesse der Vollbeschäftigung erforderlich. Wenn überhaupt, ist eine Kürzung an anderen Stellen zugunsten des Sozialbudgets daher schwergewichtig nur im Bereich des Konsums möglich, und dort wiederum unvermeidlich im Bereich des Massenkonsums . . .» (SE Zi 424). «Bei kurzfristiger Nachfrageverschiebung kommt die Gefahr konjunktureller Störungen hinzu. Langfristig ist nur bei kräftigem wirtschaftlichen Wachstum, das das verteilbare Produkt vergrößert, eine Ausweitung der Sozialpolitik möglich; im besten Fall ist ein gegenüber der Zuwachsrate des Sozialbudgets leicht verringertes Wachstum der übrigen Nachfragesektoren denkbar.» (SE Zi 428 und 425)

«Die Sozialpolitik kann immer nur den Konsum und die Versorgung bestimmter Bevölkerungsgruppen heben, indem sie die Versorgung der Masse der Bevölkerung an anderer Stelle oder die anderweitige Deckung von Gemeinschaftsbedürfnissen reduziert. (. . .) Eine Ausweitung des Sozialbudgets konkurriert also in allererster Linie mit der Steigerung der realen Lohneinkommen.» (SE Zi 426 u. 425)

«Das sind die eisernen Gesetze der Sozialpolitik, hier scheint ihre Grenze zu liegen. Wenn man bedenkt, daß diese Gesetze zeitweise sogar eine empfindliche Senkung der Ausgaben in vielen Bereichen, ja eine relative oder absolute Verelendung breiter Schichten der Bevölkerung notwendig zu machen scheinen, dann dürfte ihre ernsthafte Prüfung nicht unangebracht sein.»

4. Sozialpolitik und Marktwirtschaft

Aus: Ebenda, S. 31 f.:

«Die Umverteilung wird ‹von einem ganz bestimmten Punkt an fragwürdig›, nämlich (. . .) sobald die Lohn- und Sozialkosten den Anteil der ‹Einkommen aus Unternehmertätigkeit und Kapital› am Sozialprodukt zu schmälern drohen. Die ‹Grenze der systembestimmenden Umverteilung› liegt darin, ‹daß die Eigeninitiative erhalten bleibt und die Einkommensverteilung Raum läßt für die zur Finanzierung der Investitionen notwendigen Ersparnisse und für die Erhaltung privaten Unternehmertums im Rahmen einer pluralistischen Demokratie. (. . .)

Mit Rücksicht auf die ‹Freiheit der Investitionsentscheidung und des Kapitalverkehrs, die wichtigsten Elemente der Marktwirtschaft› (Die Zeit 9. 9. 66) dürfen also weder Löhne noch Sozialausgaben, die insgesamt ja für den Unternehmer als Kosten des ‹Faktors Arbeit› in Erscheinung treten, so stark steigen, daß sie den einmal erreichten Anteil der Gewinne am Volkseinkommen in Frage stellen.»

Aus: Ebenda, S. 44 f.:

«Möglichst rasches Wachstum (. . .) hängt von der Freiheit ab, Kapital dort zu investieren, wo innerhalb einer überschaubaren Frist der höchste Gewinn zu erwarten ist – das gilt jedenfalls für das marktwirtschaftliche System. So wandert in der Marktwirtschaft das Kapital regelmäßig aus den ‹fußkranken› Wirtschaftszweigen in die dynamischen Wachstumsindustrien, z. B. in den Automobilbau, die chemische und die elektronische Industrie; die hohen Zuwachsraten dieser Sektoren sind entscheidend für hohe Wachstumsraten des Volkseinkommens. Dagegen wird privates Kaptial nur in Ausnahmefällen in den Schul- oder Krankenhausbau fließen; solche Investitionen wären privatwirtschaftlich nicht lohnend und würden sich jedenfalls kurzfristig ungünstig auf die Wachstumsrate auswirken. Daher wird in der Marktwirtschaft die Tendenz bestehen, elementare soziale Bedürfnisse wie Versorgung und Sicherheit in Krankheit, Kindheit und Alter, auch eine mehr als für die unmittelbare Berufsvorbereitung notwendige Ausbildung zu vernachlässigen. Eingriffe des Staates sollen diese Bedürfnisse am Rande der Marktwirtschaft befriedigen, jedoch nur, soweit es für die ‹fortdauernde Erhöhung der Leistung› (Gesellschaftspolitische Kommentare 15. 5. 65, S. 114) in der Marktwirtschaft unbedingt notwendig ist; der Maßstab dafür ist der Gewinn.»

5. Neutralität des Staates?
Aus: Ulf Lüers: ‹«*Neutraler*» *Staat und* «*freie*» *Träger – Wider die falschen Alternativen in der Jugendbildungspolitik*›. In: *deutsche jugend* 6, 1973, S. 256 f.:
«Die in den Beispielen dargestellte, oft paradox wirkende Situation ergibt sich aus der historisch-politischen Entwicklung. Sie kennzeichnet systembedingte Widersprüche. Dies wird besonders deutlich, wenn man die Rolle der öffentlichen Träger untersucht.

Schon immer hat die jeweils herrschende Machtgruppe ihre Bildungspolitik als Ausdruck einer neutralen, an dem Gemeinwohl orientierten, nach objektiven Kriterien bestimmten Aufgabe ausgegeben. So geschah es auch bei dem ersten staatlichen Erlaß der Jugendpflege vom 18. Januar 1911. Die ‹neutrale› Funktion wurde mit der vorgeblichen Förderung ‹aller an der Jugendpflege Beteiligten› dokumentiert. Was jedoch als öffentliches Wohl im ‹Interesse des Vaterlandes› verstanden wurde, wird aus einer Begründung dieses Erlasses deutlich, in der es heißt: ‹Das staatliche Interesse gebot indes die Beschränkung der Hilfe auf diejenigen Organisationen, welche die Erziehung im vaterländischen Geiste gewährleisten›. Der Erlaß sollte der ‹Umstrickung der Jugend, vor allem durch politische Probleme entgegenwirken›. Was als ‹weitherzige und großzügige› Jugendförderung gefeiert wurde, war also in Wirklichkeit ein Versuch, der ‹Bewegung von unten› einen ‹Erlaß von oben› entgegenzusetzen. Das wird deutlich, wenn man die ‹flankierende Maßnahme› des Staates zur gleichen Zeit in die Betrachtung einbezieht: das Vereinsgesetz mit dem Verbot sozialdemokratischer Jugendvereine. Der sozialdemokratische Reichstagsabgeordnete Frank kennzeichnete denn auch in der damaligen Diskussion die Rolle des Staates mit den Sätzen: ‹Ich halte die Neutralität in der Erziehung für einen Traum und nicht einmal für einen schönen Traum ... Der Staat, der neutralen Charakter hat, der existiert nur in der Phantasie mancher gutmeinender Ideologen›. Die sich auf die Rolle des neutralen Staates berufenden herrschenden Kreise konnten hierbei auf die von Frank gemeinten Staatsauffassungen zurückgreifen. Diese begründen sich nicht nur in philosophischen Theorien, sondern sie haben ihre sehr konkrete Realisierung in der vom frühen Liberalismus geprägten Wirtschafts- und Eigentumsordnung gefunden. Die Theorie der Unabhängigkeit des Staates von den Verwertungsgesetzen kapitalistischer Produktion ist nicht nur eine Illusion, sie ist mehr noch eine Ideologie als Mittel der Bewußtseinsprägung.»

6. Daten zur sozialen Entwicklung in der BRD

Jahr	Bruttosozialprodukt (BSP) in Mrd.[1, 2]	Progression[3]		Netto-Löhne u. -Gehälter aus unselbst. Arbeit, in Mrd.[2]	Progression[3]	Quote[3]
1950	98,4	100	21	–	–	–
1960	302,3	315	66	104,9	62,0	34,3
1965	460,4	470	100	168,5	100,0	36,5
1966	490,7	499	107	178,5	105,9	36,3
1967	494,6	502	108	177,6	105,4	35,8
1968	538,9	548	113	187,3	111,2	34,7
1969	602,8	630	131	206,7	122,6	32,6
1970	679,0	682	148	236,7	140,4	34,9

Öffentliche Sozialausgaben			
Jahr	insgesamt, in Mio.[4]	Progression[3]	Quote[3]
1950	15.712	20	16,9
1960	46.710	60	15,5
1965	77.915	100	17,2
1966	85.798	111	17,8
1967	93.997	121	19,4
1968	100.435	128	19,0
1969	108.572	140	18,3
1970	115.836	149	17,9

Sozialhilfe			
Jahr	insgesamt, in Mio.[1]	Progression[3]	Quote[3]
1950	–	–	–
1960	–	–	–
1965	2.166	100,0	0,47
1966	2.174	100,3	0,46
1967	2.374	104,5	0,47
1968	2.500	115,4	0,46
1969	2.710	117,7	0,46
1970	–	–	–

Erholungs- und Freizeithilfe			
Jahr	insgesamt, in Mio.[1]	Progression[3]	Quote[3]
1950	–	–	–
1960	–	–	–
1965	53,8	100,0	0,00116
1966	59,5	110,5	0,00121
1967	59,5	110,5	0,00120
1968	61,0	111,1	0,00113
1969	65,0	120,8	0,00120
1970	–	–	–

1 Absolute Zahlen aus: Statistisches Bundesamt (Hg.): ‹*Statistisches Jahrbuch für die Bundesrepublik Deutschland*›. Jahrgänge: 1965, '66, '67, '68, '69, '70.

2 BSP = Summe des gesellschaftlichen Gesamtproduktes pro Jahr.

3 Progressionen und Quoten (Quoten = v. H. von BSP) eigene Berechnungen.

4 Absolute Zahlen aus: Bundesminister für Arbeit und Soziales (Hg.): ‹*Soziale Sicherung*›. Bonn 1971, S. 27 ff, Stand v. 1970.

Thema 3: Institutionelle Konsequenzen

Der dritte Teil des Lehrgangs bestand in einer Aufgabenstellung. Aus den erarbeiteten Informationen, dem Widerspruch zwischen Verwaltungshandeln und einer adressaten-orientierten Freizeitpädagogik sollten Konsequenzen gezogen werden. Diese sollten sich beziehen auf das eigene freizeitpädagogische und politische Handeln, eingebunden in den konkreten Arbeitsbereich der Abteilung Jugendförderung, auf das strukturelle Verhältnis der Mitarbeiter zu den Adressaten, den unmittelbaren Kollegen und den Vorgesetzten. Diese Struktur- und Handlungsalternativen sollten jedoch nicht nur als Wünschbares und «theoretisch» Denkbares ersonnen werden, sondern so beschaffen sein, daß sie in den anstehenden Auseinandersetzungen praktische Orientierung und Hilfe geben konnten.

Lehrgangsmaterial III: Institutionelle Konsequenzen

Im letzten Lehrgangsteil geht es um die Umsetzung der allgemeinen Analyse der Bedingungen staatlichen Handelns in Lösungsansätze für den eigenen Arbeitsbereich.

An Hand verschiedener Arbeitsmaterialien:

- Jugendbericht S. 107–110 (besonders das «Beispiel II», S. 108f.)
- Jugendbericht S. 126 (Reformvorschläge)
- Planspiel: Konflikt im Jugendhaus

sollen die Arbeitsgruppen Arbeitsformen und institutionelle Bedingungen entwerfen, die sich als Konsequenz aus dem bisher Erarbeiteten ergeben und eine pädagogisch-politisch angemessene Jugendarbeit ermöglichen.

Die Texte des Jugendberichts stecken den allgemeinen Rahmen und die Richtung, das Planspiel als exemplarischer Fall der aktiven Austragung eines strukturellen Konflikts den konkreten Bezugspunkt ab, worauf sich die zu entwickelnden Handlungsalternativen beziehen sollen.

Aufgabe der Arbeitsgruppen ist es deshalb, das *Verhältnis* der Mitarbeiter im JFH zu

- ihren Adressaten,
- ihren unmittelbaren Kollegen,
- ihren Vorgesetzten und

in den wesentlichen Punkten so zu entwerfen, wie es aussehen könnte oder müßte, um eine Jugendarbeit im Interesse der Adressaten planen und durchführen zu können.

Die Handlungsalternativen und ihre institutionellen Bedingungen sollten allerdings keine bloße Utopie darstellen, sondern zugleich die kurz- bzw. langfristige Einlösbarkeit konkreter Forderungen mit enthalten.

Die sehr konkreten Arbeitsergebnisse der AG sind im Abschlußprotokoll des Lehrgangs zusammengefaßt.

Protokoll der Abschlußdiskussion o. g. Fortbildungsveranstaltung (20. 12. 73)

Bei der Abschlußdiskussion handelte es sich um die Zusammenfassung der Arbeitsergebnisse des dritten Themenkomplexes des Lehrgangs. Als Aufgabe der Arbeitsgruppen war formuliert worden, an Hand bestimmter Arbeitsmaterialien «Arbeitsformen und institutionelle Bedingungen (zu) entwerfen, die sich als Konsequenz aus dem bisher Erarbeiteten ergeben und eine pädagogisch-politisch angemessene Jugendarbeit ermöglichen» (Lehrgangsmaterialien III). Dabei sollte vor allem das Verhältnis der Mitarbeiter zu ihren Adressaten, ihren unmittelbaren Kollegen und ihren Vorgesetzten nach den genannten Kriterien reflektiert und in «Erfordernisse» umgesetzt werden.

Die AG kamen in dieser Arbeit unterschiedlich weit; übereinstimmend betonten sie, daß die Zeit gefehlt habe, den Punkt auszudiskutieren und abzuschließen. Es seien also gewissermaßen «Zwischenergebnisse», die weiter bearbeitet, konkretisiert und in die Praxis umgesetzt werden müßten.

In den einzelnen Komplexen wurde von den AGs folgendes zusammengetragen (die Ergebnisse werden hier nicht nach AGs oder Einzelbeiträgen, sondern nach ihrem inhaltlichen Zusammenhang referiert; sie sind nicht isoliert, sondern im Zusammenhang mit der gesamten Fortbildungsveranstaltung zu sehen):

1. Verhältnis der Mitarbeiter zu den Adressaten: «Parteilichkeit»

In Anknüpfung an den ersten Lehrgang (April 1973) muß die *Zielgruppenbestimmung* weitergeführt werden; dazu gehört insbesondere eine entsprechende Untersuchung der Bezirksstruktur, aus der Aufschluß über die tatsächliche oder mögliche soziale Zusammensetzung der Adressaten gewonnen werden kann. Dies wiederum ist Grundlage für Schwerpunktbildungen und differenzierte Programme sowohl innerhalb wie auch zwischen den einzelnen JFH. Arbeiterkindern und -jugendlichen soll – nicht im Sinne von Ausschließlichkeit, sondern von besonderer gesellschaftlicher Benachteiligung – Priorität eingeräumt werden.

Jugendarbeit ist *parteilich.* Sie setzt sich ein für die Interessen der Jugendlichen und gegen restriktive gesellschaftliche Bedingungen (oder eben nicht, was auch parteilich ist). Dies bedeutet nicht, daß blindlings zu billigen sei, was Jugendliche wollen; vielmehr gilt es, gemeinsam mit den Jugendlichen an der Eruierung und Bestimmung ihrer Interessen zu arbeiten. Erst in dieser Form von Beratung können subjektiv-aktuelle und objektiv-perspektivische Interessen untereinander in Beziehung gesetzt werden. Zu flankieren ist solche Beratung durch die Diskussion unter Kollegen und in der Öffentlichkeit über die Interessen der Jugendlichen, um Verständnis für parteiliche Jugendarbeit zu erzeugen.

Auf der anderen Seite ist damit jede «Stellvertreterpolitik» im Rahmen von Jugendarbeit ausgeschlossen: Der Sozialarbeiter kann die Interessen der Jugendlichen nicht stellvertretend für diese wahrnehmen; seine Aufgabe liegt in der Befähigung der Jugendlichen, ihre Interessen erkennen und durchsetzen zu lernen.

Ein nicht unwesentlicher Beitrag dazu ist die Offenlegung von Informationen: den Jugendlichen darf weder das JFH noch die dahinterstehende Verwaltung undurchschaubar sein (wie das in der Regel der Fall ist).

Daraus resultieren einerseits die Notwendigkeit der Mitentscheidung der Jugendlichen im JFH in Bezug auf Mittel, Personal, Programm, Regelungen etc., andererseits die Information der Jugendlichen über die Struktur und das Funktionieren staatlicher Verwaltung – allerdings nicht allgemein und abstrakt (das würde auch wenig Anklang finden), sondern bezogen auf die eigenen Interessen und konkrete Probleme, Konflikte etc.

Zu untersuchen ist schließlich weiterhin, inwieweit eine solche Konzeption parteilicher Beratung durch bestehende dienstrechtliche Vorschriften verhindert oder eingeschränkt wird (Schweigepflicht, formalisierter Informationsfluß, Kompetenzverteilung u. a.).

Für die Realisierung solcher Vorstellungen sind u. a. folgende *Bedingungen* zu berücksichtigen:

- Transparenz der Mittelverteilung; Verständigung über Kriterien eines bewußten Mitteleinsatzes (Prioritäten etc.), die für alle Beteiligten durchsichtig sein müssen. (Hier liegt eine wichtige Aufgabe der Bezirksjugendpfleger.) Abzulehnen ist die Mittelvergabe nach dem «Zauberer»- (Haushalt bleibt für Nicht-Eingeweihte geheimnisvoll) oder dem Konkurrenzprinzip («Wer am lautesten schreit . . .»).
- Problematisierung des Einnahmen-/Ausgabenprinzips in den JFH. Unter den Kollegen bestehen zu diesem Punkt teilweise verschiedene Auffassungen. Problematisch erscheint insgesamt nicht so sehr, daß Kinder und Jugendliche für die Angebote etwas bezahlen, sondern daß die Heime in Planung und Durchführung ihrer Angebote auf diese Einnahmen angewiesen sind.
- Verbesserung der Personalsituation; insgesamt und insbesondere in den sog. Ein-Mann-Betrieben muß für eine Entlastung der überbeanspruchten Mitarbeiter gesorgt werden.
- Durchführung einer weiteren Fortbildungsveranstaltung, die der Konkretisierung und praktischen Umsetzung des bisher Erarbeiteten dienen soll.

2. Verhältnis der Mitarbeiter zu den unmittelbaren Kollegen: «Solidarität»

Von entscheidender Bedeutung ist die weitere gemeinsame Arbeit an einer JFH-Grundkonzeption. Die Einigung auf eine solche Konzeption ist Voraussetzung für eine differenzierte, kontinuierliche und zeitgemäße

Praxis. Eine solche Gemeinsamkeit der Arbeit kann auch dazu beitragen, die durch die Arbeitsplatzstruktur bedingte Isolierung der Kollegen zu vermindern.

Solidarität sollte auch die unmittelbare Arbeit im JFH leiten; ein hierarchisches Anweisungsgefüge verhindert gerade, daß die Arbeit gemeinsam geplant und getragen wird.

Ökonomische Ungleichstellungen (z. B. auf Grund zurückliegender Ausbildungsformen) müssen beseitigt werden: Gleicher Lohn für gleiche Arbeit.

Ein besonderes Problem bilden die Stellung und Aufgaben der Bezirksjugendpfleger. Ihre spezifische Doppelfunktion: – Beratung und Kontrolle der JFH-Mitarbeiter – muß sowohl für ihre Arbeit als auch für ihr Verhältnis zu den Mitarbeitern zu Widersprüchen und Unsicherheiten führen.

- Gemäß den Bestimmungen im Geschäftsverteilungsplan wie auch ihrem Selbstverständnis nach sollten die Bezirksjugendpfleger beratende, nicht kontrollierende Funktion haben, d. h. Zusammenfassung, Koordination, Beratung. Sie sollten ein Vertiefungs- und Spezialgebiet haben und exemplarisch an der praktischen Jugendarbeit teilnehmen.
- Um wechselseitig zu größerer Transparenz zu gelangen, ist die Beteiligung gewählter Mitarbeiter an den Bezirksjugendpflegerbesprechungen zu erwägen. (Zu diesem Punkt existieren gegenwärtig noch verschiedene Auffassungen.)
- Die weitere Diskussion um Stellung und Funktion der Bezirksjugendpfleger sollte auf verschiedenen Ebenen stattfinden: zwischen JFH-Mitarbeitern und Bezirksjugendpflegern auf Bezirksebene, zwischen den JFH-Mitarbeitern (unter sich), zwischen den Bezirksjugendpflegern (unter sich).

3. Verhältnis der Mitarbeiter zu den Vorgesetzten: fachliche «Kontrolle» von unten

Daß die hierarchische Organisation staatlicher Jugendhilfe – und Jugendförderungsinstitutionen – ein Problem darstellt, ist bis in das Sozialverhalten bzw. die Interaktionsstruktur hinein während des Lehrgangs zu beobachten.

Die fachliche «Kontrolle» von unten meint im einzelnen (u. a.):

- Rechenschaftspflicht nicht nur von unten nach oben, sondern auch von oben nach unten;
- keine einsamen Entscheidungen (in wichtigen Fragen), sondern breite Information und Willensbildung;
- Transparenz der Mittelzuteilung und Vergaberegelungen;
- Untersuchung, ob – wenn «Sachzwänge» ins Feld geführt werden – diese objektiv bestehen oder als Argument zur Abwehr unbequemer

Forderungen fungieren;

- Trennung von Funktion und Person (d. h. Argumentationspflicht, *wie* eine bestimmte Funktion wahrzunehmen sei);
- Mitentscheidung der Mitarbeiter bei der Einstellung neuer Mitarbeiter (insbesondere bei Vorgesetzten);
- gemeinsame Konzipierung der Öffentlichkeitsarbeit (d. h. Bindung an die wirkliche Arbeit).

Es bestand Einigkeit, daß diese Ergebnisse in der nächsten Zeit weiter diskutiert, konkretisiert und auf ihre praktische Realisierbarkeit überprüft werden müssen.

Ablauf und Einschätzung der Lehrgangs

Der zweite Lehrgang fand vom 17.–20. 12. 1973 wiederum mit etwa 35 Teilnehmern, fast alles Teilnehmer des ersten Lehrgangs, am selben Ort statt. Das Lehrgangsteam hatte für den Verlauf folgenden Vorschlag gemacht, der die Zustimmung der Teilnehmer fand:

Zeit	Montag	Dienstag	Mittwoch	Donnerstag
vorm. 9–11 11–12.30	1. Programm des Lehrgangs	1. Fortsetzung Thema 1 (AG)	1. Fortsetzung Thema 2 (AG)	1. Zusammenfassung Thema 3 (AG)
	2. Gruppenbildung	2. 11.00: Thema 2: Verwaltung als Teil des Staates (AG)	2. ab 11.00: Zusammenfassung Thema 2 (AG)	2. ab 11.00: Auswertung im Plenum
	3. Thema 1: Strukturkonflikt zwischen Verwaltungsprinzipien und sozialpädagog. Handeln (AGs)			

nachm. 15.30–18.00	1. Fortsetzung Thema 1 (AG)	1. Fortsetzung Thema 2 (AG)	1. Thema 3: Institutionelle Konsequenzen (AG)	14.00–15.00 Abschlußplenum: Lehrgangsauswertung und Ausblick auf die weitere Arbeit
abends ab 19.30	Filme 1. Kreuzberg gehört uns 2. JFH Weinheim	zur freien Verfügung	Geselligkeit (Fest)	

Die Teilnehmer waren in Erinnerung an den ersten Lehrgang mit Arbeitsstil, Methode und der sozialen Zusammensetzung vertraut. Positiv wirkte sich auch aus, daß sich ein Teil der Mitarbeiter zwischenzeitlich gründlicher mit der Situation der Industriearbeiter in der BRD beschäftigt hatte und diese Kenntnisse in die Lehrgangsarbeit einbringen konnte; ferner die Teilnahme einer größeren Anzahl von Kollegen bei der Planung des Lehrgangs.

Zur Einschätzung ist über das hinaus, was bereits zum ersten Lehrgang gesagt wurde, festzuhalten: Es zeigte sich, daß die Lehrgangsinhalte richtig ausgewählt und geeignet waren, die Mitarbeiter darin zu unterstützen, sich mit den nachfolgend wiedergegebenen, gängigen, im Lehrgang von Kollegen und insbesondere den Vorgesetzten vertretenen Ideologemen kritisch auseinanderzusetzen. Diese apologetischen Argumentationsmuster lauteten sinngemäß etwa:

– Ganz allgemein: ob man denn alles so kritisch und negativ sehen müsse?
– Mit dem Hinweis auf Verwaltungsvorschriften und den damit einhergehenden Sachzwängen: man könne sich eben nicht einfach über bestehende Vorschriften hinwegsetzen.
– Zu den Verwaltungsabläufen: wolle man denn ernstlich, daß jeder mitbestimmen solle? Es gebe nun einmal so etwas wie «abgestufte Mündigkeit». Und es kennzeichne doch gerade die moderne Verwaltung, daß spezialisierte Fachkräfte in ihrem Sachgebiet optimale Kenntnisse besäßen, um einen angemessenen Gesamtablauf zu gewährleisten. Die Mitbestimmung der Sachunkundigen müsse zum Chaos führen; um dieses zu verhindern, sei eine vertikal strukturierte Verwaltung und Koordination unerläßlich.
– Zur Parteilichkeit: ein Angestellter und Beamter im öffentlichen Dienst, der im Interesse der Allgemeinheit arbeite, könne gerade

deshalb nicht parteilich sein. Ergriffe er Partei für die einen, würde er gegen die Interessen der anderen verstoßen.

– In Bezug auf die Verwaltung als Teil des Staates und dessen Funktion: was könne man denn dem zugegebenermaßen mit Mängeln behafteten «kapitalistischen System» (man spreche da lieber von «hochindustrialisierter Gesellschaft» oder «freiheitlicher Demokratie» oder «sozialem Rechtsstaat» oder «sozialer Marktwirtschaft») entgegensetzen? Die sog. sozialistischen Staaten seien jedenfalls keine Alternative.

Diese Auseinandersetzung mit den geheiligten Grundüberzeugungen der Verwaltung und der Erkenntnisprozeß, in dem diese durchsichtig wurden und als selbst durchaus parteilich sich herausstellten, mußte auf die Administration deshalb bedrohlich wirken, weil damit die fraglose Selbstverständlichkeit der Alltagsbürokratie erschüttert wurde. So faßt das Abschlußplenum des Lehrgangs durchaus reale und handfeste Forderungen der Mitarbeiter gegenüber der Verwaltung – kurz- und mittelfristige Konsequenzen dieser Auseinandersetzung – zusammen.

Gemäß der Konzeption und Planung der Fortbildungsreihe waren sich Teilnehmer und Team darin einig, daß sich der dritte Lehrgang nun vor allem Problemen der unmittelbaren Praxis zuwenden solle.

Lehrgang III: Politische Bildung im Jugendfreizeitheim – Probleme der Praxis

Zielsetzung

Hatten sich die beiden ersten Lehrgänge mit den Voraussetzungen der Arbeit in Jugendfreizeitheimen (Situation und Lage der Adressaten, Selbstverständnis und Zielsetzung der pädagogischen Arbeit, institutionelle Bedingungen) auseinandergesetzt, so sollte sich der dritte Lehrgang, der vom 27. bis 30. 5. 1974 stattfand, auf Probleme der praktischen Konkretisierung einer fortschrittlichen Konzeption von Jugendfreizeitarbeit konzentrieren.

Materialien zu ausgewählten «Arbeitsbereichen» sollten keine Rezepte vermitteln, aber anknüpfend an eigene Erfahrungen (das politische Filmprogramm), an Erfahrungen anderer (Kindertheater und die Kampagnen im Wohnbezirk) und an die systematischen Überlegungen der bisherigen Fortbildungsarbeit Anregungen zur Konzipierung, präzisen Weiterentwicklung und Konkretisierung praktischer Handlungsstrategien dienen. Grundidee war dabei die Aufhebung der gesellschaftlichen Isolation der Jugendfreizeitheime und ein Begriff von politischer Bildung, der Lernen und praktisches Handeln als Einheit faßt.

Die drei Arbeitsbereiche sollten deshalb nicht als isolierte Programmangebote neben anderen Möglichkeiten verstanden werden, sondern als Beispiele für diese allgemeine Orientierung, für die Perspektive und Möglichkeit der Vermittlung von Rekreation und politischer Bildung, von Freizeitheim und Stadtteil.

In diesem Zusammenhang ist ein *politisches Filmprogramm*, das Probleme der Betroffenen (Ausbildung, Lage der Frauen, Politik der Gewerkschaft usw.) darstellt, analysiert und Perspektiven aufweist, nicht mehr nur ein Konsumangebot, sondern eine Möglichkeit der gemeinsamen Reflexion real erfahrener Konflikte und des Lernens aus den Erfahrungen anderer.

Kindertheater soll nicht als Theater von Erwachsenen für Kinder, sondern als Theater von Kindern für Kinder verstanden werden. Entscheidend sind dabei nicht vorführungsreife Einstudierungen, sondern die Möglichkeit, in einer Kindergruppe spielerisch auch komplexere gesellschaftliche Zusammenhänge bewußtzumachen, reale Probleme der Kinder darzustellen und ihre gemeinsame Bewältigung einzuleiten.

Kampagnen im Wohnbereich sollten vor allem den «Stoffwechselprozeß» zwischen Jugendfreizeitheim und Stadtteil verdeutlichen. Sie wollen Probleme der Bewohner im Einzugsbereich des Jugendfreizeitheims, die ja auch die Probleme der Jugendlichen sind, durch seine Besucher ins Haus hereinholen, hier in unterschiedlicher Form bearbeiten und in geeigneter Weise wiederum in den Stadtteil zurücktragen.

Alle Beispiele sollten Orientierungs- und Anschauungsmaterial für eine fortschrittliche Konzeption stadtteilbezogener Arbeit im Jugendfreizeitheim sein.

Lehrgangsmaterial I: Thesen zur Politischen Bildungsarbeit im Jugendfreizeitheim

Die Diskussion über Konzeptionen von Jugendfreizeitarbeit und politischer Bildungsarbeit dreht sich im Kernpunkt immer um die Interessenfrage: an wessen Interesse orientiert sich die Freizeitarbeit, und nach welchen Kriterien bestimmen sich diese Interessen?

1. Die wesentliche Aufgabe der Jugendfreizeitheime nach 1945 bestand darin, insbesondere Teile der Arbeiterjugend vor drohender Verwahrlosung und Radikalisierung zu bewahren. Dieser Anspruch konnte jedoch nur unzulänglich eingelöst werden, da die Arbeit von einem unspezifischen Jugendbegriff («den Jugendlichen») ausging, der den Zugang zu den konkreten Problemen der Jugendlichen eher verstellte als eröffnete. Das Resultat war der unreflektierte Versuch, die Arbeiterjugend über mittelschicht-geprägte Bildungsangebote in eine Mittelschichtkultur zu integrieren, deren Sinn und Perspektive den Arbeiterjugendlichen objektiv und subjektiv verschlossen bleiben mußten.
2. In der Folgezeit ergab sich als Konsequenz eine stärkere Hinwendung zu den «Interessen der Jugendlichen», womit jedoch in verkürzter Un-

mittelbarkeit nur diejenigen Interessen und Bedürfnisse gemeint waren, in denen sich die spontane Reaktion der Jugendlichen auf die Belastungen in der Arbeitswelt darstellten: Entspannung, Erholung, Zerstreuung, Betäubung etc. Die Beschränkung auf diese unmittelbar artikulierten Bedürfnisse, deren Form zudem bereits wesentlich durch die Freizeitindustrie bestimmt war, bedeutete aber gerade, das bestehende Verhältnis von Arbeit und Freizeit unberührt zu lassen und sich in der Jugendfreizeitheim-Arbeit mit oberflächlicher Kompensation zu begnügen. Das Jugendfreizeitheim wurde ein bißchen Kino, Kneipe, Sportplatz, Beatclub, Reisebüro, Spielhalle etc. – ohne jedoch mit den kommerziellen Vorbildern ernsthaft in Konkurrenz treten zu können. Paradoxerweise wurde gerade dieses Konzept pädagogisch als besonders adressaten- und jugendorientiert verklärt.

3. «Orientierung an den Interessen der Jugendlichen» bedeutet also weder die Durchsetzung eines allgemeinen Bildungsanspruchs, der von der tagtäglich notwendigen Wiederherstellung der Arbeitsfähigkeit der Jugendlichen abstrahiert, noch die bloße Beschränkung auf die Verwaltung der von den Jugendlichen unmittelbar geäußerten Wünsche nach Entspannung und Ausgleich.

4. Die von den Jugendlichen in unterschiedlicher Weise geäußerten Bedürfnisse und Interessen sind vielmehr Ausdruck ihrer jeweiligen Klassenlage. Sie beziehen sich unmittelbar auf ihre Arbeits- und Lebenssituation und lassen sich nur aus der Analyse dieser Verhältnisse begreifen. Dies bedeutet, daß es keine allgemeinen «jugendübergreifenden» Interessen gibt, denn es gibt nicht «die Jugend», die über einheitliche soziale Erfahrungen und Interessen verfügt.

5. Die subjektiv geäußerten Freizeitbedürfnisse der Jugendlichen sind aber auch ein Ausdruck der kapitalistischen Trennung von Arbeit und Freizeit: «Selbstverwirklichung» ist aus dem Arbeitsbereich verbannt und in die Freizeit verlegt und zudem auf diejenigen Formen eingeschränkt, die der Wiederherstellung der Arbeitsfähigkeit der Individuen dienen.

6. Wenn also die Freizeitinteressen der Jugendlichen nach Entspannung und Ausgleich innerhalb unserer Gesellschaftsstruktur als notwendig und berechtigt anzusehen sind, so wäre es doch eine Illusion, die Trennung von Arbeit und Freizeit über die Veränderung allein des Freizeitverhaltens aufheben zu wollen.

7. Politische Bildungsarbeit im Jugendfreizeitheim muß diese beiden Seiten in ein richtiges Verhältnis zu setzen versuchen: im Entspannungs- und Zerstreuungsverhalten der Jugendlichen müssen auch die Probleme und Konflikte außerhalb des Heims (Familie, Arbeitsplatz, Stadtteil) aufgedeckt und zugänglich gemacht werden; umgekehrt muß das «Bildungsangebot» des Jugendfreizeitheims, das sich auf die Konflikte der Jugendlichen bezieht, in eine Atmosphäre eingebettet sein, die

Spaß, Freude und Entspannung nicht ausschließt. Die starre Trennung beider Bereiche muß aufgehoben werden.
8. Die Erstellung eines solchen Konzepts von politischer Bildungsarbeit im Jugendfreizeitheim ist nicht ein einmaliger Akt, sondern ein Prozeß. Sie vollzieht sich entsprechend der genauen Untersuchung des Verhältnisses von Lebens- und Freizeitsituation der jeweiligen Heimbesucher und durch das schrittweise Begreifen des Zusammenhangs von subjektiven Interessen und der objektiven Klassenlage. Dieser Prozeß kann nur gemeinsam von Jugendlichen und Mitarbeitern vollzogen werden, nicht aber stellvertretend von den Mitarbeitern für die Jugendlichen. Deshalb kann und darf dieser Prozeß auch niemals die Form einseitiger «Indoktrination» annehmen. Allerdings haben die Mitarbeiter bei der Entwicklung einer solchen Konzeption die Aufgabe, ihre spezifischen Kenntnisse und Fähigkeiten den Jugendlichen beratend zur Verfügung zu stellen, so z. B. in der Frage der didaktischen Umsetzung von Ideen, in der Nutzung ihrer Kontakte und der Bereitstellung bzw. der Erkämpfung der materiellen Bedingungen, die für eine solche Arbeit erforderlich sind (Elternarbeit, Lehrgänge, Kontakte zu anderen Institutionen etc.)
9. Der so beschriebene Ansatz von Jugendfreizeitheim-Arbeit geht nicht von einem statischen Begriff der Freiwilligkeit aus, sondern davon, daß Erkenntnisprozesse und Einsichten in die gesellschaftlichen Verhältnisse auch zur Veränderung der eigenen Interessenlage führen. Darum kann eine solche Arbeit sich nicht auf Aktivitäten innerhalb des Heims beschränken, sondern muß versuchen, die Verbindung herzustellen und Stellung zu beziehen zu allen Konflikten und Entwicklungen, die den Zusammenhang von Lebenssituation und Freizeitgestaltung deutlich werden lassen. Dies bedeutet vor allem die Entwicklung einer aktiven Zusammenarbeit der Heimbesucher und Mitarbeiter mit den Bewohnern des Stadtteils, mit den Eltern, Lehrern, Arbeitskollegen und Mitschülern der Jugendlichen. Die Zielsetzung einer solchen stadtteilorientierten Jugendfreizeitheim-Arbeit ist demnach, das politische Lernen und die politische Aktivierung der Jugendlichen an eine Praxis zu binden, die sich auf Konflikte und Probleme bezieht, die für die Jugendlichen wie für den Stadtteil gleichermaßen von Bedeutung sind. Mit dieser Zielsetzung kann gleichzeitig ein Beitrag dazu geleistet werden, das Jugendfreizeitheim aus seiner gesellschaftlich isolierten Stellung heraus- und eine enge Wechselbeziehung zwischen Jugendfreizeitheim und Stadtteil herbeizuführen.
10. Eine solche Arbeit im Jugendfreizeitheim kann nicht ohne Konflikte ablaufen (vgl. z. B. das Planspiel); vielmehr gehören der Konflikt, das Erkennen und die Auseinandersetzung mit gesellschaftlichen Interessen und Machtstrukturen sowie die Suche nach und die Praktizierung von Lösungsstrategien zum Wesen dieser Arbeit. Auch die Mitarbeiter des JFH können sich solchen Konflikten gegenüber nicht neutral verhalten;

soll das Postulat von der «Arbeit im Interesse der Adressaten» nicht leer bleiben, müssen sich die Mitarbeiter immer erneut des subjektiven und objektiven Nutzens, des Zweckes und der Richtung ihrer so als parteilich verstandenen Arbeit versichern. Entscheidend ist dabei nicht, ob eine solche Arbeit stets die unmittelbare und ungeteilte Zustimmung der Adressaten oder der vorgesetzten Behörde findet, sondern ob sie sich pädagogisch, politisch und damit auch vor einer breiten Öffentlichkeit zu legitimieren vermag.

Lehrgangsmaterial II: Versuch eines politischen Filmprogramms
Der Film ist heute ein nicht mehr wegzudenkender Bestandteil des Freizeitsektors. Wie andere Medien besitzt er eine große Funktionsbreite: Traumfabrik, Manipulation, Werbung, Unterhaltung, Spannung, Kunstwerk, Aufklärung, Agitation, Belehrung etc. Welche dieser Funktionen dominiert, hängt vom jeweiligen Verwendungszusammenhang ab.

Die traditionelle Form des Einsatzes von Filmen im JFH unterschied sich oft nur wenig vom kommerziellen Filmbetrieb; Spannung, Unterhaltung und Zerstreuung standen im Vordergrund. Aus «pädagogischer Verantwortung» bot man mitunter auch einen sog. anspruchsvollen Film an – und war ein wenig enttäuscht, wenn er nicht besonders ankam.

In der politischen Bildungsarbeit ist der Einsatz von Filmen gleichfalls seit langem üblich. Im Rahmen von Lehrgängen z. B. ist er gewöhnlich einem inhaltlichen Schwerpunkt als Illustration zugeordnet oder dient ebenfalls der Entspannung.

Der Versuch, im JFH ein politisches Filmprogramm durchzuführen, ist weder das eine noch das andere; er will nicht nur ein (billigeres) Kino sein und kann sich auch nicht auf einen kontinuierlichen, organisierten Lernzusammenhang stützen. Es muß von anderen Voraussetzungen ausgehen: offenkundig vor allem von den Möglichkeiten, die ein Film als Auslöser politischer Lernprozesse bietet. Worauf beruhen diese Möglichkeiten?

Wenn sich eine Gruppe von Jugendlichen gemeinsam einen Film ansieht, der gleichzeitig Darstellung und Analyse eines Zusammenhangs oder Problems und eine Stellungnahme dazu ist, so ist dies eine – wenn auch reduzierte – gemeinsame Erfahrung dieser Jugendlichen, auf die sie sich gemeinsam beziehen können. Wenn dieser Film nun Probleme und Fragen behandelt, in denen sich die Jugendlichen real (nicht als Wunschbild) wiederfinden können, so kann dieser Film als Medium dienen, in einen Austausch gemeinsamer Erfahrungen, gemeinsamer, aber individuell erfahrener Konflikte einzutreten.

Die Entdeckung dieser Gemeinsamkeiten in den unterschiedlichen Biographien, die Verständigung über die Bedingungen dieser Gemeinsamkeiten, die gemeinsame Suche nach Veränderungsmöglichkeiten –

das sind die politischen Lernprozesse, die ein entsprechendes Filmprogramm einleiten kann.

Ein politisches Filmprogramm durchzuführen ist deshalb auch mehr, als eine Reihe von Filmen zu zeigen. Mehrere bremische JFH haben im vergangenen Winterhalbjahr den Versuch unternommen, ein solches Filmprogramm zu realisieren. Im folgenden sollen einige Punkte stichwortartig aufgelistet werden, die bei einem derartigen Versuch von Bedeutung sind. Sie sind Bestandteile der oben skizzierten Konzeption, aber auch Resultat der Erfahrungen, die im vergangenen Halbjahr gesammelt worden sind und in denen sich die anfänglichen konzeptionellen Überlegungen präzisiert, korrigiert und konkretisiert haben.

1. *Auswahl der Filme*:
- Wer sind (vermutlich) die Adressaten des Filmangebotes?
- Auswahlkriterium: der inhaltliche Bezug des Films zum Bewußtsein, den Erfahrungen und Interessen der Adressaten (Familie, Ausbildung, Betrieb, Stadtteil, Freizeit etc.).
- Was können die Jugendlichen an einem solchen Film lernen? (Was sollen sie lernen? Lernziele)

2. *Vermeidung von Kino*:
- Vermittlung von Lernen und Entspannung.
  Einbettung des Films in «flankierende Maßnahmen» (Plakate, Bilder, Wandzeitung, Informationen, Handzettel, Parolen, Musik, Gespräche etc.).
- Verhältnis von Film und Diskussion (Diskussion unbedingt notwendig? Probleme des Übergangs; Diskussion mit allen oder in Kleingruppen? Atmosphäre; Diskussionshilfen für die Jugendlichen etc.).
- Funktion der Mitarbeiter (nicht Filmvorführer; nicht Schulmeister; Anregung; Beratung; Beobachtungsaufgaben der Mitarbeiter; Unsicherheit etc. der Mitarbeiter).
- Problem des Eintrittsgeldes.

3. *Beteiligung der Jugendlichen*:
- Entscheidend: Einbeziehung von Jugendlichen in die Planung, Durchführung und Auswertung des Filmprogramms; das Programm ist ein Lernprozeß keineswegs nur für die Jugendlichen, sondern ebenso für die Mitarbeiter: sie lernen, zunehmend die Lebensbedingungen, Interessen und Bedürfnisse der Jugendlichen zu verstehen und ihre Arbeit zunehmend konkreter darauf abzustellen (vgl. Thesen zur polit. Bildungsarbeit).
- Einbeziehung der Jugendlichen in die Filmauswahl (Voransicht), Werbung, Vorbereitung der Veranstaltung (Wandzeitung etc.); Versuch, gemeinsam den Ablauf der Veranstaltung einzuschätzen und Folge-

rungen zu ziehen.
- Beteiligung der Jugendlichen als Aktivierungsprozeß; Sicherstellung der Möglichkeit von Kritik am Charakter oder Ablauf der Veranstaltung (Gespräche, «Wandzeitung des Unmuts» etc.).

4. *Kooperation der Jugendfreizeitheime*:
- Unbedingt erforderlich: Kontinuierliche Reflexion des Programms; Zusammenfassung der (möglichst präzisen) Beobachtungen; Austausch der Erfahrungen, Gemeinsamkeiten und Unterschiede; Erörterung didaktisch-methodischer Probleme; ständiger Vergleich zwischen Konzeption und Erfahrung; Weiterentwicklung bzw. Konkretisierung der Konzeption; Folgerungen für die weitere Arbeit.
- Koordination des Ablaufs; Arbeitsteilung in der Vorbereitung der anstehenden Veranstaltungen (Arbeitsteilung als Entlastung).
- Kooperation mit anderen Institutionen (Schule, Berufsschule, Lehrgänge etc.).

5. *Technisch-administrative Probleme*:
- Finanzierungsfrage.
- Beschaffung der Filme (Kontakte zum Filmverleih).
- Terminliche Abstimmung mit dem Verleih und zwischen den Heimen.
- Verschiedenes.

Lehrgangsmaterial III: Kindertheater

Der im Lehrgang verwendete Text ist ein Aufsatz, der hier aus Platzmangel nicht insgesamt abgedruckt werden kann, auch nicht in den Teilen, die im Lehrgang bearbeitet wurden. Es handelt sich um einen Bericht über proletarisches Kindertheater (Arbeitskollektiv: ‹*Bericht über das proletarische Kindertheater X*›. In: *betrifft: erziehung* 2, 1972, S. 19–31) in dem Ansatz und praktische Erfahrungen einer Theater- und Rollenspielgruppe dargestellt werden. Die nachfolgenden Auszüge sollen über die für den Fortbildungslehrgang wichtigsten Aspekte des Textes informieren.*

Kann das Rollenspiel das Verhalten der Kinder im realen Alltag verändern?

Als Hauptproblem unserer Arbeit im Kindertheater erweist sich immer wieder das des Transfers, d. h. die Übertragung der Spielsituation auf die gesellschaftliche Realität. Für die meisten Kinder ist das Kindertheater noch und nur eine «Insel», wohin sie gern und regelmäßig kommen, die auch einen bestimmten Stellenwert in ihrem Alltag

* Der folgende Text wurde 1971 verfaßt, stellt also einen frühen Versuch dar, erste politisch bewußte Erfahrungen aus der pädagogischen Arbeit mit Arbeiterkindern wiederzugeben. Die Autoren haben seitdem weitere Erfahrungen auf diesem Gebiet gesammelt und sind zu präziseren theoretischen Überlegungen gelangt, die demnächst veröffentlicht werden sollen. Die Anmerkungen a) bis f) stellen kritische Kommentare der Autoren aus ihrer heutigen Sicht zur historischen Bedingtheit des Textes dar.

einnimmt, die aber andererseits noch wenig mit ihrem Alltag in der Familie und in der Schule zu tun hat. Dort findet eine Aktivität statt, die *wir* für sie veranstalten, die sie aber noch nicht als *ihre* Sache betrachten können. Entsprechend fühlen sie sich auch noch nicht für das Kindertheater verantwortlich.

Um den Transfer zu ihrer Alltagssituation leichter als bisher herstellen zu können, suchen wir nach Möglichkeiten, die im Kindertheater erworbenen Fähigkeiten und Kenntnisse in der Realität anzuwenden. Das Rollenspiel darf nicht Selbstzweck bleiben, sondern es muß Anleitung zu konkreten Aktionen geben. Ansätze sehen wir darin, daß die Kinder zunehmend das Bedürfnis verspüren, ihre erarbeiteten Inhalte anderen Kindern und auch Erwachsenen zu vermitteln. Das soll einerseits durch Aufführungen, andererseits durch eine Zeitung geschehen, die die Kinder gestalten wollen. Wir planen weiterhin stärkeren Kontakt zu der Bevölkerung im Neubauviertel, insbesondere zu schon bestehenden Bürgerinitiativgruppen, um die Kinder mehr als bisher an den Problemen der Erwachsenen, und damit auch ihrer Eltern teilnehmen zu lassen.[a])

Wir werden oft gefragt, ob denn das, was die Kinder bei uns lernen, nicht zu noch größeren Konflikten mit ihrer Umwelt führen muß.

Die Kinder leben in einer größtenteils kinderfeindlichen Umwelt, die täglich Auseinandersetzung bringt. Eine Auseinandersetzung, die niemals ohne Konflikte abläuft und für die die Kinder schlecht ausgerüstet sind, so schlecht, daß sie sich entweder an die widrigen Umstände anpaßten, oder resignierten, oder die Konflikte verdrängten, oder einfach stumm protestierten. Hier sehen wir unseren Ansatzpunkt und unsere primäre Aufgabe. Wir wollen die Kinder für ihre Auseinandersetzungen mit der Umwelt mit besseren Fähigkeiten ausrüsten, die es ihnen ermöglichen, widrige Zustände zu hinterfragen, ihre Ursache zu erkennen und mit anderen, ebenso Betroffenen, gemeinsam nach Möglichkeiten zu suchen und anzuwenden, diese Zustände aktiv zu verändern. Diese Fähigkeiten werden von den Kindern, aufgrund ihres Alters und ihrer Abhängigkeit in Familie und Schule, noch nicht richtig angewendet werden können. Vollen Gebrauch davon werden sie erst in der Auseinandersetzung in der Lehre und am Arbeitsplatz machen können. Hierfür gilt es schon jetzt die Voraussetzungen zu schaffen.

Einige Eltern zeigten Verständnis, wenn die Kinder es mal wagten, neu Erlerntes auszuprobieren, d. h. vor allem, mit größerem Selbstbewußtsein aufzutreten. Einige Eltern mißverstanden dieses Verhalten als Aufsässigkeit und reagierten mit schärferen Repressalien.[b]) Aber die meisten Kinder haben aufgrund des autoritären Erziehungsstils ihrer Eltern von selbst taktieren gelernt. Sie wissen sehr gut, wo sich Auseinandersetzungen lohnen und wo nicht, was sie ihren Eltern vom Kindertheater erzählen können und was nicht. Es soll hier nicht der Eindruck entstehen, als versuchten wir, die Kinder gegen ihre Eltern zu erziehen. Ganz im Gegenteil. Wir versuchen vielmehr, die Kinder zur Solidarität mit ihren Eltern zu bringen. Das ist den Kindern oft schwer einsichtig zu machen, da die Eltern immer wieder Verhaltensweisen zeigen, die den

a) Das war ein Fehler, der zum Glück nur in der Planung bestand. Viel wichtiger war der Kontakt zu befreundeten Kinder- und Jugendgruppen anderer Freizeitheime, der auch z. B. bei Aufführungen zustandekam.

b) Hier hatten wir noch wenig Verständnis für die aus ihrer materiellen Notlage herrührenden Verhaltensweisen der Eltern. Angesichts der realen Zwänge kommen die Aufforderungen zu «mehr Verständnis» und «gutem Willen» den Kindern gegenüber einer Mißachtung der konkreten Schwierigkeiten gleich.

Kindern schaden und die diese nicht verstehen. Hier gilt es nicht die Eltern zu verurteilen, sondern die Ursachen aufzudecken und zu verurteilen, die die Eltern zu diesen Verhaltensweisen zwangsweise brachten.

Wo es möglich ist, versuchen wir mit den Eltern zusammenzuarbeiten. Dem sind aber Grenzen gesetzt. Die Erfahrungen der Stadtteilarbeit haben gezeigt, daß die Eltern nicht über die Kinder zu politisieren sind.[c]) So kamen dann auch zu unseren Elternabenden nur wenige, teils aus Übermüdung nach einem harten Arbeitstag, teils auch aus Desinteresse, zum Teil aus Angst, sie könnten sich blamieren. Wir unternahmen daraufhin mehr Hausbesuche. Hierdurch bekamen wir zu den meisten Eltern ein besseres, oft sogar freundschaftliches Verhältnis. Wir bekamen so Einblicke in die Sozialisationsbedingungen der Kinder, die Familien-Atmosphäre und den Erziehungsstil.

Aufgrund dieser Eindrücke konzipierten wir einige unserer Stücke. Man kann sogar sagen, daß hier die Arbeit im Kindertheater die entscheidenden Impulse erfuhr. Unsere «Familie Gelbke-Stücke» waren durchaus nicht frei erfunden. Als Beispiel seien die Mietschwierigkeiten einer Familie erwähnt, die zu einer Exmittierung führen sollten. Wir arbeiteten die Problematik mit den Kindern auf, mit dem Ziel, sie zur Solidarität mit ihren Eltern zu bringen. (A. a. O., S. 30f.)

Die Kinder bei Beginn . . .

Unser Kindertheater eröffneten wir im Oktober 1969 im Neubauviertel einer Großstadt, das zu 48 % von Arbeitern bewohnt wird. Wir spielen dort in einer ca. 100 qm großen Etage.

Zur Eröffnung kamen ungefähr 50 Kinder, vorwiegend Mädchen, auf unseren Anschlag in einer Schule hin. Von den 50 kamen nach einer Woche nur noch 30 Kinder, die wir in drei Gruppen einteilten, in eine mit 7- bis 9jährigen und zwei mit 9- und 10jährigen. Die Zusammensetzung sah in allen Gruppen nahezu gleich aus: 80 % Mädchen, 20 % Jungen, 60 % entstammten der Arbeiterschicht, 40 % der Mittelschicht.

Heute gehen wir bei der Rekrutierung neuer Kinder von bestimmten Kriterien aus. Entscheidend sind Klassenzugehörigkeit und wohlwollendes Verhalten der Eltern unserer Arbeit gegenüber.

Auch soll das Verhältnis zwischen Jungen und Mädchen möglichst ausgeglichen sein. Dadurch haben sich die Verhältnisse in den Gruppen, die wir im Augenblick haben, verändert. Zu jeder Gruppe gehören 7–8 Kinder, alle zwischen 8 und 14 Jahren alt. Wir haben 12 Mädchen und 10 Jungen, davon sind 21 Arbeiterkinder, und ein Kind hat Akademiker als Eltern.

Um den Kindern die Scheu vor dem Rollenspiel zu nehmen, begannen wir unsere Arbeit mit der Reproduktion von «typischen» Alltagsszenen, die sie alle schon einmal erlebt hatten: Szenen aus der Familie, mit den Nachbarn, in der Schule.[d]) Dabei gingen

c) Dem Anspruch mancher Erzieher, Arbeitereltern «politisieren» zu wollen, liegt oft eine kleinbürgerlich-bornierte Haltung zugrunde, die vorgibt, so viel politischen Durchblick zu haben, daß sie Arbeitereltern zum Bewußtsein über ihre Klassenlage verhelfen kann.

d) Hier haben wir, voreingenommen von herkömmlichen Theatervorstellungen, nicht die spezifischen Fähigkeiten von Arbeiterkindern gesehen, die gerade darin liegen, Erfahrungen ihres sozialen Umfeldes situationsgerecht darstellen zu können, ohne schauspielerische Vorübungen in Sprache, Mimik und Gestik.

wir etwa so vor: Kinder und Erwachsene tragen gemeinsam Informationen und Erlebnisse zusammen. Dann einigen wir uns auf Spielort und Szenenablauf. Mit dem Spiel begannen zu Anfang der Arbeit noch wir, indem wir sehr «plastisch» zu erzählen begannen oder die Kinder einfach «anspielten». Das genügte meistens, um die Kinder zu animieren, selbständig weiter zu improvisieren. Wir zogen uns aus dem Spiel zurück und nahmen als Zuschauer lebhaften Anteil.

Deutlich wurde bei diesen Szenen, daß die Kinder auftretende Konflikte entweder umgingen, oder überspielten, oder aber harmonistisch unrealistisch lösten. Durch Fragen und Hinweise auf die tatsächlichen Verhältnisse versuchten wir die Kinder während des Spiels immer wieder mit ihrer Realität zu konfrontieren. Ihre Phantasie bewegte sich meist im Irrealen, nahm Zuflucht zu Utopien und mußte von uns auf ihre Umwelt, auf das konkret zu überwindende Ziel gerichtet werden.[e])

Wir einigten uns bald mit den Kindern auf bestimmte Spielregeln:

- Auftretende Konflikte müssen die Kinder allein lösen.
- Eine Lösungsmöglichkeit darf nicht zum zweitenmal in derselben Geschichte gewählt werden.
- Nach jedem Mal muß ein Rollenwechsel stattfinden, damit jeder mit jeder Rolle einmal drankommt.

So kamen wir zu immer neuen, meist immer «besseren» d. h. realistischeren Lösungen von Konflikten. Durch den Rollenwechsel wurde jede Rolle von Mal zu Mal komplexer, es tauchten immer mehr Chraktereigenschaften von bestimmten Personen aus der Umwelt der Kinder auf. Wir kamen so allmählich von den typischen Klischees, die das einzelne Kind von bestimmten Personen aus seiner Umgebung in sich trägt, weg.

. . . und nach zwei Jahren

Je mehr wir uns in späteren Stücken von der unmittelbar erfahrbaren Umwelt der Kinder entfernten (z. B. Arbeitsplatzsituationen), desto mehr Informationen mußten wir Erwachsene einbringen. Die Stücke entstanden in der zweiten Phase unserer Arbeit meist so, daß wir den Kindern eine Rahmenhandlung mit den Hauptkonflikten in Form einer erzählten Geschichte anboten.

Die Rollenverteilung für das erste Mal nahmen die Kinder bald selbständig vor. Während des Spiels wurde die Geschichte dann meistens mit Details angereichert oder auch verändert, wenn wir zum Beispiel bei der Planung nicht genügend den Spaß, die Spannung und die Aktionen berücksichtigt hatten.

Von Stück zu Stück ließen sich die Kinder mehr Zeit bei der Vorbereitung. Kostümierungen wurden ausprobiert, Requisiten gesucht, ein Bühnenbild aus Pappkartons aufgebaut und Einzelheiten untereinander besprochen. Der Text wurde immer frei improvisiert. Anschließend versuchten wir mit den Kindern über die Stückinhalte und ihre Interpretationen zu sprechen. Das gelang fast nie, die Kinder wollten lieber mit uns toben. Das Spiel und besonders die Anforderung, in bestimmten Situationen Argumente parat haben zu müssen, strengte sie sehr an. Wir gingen darum dazu über, die Besprechungen vor das Spiel zu legen. Auch hieran gewöhnten sie sich nur schwer und widerwillig. Kommentar eines Mädchens: «Bei uns wird zuviel gequatscht!»

e) Grundsätzlich greift die Phantasie von Arbeiterkindern keineswegs zum Irrealen. Daß sie bei uns dazu hin und wieder neigten, lag an unserem Fehler, sie mit Konfliktsituationen zu konfrontieren, deren Lösung völlig außerhalb ihrer Möglichkeiten liegt. Wir erlagen damals anti-autoritären Fehlern in der Erziehung, die den Kindern die Schwierigkeiten der Umwelt «kindgerecht» und leicht zu lösen servierten.

Trotzdem «bedienten» sie sich immer häufiger und vor allem selbständig der Diskussion zur Abklärung von bestimmten Problemen, auch wenn sie heute noch gern uns gegenüber darüber schimpfen.[f])

Heute, nach zwei Jahren Entwicklung im Kindertheater, spielen wir nicht mehr bestimmte Geschichten, sondern haben ein bestimmtes Thema, das wir mit mehreren kurzen Spielszenen, oft mit unserer Teilnahme, uns gemeinsam «erarbeiteten». Nehmen wir als Beispiel unser letztes Thema, die «Emanzipation von Mann und Frau». Drei Gründe führten zu der Beschäftigung mit diesem Problem. Einmal haben die Mädchen in dieser Gruppe ein starkes Übergewicht, zum anderen setzte ein Stück über die Emanzipation die Entwicklung der Stücke im Kindertheater kontinuierlich fort, und drittens war es dringend an der Zeit, auf das rigide Rollenverhalten von Jungen und Mädchen, das besonders im gemeinsamen Sommerlager hervorgetreten war, einzugehen. Neu an diesem Stück war die Methode, wie es zustande kam. Während wir die Kinder früher mit einer sie betreffenden Problematik in einem Stückkonzept konfrontierten, beteiligten wir sie hier stärker an der Vorbereitung dieses Konzeptes.

Wir gaben ihnen Fotoapparate, mit denen sie in ihrer Familie und auf der Straße Szenen festhalten sollten, die «die Frau» in verschiedenen «typischen» Situationen zeigt. Danach sollten die Kinder Bilder aus Zeitschriften und Illustrierten ausschneiden, etwa nach dem Motto: «Wie muß eine Frau sein?» Wir wollten hiermit Aufschluß über ihr Bild von Frauen bekommen. Das Material, das zustande kam, wurde geordnet, zu Mappen und mit Text versehenen Bilderserien zusammengestellt, auf Wandtafeln montiert und anschließend besprochen.

Das war der Einstieg, die Kinder auf die doppelte Ausbeutung und Unterdrückung der Frau in dieser Gesellschaft hinzuweisen, Zusammenhänge und Hintergründe aufzuzeigen und Vorurteile und Klischees herauszustellen. Von uns Erwachsenen wurde zudem ein Lied eingebracht, das die wesentlichsten Merkmale der Unterdrükkung der Frau ansprach.

Im Anschluß daran wurden kleine Zweier- oder Dreier-Gruppen gebildet. Jeder wählte sich einen Aspekt des Themas, um ihn, zunächst noch pantomimisch, darzustellen. Die zuschauenden Kinder mußten die Situation «raten» und dazu Stellung beziehen. Acht solcher Pantomimenszenen kamen zustande. Die eindrücklichsten, treffendsten Situationen aus ihnen stellten wir zu einem Stück zusammen. Es zeigte sich, daß das «Pantomimenraten» mehrere Vorzüge hatte. Erstens erwies es sich als sehr geeignet, Arbeiterkindern als Ausdrucksmittel zu dienen. Hier brauchten sie nicht so viel zu reden, konnten auf ihre (sehr entwickelten!) Fähigkeiten des körperlichen, «sinnlichen» Ausdrucks zurückgreifen. Zum Zweiten gab die Auswahl, die die Kinder bei dem Thema treffen, Aufschluß über ihren Bewußtseinsstand. Und drittens schließlich waren sie gezwungen, Situationen sehr deutlich und präzise aufzuzeigen.

Als dann der Text dazukam, veränderte sich noch manches am Konzept. Aber alles, was zustande kam, wurde bereits als Vorbereitung für eine Aufführung begriffen und entsprechend ernsthaft probiert. Die Aufführung vor anderen Kindern (die bei Abfassung dieses Berichts unmittelbar bevorsteht) war ihnen notwendig erschienen, weil sie

f) Wir saßen damals einigen Anhängern der «schichtspezifischen Sozialisationstheorie» auf, indem wir davon ausgingen, daß die Arbeiterkinder Erkenntnisse über ihre Klassenlage und gesellschaftliche Zusammenhänge *ausschließlich* über bestimmte «Denkleistungen» gewinnen können. Es ist falsch anzunehmen, daß Arbeiterkinder nur das kapiert haben, was sie auch sprachlich ausdrücken können, wie sich später am Verhalten einiger Kinder unserer Gruppe zeigen sollte.

meinten, «daß sie zwar begriffen hätten, aber daß noch viel mehr Kinder von diesem Thema erfahren müßten». Dieses Stück behandelt «nur» die Frau als Hausfrau, Mutter und Ehefrau, wobei schon jetzt deutlich wird, daß wir uns anschließend der Frau am Arbeitsplatz zuwenden müssen.

Die Methode, nach der wir uns ein Thema erarbeiten, hat sich in den zurückliegenden zwei Jahren verändert. Am Anfang unserer Arbeit legten wir den Kindern ein fertiges Stück mit festen Rollen vor, das während des Spiels durch unsere Fragen und Interventionen verändert wurde. Der damalige Entwicklungsstand der Kinder ließ keine andere Methode zu. Nach einem halben Jahr kamen wir mehr dahin, bestimmte Begebenheiten und Situationen aus dem Alltag der Kinder plastisch zu erzählen, bis zu einem Konflikt, den die Kinder dann selber im Spiel lösen sollten. Die «beste» Lösung, d. h. die realistischste wurde dann beibehalten. Seit zwei Monaten sind wir so weit, daß zwar immer noch das Problem von uns eingebracht wird, die Ausarbeitung und die Stückvorbereitung aber schon mit den Kindern gemeinsam geschieht. (A. a. O., S. 19ff.)

Die hier nicht wiedergegebenen Teile des Aufsatzes sind insofern sehr lesenswert, als sie die Detailprobleme der Erarbeitung und Veränderung der Stücke und ihrer inhaltlichen sozialen Probleme äußerst anschaulich schildern. Sie haben auch innerhalb des Lehrgangs einiges zur Entwicklung praktischer Schritte für die Arbeit im Jugendfreizeitheim, speziell die Kinderarbeit, beigetragen.

Lehrgangsmaterial IV: Kampagnen im Wohnbezirk

1. *Vorbemerkung*

Das Thema «Kampagnen im Wohnbezirk» ist keine Alternative zu den bisher diskutierten Möglichkeiten politischer Bildungsarbeit in JFH, sondern eine Ergänzung. Es soll verdeutlichen, daß eine politisch verstandene Jugend- und Kinderarbeit, die die Isolation reiner Freizeitveranstaltungen zu überwinden versucht, ihr Programm nicht nur inhaltlich entsprechend gestalten muß, sondern auch neue Formen finden muß, die diesem Anspruch gerecht werden.

Eine solche Form politischer Jugendbildungsarbeit ist der Versuch, die Aktivitäten des JFH zu verflechten mit dem gesellschaftlichen Leben des umliegenden Stadtteils. Die Darstellung eines solchen Versuchs kann immer nur exemplarischen Charakter haben, da ja gerade nicht von allgemeinen Prinzipien der Jugendfreizeitarbeit ausgegangen werden kann, sondern die konkreten Probleme und Konflikte, zu denen sich das JFH verhalten soll, in der jeweiligen Situation untersucht und angegangen werden müssen. Übertragbarkeit des Beispiels bedeutet also für unsere Arbeit nicht den Versuch, ein allgemeingültiges Schema für Kampagnen im Wohnbezirk zu erstellen, sondern nur, daß aus der Schilderung eines Einzelfalles einige wesentliche Kriterien für das Verhältnis von JFH und Stadtteil gewonnen werden können, die für die eigene Arbeit Anregungen zu bieten und eine Richtung zu weisen vermögen.

2. *Konzeptionelle Überlegungen*

Probleme im Wohnbezirk zum Gegenstand der Sozialarbeit/Sozialpädagogik zu machen ist natürlich durchaus keine Neuigkeit; es gibt dafür sogar eine Methode: die Gemeinwesenarbeit. Wenn auch die Mitarbeiter im JFH beileibe keine Gemeinwesenarbeiter werden sollen, so kann diese Methode – über alle Ressortgrenzen hinweg – doch Anregungen vermitteln für eine Verflechtungskonzeption zwischen JFH und Stadtteil, wie sie oben angesprochen wurde.

Dabei ist jedoch zu berücksichtigen, daß es eine einheitliche, unbestrittene Konzeption von Gemeinwesenarbeit nicht gibt – weder in der Praxis noch in der Literatur.

Mit C. W. Müller (‹*Die Rezeption der Gemeinwesenarbeit in der BRD*›. In: Müller/Nimmermann: ‹*Stadtplanung und Gemeinwesenarbeit*›. München 1971, S. 228ff.) lassen sich modellhaft drei Konzeptionen der GWA unterscheiden:

a) Das «*konservative Konzept*» mit der «Aufgabe, die sozialen Dienstleistungen der kommunalen Behörden und privaten Wohlfahrtsverbände zu koordinieren und bei auf ein Minimum von Kooperation zu achten. (...) Es ist in aller Regel auf die Optimierung der Wohlfahrtsbürokratie gerichtet, ohne daß die betroffenen Klientengruppen an dieser beabsichtigten Optimierung partizipieren – und ob sie von ihr profitieren, ist ebenfalls eine offene Frage.»

b) Das «*reformpädagogische Konzept*»; es hat «in aller Regel die Aufgabe, bestimmte Zielgruppen innerhalb von Neubausiedlungen oder Sanierungsgebieten um die Beseitigung kommunaler Mißstände zu organisieren». Es ist ein reformpädagogisches Konzept, «weil es den Hauptakzent auf interpersonale Beziehungen und staatsbürgerliche Beteiligung legt, in der Hoffnung, daß die Verantwortung von unterprivilegierten Bürgern für das Gemeinwohl ihrer Kommune eine als ursprünglich angenommene und prinzipiell wiederherstellbare Harmonie rekonstruieren könne».

c) Das «*aggressive Konzept*»: «Ein aggressives Konzept von Gemeinwesenarbeit, das sich von den konservativen und reformpädagogischen Konzepten dadurch unterscheiden könnte, daß es mit sozialen und politischen Aktionen nicht wartet, bis die Mehrheit der Bewohner im Einzugsgebiet diese Aktionen als Notwendigkeit im Rahmen ihrer Interessenvertretung selbständig anerkannt hat, so daß seine Aktionen nicht beim Status quo der vorhandenen Kräfte-Verhältnisse und Macht-Strukturen stehenbleiben.» Es ist ein Konzept, «das auf die Veränderung von Kräfte-Verhältnissen und Macht-Strukturen innerhalb eines Wohnquartiers durch solidarischen Zusammenschluß von

Minderheiten abzielt, die unter bestimmten sozialen Bedingungen am fühlbarsten leiden und die deshalb am ehesten für deren Veränderung zu mobilisieren sind».

3. *Beispiel für die Einbeziehung der Probleme der Bewohner des Einzugsgebietes in die Arbeit des JFH*

Erfahrungsbericht einer wohnproblemorientierten, sich noch nicht bewußt als politisch verstehenden Arbeit in einem Heim der «Offenen Tür» in Köln (1964–67).

A. Allgemeine Lage und Bedingungen:

Träger: Eine katholische Kirchengemeinde.

Geographische Lage: Altstadtviertel, südliche Innenstadt, Gebäude aus dem vorigen Jahrhundert, im Krieg teilweise zerstört, notdürftig wieder aufgebaut bzw. repariert.

Soziale Lage der Bewohner: Vorwiegend Arbeiter, Hilfsarbeiter und Gastarbeiter.

Räumlichkeiten des Heims: Keller (ein Tanz- und ein Werkraum), Parterre (Kinderspielstube, 30 Kinder in 2 Gruppen und Räumen, 1 kl. Saal), 1. Etage (5 Gruppenräume, 1 Spielraum, Büro).

Besucher: Nachmittags vorwiegend Kinder, 6–14 Jahre (durchschnittlich 30–50), abends (bis 22 Uhr) Jugendliche und Erwachsene (durchschnittlich 60–80, Freitag und Sonnabend 80–120).

Die Kinder besuchen Grund-, Haupt- und Sonderschulen der näheren Umgebung (bis 10 % Analphabeten unter den Kindern und Jugendlichen); die Jugendlichen (davon ca. 10 % Lehrlinge, die meist keinen Lehrabschluß machen) gehen als Jungarbeiter häufig fluktuierenden Beschäftigungen nach, vorwiegend als Lagerarbeiter oder Beifahrer. Die Erwachsenen sind mit wenigen Ausnahmen Hilfsarbeiter oder Klein-Gewerbetreibende (Gemüsestand, Blumenverkauf); die Frauen arbeiten häufig in der Fabrik oder als Putzfrau.

Mitarbeiter: 5 hauptamtliche (d. h. 2 Sozialarbeiter, 2 Kindergärtnerinnen, 1 Erziehungshelferin); ca. 15 Praktikanten (Sozialarbeiter, Kindergärtnerinnen, Jugendleiterinnen, Sportstudenten) als Jahrespraktikanten und im Rahmen von Kurzzeit und unterrichtsbegleitenden Praktika; bis zu 20 Eltern und Jugendliche.

Probleme: Bestimmt durch die klassen- und schichtspezifische Situation und Lage der Bewohner des Einzugsgebietes (niedriges Schulniveau, Frühehen, Matriarchat, Großfamilien, mindestens Großmutter mit in der Wohngemeinschaft, 3–4 Kinder, Mutter arbeitet, niedriges Einkommen der Verdiener bei vielen zu versorgenden Personen, beengte Altbauwohnung mit unzureichender Ausstattung, Familienleben teilweise seit vier und mehr Generationen in den gleichen Wohnungen oder in der gleichen Straße mit entsprechender Verschwägerung untereinander, Quartier mit der höchsten Jugendkriminalität in Köln) haben u. a. in der Freizeit ausgetragene Konflikte und Probleme zur Folge: Fast tägliche «Besäufnisse» in den zahlreichen Kneipen des Viertels; Schlägereien als Folge von Geldspielen (zocken) oder bei «Annäherung» an die Frau oder Freundin des Nachbarn; Verschuldung beim Wirt; Knappheit des ohnehin schon zu niedrigen Haushaltsgeldes; Familienauseinandersetzungen bis zum Mord. Für die Kinder bedeuten die Probleme der Eltern und der Familie: fast ausschließliche Betreuung durch die Großmutter; Beaufsichtigung der Kleinsten durch die älteren Geschwister; unreflektiertes und unerklärtes Verhalten der Eltern bleibt den Kindern unverständlich und wirkt häufig abstoßend (z. B. miterlebtes Geschlechtsleben der Eltern wird, weil negativ erlebt und interpretiert, zu neurotischen Symptomen und Verhaltensweisen bei den Kindern ausgebildet); Lösung von Schwierigkeiten durch repressive Mittel; eingeschränkte Sozialisation, da weitgehende Unkenntnis und Unerfahrenheit nichtquartierbezogener Lebensweisen und Normen.

Dieser «Erziehungsstil» hat wiederum zur Folge: Frühkindliche physische und psychische Störungen; einseitig entwickelte manuelle Fähigkeiten und soziale Fertigkeiten; unterentwickelte, z. B. von der Schule oder dem Arbeitsplatz geforderte intellektuelle Bildung. Für die Kinder und Jugendlichen bedeutet dies frühe Auffälligkeit bei den Institutionen sozialer Kontrolle (Polizei, Justiz, Sozialadministration, Schule und Betrieb).

B. Die Kampagnen:
Der Bericht beschränkt sich auf die Darstellung einiger Probleme, Interessen und Bedürfnisse der Besucher und Bewohner des Einzugsgebietes. Der im folgenden dargestellte etwa dreijährige Aktivierungs- und Hilfeprozeß vermochte annähernd dreierlei zu leisten:
- Probleme der Besucher und Bewohner des Wohnquartiers aufzugreifen und aktiv anzugehen,
- die Betroffenen zu befähigen, weitgehend eigenständig ihre Probleme und Interessen zu artikulieren und neu zu organisieren,
- eine relativ gleichgewichtige Zusammenarbeit zwischen Mitarbeitern und Teilen der Jugendlichen und Erwachsenen in Gang zu setzen.

Der Prozeß erfolgte nicht auf Grund eines vorher ausgearbeiteten Konzepts, sondern stützte sich auf die Kenntnisse der traditionellen Methoden der Sozialarbeit, auf die Kenntnis der wichtigsten Probleme der Bewohner des Einzugsbereichs und auf die von den Besuchern und Mitarbeitern gemeinsam erarbeiteten Vorstellungen, die bestehenden Probleme und Konflikte anzugehen. Dieser Prozeß verlief auf mehreren Ebenen, die hier als Arbeit mit Eltern und Arbeit mit Jugendlichen dargestellt werden sollen.

Elternarbeit
Erste Phase: Einladung zu gemütlichen Elternabenden. Einladung zu einem gemütlichen Elternabend, nachdem mit den Eltern einzeln vorher gesprochen wurde und ihr Interesse geweckt worden war, miteinander zu feiern und mit anderen Eltern über Fragen der Kindererziehung zu sprechen. Da Erfolg, Wunsch nach baldiger Wiederholung. In der Folge monatliche gemütliche Elternabende.

Zweite Phase: Elternbeirat mit Eltern von Kindern aus der Spielstube und der «Offenen Tür». Eltern wählen Vertreter, die Veranstaltungen selbst planen und durchführen. Nun wöchentliches Treffen von vier gewählten Elternteilen und einem Praktikanten, der organisatorische Hilfen gibt. Vorbereitung nicht nur von Veranstaltungen und Feiern (Karneval, Sommerfest), sondern auch von Ausflügen in die Stadt und in die nähere Umgebung.

Dritte Phase: Elternvertreter erkennen, daß es auch andere Probleme miteinander anzugehen gilt. Die wichtigsten: Einschulungsschwierigkeiten, Schularbeitszirkel, Ferienmaßnahmen für Kinder, Miet- und Wohnprobleme, Spielplatz, Beratung und Mitarbeit im Freizeitheim.

Vierte Phase: Auf größeren Veranstaltungen werden diese Probleme von den Eltern zur Diskussion gestellt. Folge: Übereinstimmung, diese Probleme anzugehen; Wahl eines Elternrates: vier zusätzliche Eltern bzw. Bewohner des Quartiers werden gewählt sowie ein Mitarbeiter mit beratender Stimme; wöchentliche Sitzungen des Elternrates; Hauptaufgabe: Beschaffung von Mitteln und Finanzen zur Planung und Durchführung der obengenannten Aufgaben.

Ergebnis der Aktionen: spezielle Vorbereitung der Kinder auf Schule und Schulreife; Durchführung von Tests zusammen mit Eltern und Lehrern. Einrichtung eines Schularbeitszirkels mit Eltern und Praktikanten; Sammlung von Geldern für Kinderferienmaßnahmen, da Geld gekürzt. Durchführung von Bewohnerversammlungen, zu denen die Presse und zuständige Stadträte geladen werden; ihnen gegenüber werden die Probleme des Wohnbereichs dargestellt und Forderungen zu deren Behebung aufgestellt. Notwendigkeit der Durchführung der Ferienmaßnahmen zur physischen und psychischen Entlastung der Eltern wurde hervorgehoben.

Abwehr gegen Mieterhöhung von 15 % durch Briefe an Vermieter mit Unterschriftenlisten, in denen eine Mietverweigerung bei Nichtzurücknahme der Erhöhung und Nichtabschaffung der schlimmsten Übelstände (Treppenflure ohne Licht, kein Wasser in den Wohnungen usw.) angedroht wird. Die Aktion führte zum Erfolg.

Mitarbeit bei der Einrichtung eines Kinderspielplatzes und dessen Umfriedung (um diesen vor Verschmutzungen sauberzuhalten). Mitarbeit bei Angeboten im Freizeitheim (Werken, Spiele, Sport, bauliche Veränderungen usw.).

Die Ergebnisse der Elternratssitzungen und der Versammlungen waren insgesamt so, daß sie von den Mitarbeitern weitgehend akzeptiert und praktisch unterstützt werden konnten (z. B. Mitplanung und Durchführung der Ferienmaßnahmen für Kinder).

Arbeit mit Jugendlichen – Jugendrat

Erste Phase: Verschiedene Gruppen wählen je einen Vertreter in einen Gruppenrat: Divergenzen werden ausgetragen und gemeinsame Forderungen an die Mitarbeiter herangetragen (Finanzen, Räume, Veranstaltungen).

Zweite Phase: Da der Tanzkeller von den Jugendlichen und Mitarbeitern schon längere Zeit als langweilig beurteilt wird, beraten die Gruppen, wie dieser Zustand zu verändern sei. Zwanzig Jugendliche, zwei Eltern und zwei Praktikanten erklären sich bereit, den Keller umzugestalten:

- Es arbeiten regelmäßig zehn Jugendliche und zwei Erwachsene während acht Wochen jeden Abend (ca. 50 Jugendliche) und richten den Tanzkeller neu ein (eingebaute Tische und Bänke, Musik, Licht usw.)
- Mädchen nähen (vorher nie dazu zu bewegen) Tischdecken und Vorhänge, helfen mit sauberzumachen, kochen Essen für die «Arbeiter» usw. Die mitarbeitenden Jugendlichen wählen zusätzliche Mitglieder (= Jugendrat);
- der Jugendrat übernimmt unter Beratung eines Mitarbeiters volle Regie im Tanzkeller (Ein- und Verkauf, Programm usw.).

Dritte Phase: Zusammenarbeit zwischen Elternrat und Jugendrat. Die Jugendratvertreter nehmen am Elternrat teil und umgekehrt; gemeinsame Sitzungen zur Durchführung von Aktionen zur Finanzierung der Ferienmaßnahmen, des Spielplatzes und von größeren Festen (wann, welche Musik, Zeit, Raum, Getränke usw.).

Natürlich gab es auch Konflikte und Probleme (unter den Mitarbeitern, zwischen Mitarbeitern und Besuchern, Eltern und Jugendlichen), die nicht so leicht bewältigt werden konnten. Da hier der Schwerpunkt auf der Skizzierung des Aktivierungsprozesses lag, wird auf sie nicht weiter eingegangen.

Daß der dargestellte Prozeß noch keine unmittelbar politischen Konflikte enthält, liegt weniger an der Art der Probleme als vielmehr an der noch geringen Entfaltung eines politischen Bewußtseins der Bewohner und Mitarbeiter, das es ihnen erlaubt hätte, die konkreten Konflikte im Zusammenhang der objektiven gesellschaftlichen Verhältnisse zu sehen.

4. *Einige allgemeine Merkmale von ‹Kampagnen› im Wohnbereich*

4.1 Untersuchung der Lebenszusammenhänge und Wohnbedingungen der Bewohner:

a) Kontakte zu den Bewohnern herstellen;

b) Informationen über die Lebenszusammenhänge und konkreten Probleme sammeln, die für die subjektiven und objektiven Interessen der Bewohner selbst wichtig sind, die gleichzeitig Bewußtsein schaffen und aktivierend und organisierend wirken können (z. B. aktivierende Befragung):
   - Bewußtsein der persönlichen Betroffenheit?
   - Was sind die Folgen anstehender Probleme?
   - Wie wird die individuelle Betroffenheit verallgemeinert?
   - Wer wird dafür verantwortlich gemacht?
   - Wie wird der Verantwortliche eingeschätzt?

c) Subjektive Abwehrkraft der Bewohner herausfinden:
   - Werden Ausweichmöglichkeiten gesehen? Welche?
   - Wieweit und unter welchen Umständen sind die Bewohner bereit, sich für ihre Interessen aktiv einzusetzen?

d) Kenntnisse über Entwicklung im Wohnquartier zusammenstellen;

e) Kenntnisse über Institutionen zusammenstellen, deren «Angebote» den Bewohnern nützlich sein können.

4.2 Öffentlichkeit herstellen

a) Als allgemein erkannte Probleme veröffentlichen (aufklären);

b) Aktionen:

- kollektive und solidarisierende Aktionen durchführen, die individuelle Hilflosigkeit zu überwinden vermögen, auf die Ursachen der Probleme verweisen, nicht stehenbleiben bei der Durchsetzung von Tagesforderungen, weil darüber hinausweisende Zusammenhänge und Perspektiven eröffnet werden;
- Aktionen sollten von breiter Basis (Öffentlichkeit) getragen werden;
- Stellvertreterfunktionen vermeiden;
- emotionale Freizeitbeschäftigungen nicht unterschätzen.

4.3 Zusammenarbeit mit Organisationen herstellen:

Ein Freizeitheim ist kein Gemeinwesenarbeits-Team, und beide sind keine von der Basis gewählte Organisation; deshalb Zusammenarbeit mit Basisorganisationen herstellen (Gewerkschaftsgruppen, Jugendverbände, Stadtteilgruppen usw.).

4.4 Interessendurchsetzung:

Ein «aktives Mitwirken an der Veränderung des Gemeinwesens» bedeutet immer die Veränderung von bestehenden Kräften und Machtverhältnissen.

Ablauf und Einschätzung des Lehrgangs
Der Lehrgangsablauf läßt sich folgender Skizze entnehmen:

Montag	Dienstag	Mittwoch	Donnerstag
Vormittags 9–10.30 (Plenum)	9–11.00 (AG)	9–11.00 (AG)	9–12.00 (Plenum)
Programm des Lehrgangs Zusammenfassung der Lehrgänge im April u. Dez. 1973	Fortsetzung Thema II	Thema IV: Kampagnen im Wohnbezirk	Zusammenfassung der Ergebnisse; praktische Perspektiven
10.30–12.30 (Plenum)	11.00–12.30 (AG)	11.00–12.30 (AG)	
Thema I: Politische Bildung im JFH	Thema III: Kindertheater	Interessengruppen zu Thema I–IV	
Nachmittags 15.30–18.00 (AG)	15.30–17.00 (AG)	15.30–18.00 (AG)	14.00–ca. 15.00 Abschlußplenum
Thema II: Politisches Filmprogramm	17.00–18.30 Plenum	Fortsetzung der Interessengruppen I–IV	
Abend 19.30–21.00 (Plenum) Film	Zur freien Verfügung	Geselligkeit	

Da ein Protokoll des Abschlußplenums des Lehrgangs vorliegt, das als eine ausführliche Darstellung der Arbeitsergebnisse des gesamten Lehrgangs angesehen werden kann, soll es an dieser Stelle wiedergegeben werden.

Protokoll des Abschlußplenums o. g. Fortbildungsveranstaltung (27.–30. 5. 1974)
Das Abschlußplenum diente vor allem der Zusammenfassung der *Arbeitsergebnisse* des Lehrgangs und der Arbeitsgruppen. Im Vordergrund stand der Versuch, die Konzeption einer stadtteilorientierten Jugendar-

beit im Jugendfreizeitheim zu umreißen sowie praktische Folgerungen daraus zu ziehen. Dabei bestand Einigkeit, daß der dritte Teil des Lehrgangs («Kampagnen») übergeordnete Bedeutung habe; das politische Filmprogramm und Kindertheater haben demgegenüber Beispielcharakter. In diesem Zusammenhang wurden folgende Überlegungen angestellt:

1. Begründung einer stadtteilorientierten JFH-Arbeit
Die Notwendigkeit und Berechtigung einer stadtteilbezogenen JFH-Arbeit ergibt sich zum einen aus der Tatsache, daß die JFH bisher weitgehend vom gesellschaftlichen Leben ihres Wohnbezirks isoliert waren. Weit davon entfernt, jugendpolitische Zentren zu sein, verhielten sie sich weitgehend passiv gegenüber dem Geschehen außerhalb des Heims und beschränkten ihr Angebot auf diejenigen Kinder und Jugendlichen, die «freiwillig» ins Haus kamen. Aber auch diese Angebote orientierten sich vorwiegend an den subjektiven, spontan geäußerten Bedürfnissen der Adressaten. Ein Aufgreifen, ja ein Kennenlernen ihrer tatsächlichen, objektiven, oft noch nicht bewußten Probleme konnte deshalb nur zufällig erfolgen und blieb ohne Konsequenz im Angebot; entsprechend oberflächlich blieben auch die Maßstäbe für den «Erfolg» der eigenen Arbeit (volles Haus; Besucherzahlen; spontane «Zufriedenheit» der Besucher u. ä.).

Zum anderen ergibt sich diese Konzeption aus einem veränderten Begriff von *politischer Bildung*: politische Bildung als Aktivierungsprozeß.

Dies bedeutet, daß politische Bildung nicht auf die Vermittlung von Informationen bzw. intellektuelle Prozesse reduziert werden darf, sondern daß politisches Lernen, das sich auf das Begreifen der eigenen gesellschaftlichen Lage und Interessen und ihre aktive und selbständige Vertretung und Durchsetzung richtet, immer an *praktisches Handeln* gebunden sein muß.

2. Aufhebung falscher Trennungen
Eine solche Konzeption der Vermittlung von Theorie und Praxis, von Lernen und Handeln in der JFH-Arbeit führt notwendig zur Aufhebung von Trennungen und Abgrenzungen, die die Wirkungsmöglichkeiten politischer Bildungsarbeit im JFH bisher eingeschränkt haben. Aufgehoben werden muß die falsche Trennung

- von Kindern, Jugendlichen und Erwachsenen, deren gemeinsame Interessen sich aus ihrer gemeinsamen gesellschaftlichen Lage ergeben. Das bedeutet natürlich nicht, daß es nicht Angebote geben muß, die sich spezifisch an Kinder, Jugendliche oder Erwachsene richten; wichtig ist aber, das Gemeinsame und Übergreifende zu berücksichtigen, z. B.: keine Kinderarbeit ohne Elternarbeit;

– von JFH und Stadtteil; konkrete und aktuelle Probleme der Bewohner im Stadtteil sollen im JFH aufgegriffen, bearbeitet und wieder in den Stadtteil hinausgetragen werden;
– von Arbeit (oder Lernen) und Freizeit; ihr inhaltlicher Zusammenhang ist zu thematisieren und durch eine entsprechende «Arbeits- und Entspannungs-Atmosphäre» im JFH zu realisieren;
– der verschiedenen Methoden der Sozialarbeit und Sozialpädagogik; Gemeinwesenarbeit, politische Bildung, Gruppenarbeit und Hilfe für einzelne schließen sich gegenseitig nicht aus, sondern bedingen und fördern einander;
– der «Rollen» von Kindern, Jugendlichen, Eltern und Mitarbeitern; im Rahmen eines Untersuchungskonzepts z. B., das sich auf Konflikte im Stadtteil und die Interessen der Adressaten und Bewohner richtet, werden Jugendliche und Eltern auch zu «Lehrenden», die Mitarbeiter auch zu «Lernenden» (nicht nur umgekehrt). Die Orientierung an den Interessen der Bevölkerung läßt diese zur primären Legitimationsinstanz der Sozialarbeit werden.

3. Voraussetzungen:
Die konkrete Durchführung dieser Verflechtung von JFH und Stadtteil hängt von einer Reihe von Voraussetzungen ab, u. a. von
– der Struktur des Stadtteils (seiner Sozialstruktur und den daraus resultierenden Problemen und Konflikten); sie muß Gegenstand der Untersuchungsarbeit sein;
– von den Interessen, Fähigkeiten und Möglichkeiten der Mitarbeiter in den JFH (die jedoch nicht statisch aufgefaßt werden dürfen, sondern sich nach Maßgabe ihrer eigenen Lernprozesse verändern);
– von der Ausstattung der JFH (personell, räumlich, sachlich);
– vom (politischen) Verhalten der vorgesetzten Behörden.
Die JFH können nicht alles machen; je nach Voraussetzungen müssen also Schwerpunkte gesetzt werden. Dies allerdings bedarf der Abstimmung und Koordination im jeweiligen JFH und unter den JFH insgesamt.

4. Merkmale von Kampagnen
Unter «Kampagne» wird die allgemeine Form der Verflechtung von JFH und Stadtteil verstanden: das Aufgreifen von Problemen im Stadtteil, ihre Bearbeitung im JFH und die praktische Aktion im Stadtteil selbst. Die wichtigsten Merkmale solcher Kampagnen sind deshalb:
– sie sind auf konkrete Probleme der Bevölkerung im Stadtteil gerichtet (das setzt Untersuchungsarbeit voraus);
– sie haben die Bewegung: Stadtteil–JFH–Stadtteil (Verflechtung);
– sie verbinden die Formulierung und Verfolgung konkreter Teilziele mit der Entwicklung weiterreichender Perspektiven (gerade in dieser Verbindung spielt sich politisches Lernen ab);

- sie sind grundsätzlich öffentlichkeitsorientiert;
- sie beruhen auf gemeinsamem Vorgehen, fördern die Aktivierung und Selbständigkeit der Betroffenen und verringern damit die Basis für alle Formen von Stellvertreter-Politik;
- sie bedürfen der kontinuierlichen kritischen Überprüfung.

5. Schritte der Untersuchungsarbeit

Untersuchungsarbeit heißt nicht: Daten sammeln, aus denen nichts folgt. Die JFH sollen auch keine Außenstellen des statistischen Landesamtes werden (dessen Daten natürlich verwendet werden sollen,wo sie weiterhelfen). Untersuchung z. B. der Bevölkerungsstruktur eines Stadtteils heißt also, sowohl die objektiven Lebensbedingungen als auch ihre subjektive Verarbeitung zu untersuchen, das Bewußtsein, die Ängste, Sorgen, Hoffnungen etc. Dies allerdings nicht im Sinne eines Instituts für Meinungsforschung (95 % denken dies, 5 % wollen das), sondern um Handlungs- und Aktivierungsmöglichkeiten zu erkunden.

Auch findet nicht *zuerst* (mehrere Monate oder Jahre) Untersuchungsarbeit und *dann* eine Kampagne statt; vielmehr durchdringen sich beide wechselseitig. In jeder Kampagne steckt Untersuchungsarbeit und umgekehrt. Auch die Untersuchungsarbeit hat aktivierenden Charakter (aktivierende Befragung); sie richtet sich nicht auf unmündige Objekte, sondern gerade auf die Entfaltung der Phantasie, Selbständigkeit, Initiative und Handlungsfähigkeit der Menschen.

Wie kann die Untersuchungsarbeit aktuell eingeleitet werden?

- Bezogen auf die *Kinder und Jugendlichen* durch entsprechende Angebote bzw. Initiativen (Erkundung: «Unser Stadtteil»; Ausstellung; Rollenspiele/Kindertheater; Solidaritätsbasare etc.); durch Kontakte zu gewerkschaftlichen Gruppen, Jugendvertretern, politischen Jugendgruppen etc.;
- bezogen auf die Intensivierung und Vertiefung der Kontakte zu den *Eltern* durch Elternabende und -versammlungen, die sich auf bestimmte Programmangebote (Freizeiten, Kindertheater, Feste, Ausstellungen etc.) oder auf existierende Problempunkte im Stadtteil beziehen; durch Teilnahme an und Kontakte zu Stadtteilbeiräten, Bürgerinitiativen, Einwohnerversammlungen, Schulen (und anderen Institutionen, die in diesem Zusammenhang von Bedeutung sind).
- Die *Mitarbeiter* müssen in der Untersuchungsarbeit gegenüber der Bevölkerung (den Eltern usw.) ihr Interesse, d. h. ihr Verständnis von politischer Jugendarbeit darstellen.
  Sie müssen erklären, warum sie an bestimmten Problemen interessiert sind (nicht einfach ausfragen); erst auf dieser Basis kann sich ein Vertrauensverhältnis entwickeln. Entscheidend ist dabei auch, daß solche Untersuchungsarbeit nie von den Mitarbeitern allein (stellvertretend), sondern stets mit den Jugendlichen zusammen durchgeführt

wird.

- Die *Bezirksjugendpfleger* können und sollen sich an dieser Untersuchungsarbeit beteiligen; sie können dies, indem sie relevante Daten über den Stadtteil zusammen und dem JFH zur Verfügung stellen, indem sie die Untersuchungsarbeit und Kampagnen der JFH koordinieren und beraten. Ihr praktisches Vertiefungsgebiet sollte in diesem Zusammenhang stehen.

6. Die nächsten Schritte

Als nächste Schritte werden vereinbart:

- Zusammenstellung der Konzeption und praktische Anregungen in einem Abschlußprotokoll (liegt hiermit vor);
- Diskussion der Konzeption auf dem Plenum der Abteilung Jugendförderung;
- Verarbeitung der Konzeption in den Heimen (Schwerpunktbildung je nach den besonderen Gegebenheiten), im Bezirk, in Arbeitsgruppen (zu spezifischen Problemen oder Angeboten);
- Versuch einer Zusammenfassung dieser Überlegungen am 29./30. 6. 1974 (Wochenendseminar).

7. Die letzte Stunde des Lehrgangs diente der Verabschiedung einer Stellungnahme der Lehrgangsteilnehmer zum Tadel der Mitarbeiter des JFH X. durch die Amtsleitung des Jugendamtes Bremen.

Anmerkung:

Wie aktuell, notwendig und berechtigt die Überlegungen zu einer stadtteilorientierten JFH-Arbeit sind, zeigt u. a. die gegenwärtige (und tatsächlich weltweite) Diskussion um die sog. Entinstitutionalisierung des Lernens. Damit ist nämlich nichts anderes gemeint als eine Neubestimmung des Verhältnisses von Theorie und Praxis, von Lernen und Handeln in pädagogischen Prozessen und die daraus resultierenden institutionellen Konsequenzen. (Oft wird allerdings der Widerspruch zwischen den Interessen der Betroffenen und der Institutionen und damit die inhaltliche Richtung der Entinstitutionalisierung politisch nicht klar genug analysiert.) Wer sich aber einen Eindruck von dieser Diskussion verschaffen will, die u. E. mit dem Lehrgangsthema in einem engen Zusammenhang steht, sei auf die letzten beiden Hefte von ‹*betrifft: erziehung*› verwiesen, die die Schwerpunkte haben: ‹*Schule ohne Mauern*› (5/74) und ‹*Jeder Bürger ein Lehrer. Jedes Haus eine Schule*› (6/74).

Dieses Protokoll faßt nicht nur die Auseinandersetzung der Lehrgangsteilnehmer mit den vom Team vorbereiteten Materialien und Thesen zusammen, sondern verdeutlicht zugleich, welchen Beitrag zur Konkretisierung und praktischen Umsetzung die Mitarbeiter der Jugendfreizeitheime innerhalb der Fortbildung geleistet haben. Hier liegen ja auch die Grenzen der Vorbereitung des Lehrgangs durch Leute, die selbst nicht kontinuierlich in der praktischen Arbeit der Jugendfreizeitheime stehen und deshalb doch nur Anstöße und Orientierungen anbieten könnten, deren praktische Umsetzung und Weiterentwicklung wesentlich von den Aktivitäten der Sozialarbeiter und Heimbesucher abhängt. Daß genau dieses Ziel der Fortbildung – die Selbstverständigung und Zusammenarbeit der Jugendfreizeitheim-Mitarbeiter auf der Grundlage eines durchdachten Konzepts politischer Bildung im Jugendfreizeitheim – weitgehend gelungen ist, dies ist in dem Protokoll eindrucksvoll dokumentiert. Die Rädelsführer-Theorie, mit der unsere Funktion beschrieben werden sollte, verlor jede Grundlage, wenn man den Eifer und die Selbständigkeit der angeblich wehrlosen und daher verführbaren Mitarbeiter bei der konkreten Planung ihrer weiteren Arbeit beobachtete. So legte zum Beispiel eine Gruppe von Mitarbeitern ein umfangreiches, selbständig erarbeitetes Diskussionspapier über «Politische Bildung im JFH unter der Zielsetzung einer stadtteilbezogenen Arbeit» vor, das in Zielsetzung und Begründung dem Tenor des Lehrgangs genau entsprach und zur Konkretisierung erheblich beitrug. Die mehrfach – zum Teil sogar erwartungsvoll – geäußerten Zweifel, ob unser Fortbildungskonzept nicht doch nur zu einer allgemeinen Theoretisiererei, nicht aber zur praktischen Orientierung für die Jugendfreizeitheime werden könne, erwies sich als unzutreffend und verstummte dementsprechend während des Lehrgangs von selbst.

Für die Lehrgangsteilnehmer war es eine wichtige Erfahrung, festzustellen, daß sie selbst in der Lage waren, mit dem gemeinsam erarbeiteten Konzept ihre weitere Arbeit deutlicher zu strukturieren und klarer zu beurteilen. Allerdings war zugleich nicht zu übersehen, daß für die Fortsetzung der begonnenen Ansätze eine intensive gemeinsame Arbeit der Jugendfreizeitheim-Mitarbeiter untereinander notwendig, die Beteiligung des Fortbildungsteams wünschenswert war. Indem dem Team die Weiterführung der begonnenen Fortbildungsarbeit unmöglich gemacht worden war, wurde die kontinuierliche praktische Weiterentwicklung des Konzepts zumindest erschwert, zumal bis heute (nach eineinhalb Jahren) ein Ersatz für die abgebrochene Fortbildung weder konzeptionell noch personell geschaffen worden ist.

Exkurs: Entinstitutionalisierung und Vergesellschaftung

Daß sich die Jugendfreizeitheime seit geraumer Zeit in einer «Krise» befinden, ist auch der bürgerlichen Jugendforschung nicht entgangen. So haben Grauer und Lüdtke[43] in einer aufwendigen (und unfreiwilligerweise historischen) Untersuchung zeigen können, daß schon in der Mitte der sechziger Jahre das pädagogische Angebot der Jugendfreizeitheime und die Interessen der jugendlichen Heimbesucher durchaus nicht dekkungsgleich waren. Über die Ursachen dieser Krise ist dieser Untersuchung allerdings nicht viel zu entnehmen; obgleich unterschiedlicher theoretischer Herkunft bleiben beide Autoren der Ideologie von der Freizeitgesellschaft voll verhaftet. Die innovativen Möglichkeiten der Freizeit sollen durch konsequente Orientierung der Pädagogik am Marktmodell voll zu Geltung kommen: Angebot und Nachfrage sollen verhindern, daß sich das Freizeit(heim)angebot von den Bedürfnissen der Freizeitkonsumenten entfernt. Diese Jugendforschung nimmt die Dinge, wie sie ihr erscheinen. Ihre Formalisierung ist Willkür; sie kann ihren Gegenstand nicht bestimmen. So oberflächlich wie ihre «Analysen» bleiben auch die Konsequenzen, die die Autoren aus ihnen ziehen.

Gegenüber dieser verkürzten und oberflächlichen Kritik der traditionellen Praxis in Jugendfreizeitheimen basiert die Konzeption einer stadtteilbezogenen Jugendfreizeitheim-Arbeit auf einer grundlegend anderen Orientierung und Perspektive. Sie zielt auf die Aufhebung der gesellschaftlichen Isolation, in der sich das Jugendfreizeitheim als pädagogische Institution befindet, faßt politische Bildung nicht als konsumierbares Bildungsangebot, sondern als Aktivierungsprozeß, der Untersuchungsarbeit (also Lernen) und politisches Handeln gleichermaßen umfaßt, und intendiert die Überwindung falscher Trennungen und Abgrenzungen (s. o.), die die gemeinsam herzustellende Einsicht in die gesellschaftlichen Zusammenhänge erschweren. Diese politische Grundorientierung unterscheidet die Konzeption auch von den alten Nachbarschaftsheimen, die, ausgehend von der Ideologie der nivellierten Mittelstandsgesellschaft, Anpassungshilfen, Mitmenschlichkeit und Klassenversöhnung zu realisieren versuchten.[44]

Der Kontext, auf den sich diese Überlegungen stützen, ist deshalb auch weniger die offiziöse Diskussion um politische Bildung und Jugendarbeit als vielmehr die Auseinandersetzung um die Jugendzentrenbewegung[45], Bürgerinitiativen[46], Gemeinwesenarbeit und Stadtteilarbeit[47]. Die Probleme, Konflikte und Widersprüche, die sich in diesem Zusammenhang insbesondere zwischen den betroffenen Bevölkerungsteilen und der staatlichen Sozialadministration ergeben, sollen im folgenden unter dem Gesichtspunkt von Entinstitutionalisierung und Vergesellschaftung diskutiert werden. Dabei kann und soll es sich nicht um mehr als um eine knappe und thesenartige Skizze handeln, die die Konzeption stadtteilbezogener Jugendfreizeitheim-Arbeit in einen allgemeineren historisch-gesellschaftlichen Zusammenhang zu stellen versucht.

Vergesellschaftung der Reproduktion des Arbeitsvermögens

Seit der ursprünglichen Akkumulation als dem historischen Scheidungsprozeß von Produzent und Produktionsmittel kennzeichnet den freien Lohnarbeiter das Auseinandertreten von Produktion und Reproduktion, also von produktiver Arbeit und der Wiederherstellung seiner Arbeitskraft: «Der Arbeiter fühlt sich daher erst außer der Arbeit bei sich und in der Arbeit außer sich. Zu Hause ist er, wenn er nicht arbeitet, und wenn er arbeitet, ist er nicht zu Hause. Seine Arbeit ist daher nicht freiwillig, sondern gezwungen, Zwangsarbeit. Sie ist daher nicht Befriedigung eines Bedürfnisses, sondern sie ist nur ein Mittel, um Bedürfnisse außer ihr zu befriedigen.»[48]

Wenn auch vermittelt über Ware und Markt, unbewußt und hinter dem Rücken der Produzenten sich herstellend, ist doch die Produktion im Kapitalismus gesellschaftlich. Demgegenüber vollzieht sich die Reproduktion der Arbeitskraft – systematisch betrachtet – durch individuelle Lohnzuteilung und private Konsumtion.[49] Aber auch die Reproduktion der Arbeitskraft muß im Kapitalismus zunehmend vergesellschaftet werden, allerdings in einer besonderen Form. In dem Maß, in dem der einzelne Lohnarbeiter bzw. die Familie die Reproduktion der Arbeitskraft individuell nicht mehr sicherstellen kann (etwa hinsichtlich eines historisch geforderten Qualifikations- oder Gesundheitsniveaus), in dem auf der anderen Seite die Sicherung der Reproduktion der Arbeitskraft für die Einzelkapitale nicht nur keine profitable Anlagesphäre darstellt, sondern sie diese auf Grund ihres Verwertungsdranges sogar ständig herabsetzen müssen, muß der bürgerliche Staat als fiktiver Gesamtkapitalist auch und gerade für die Sicherstellung der Reproduktion der Arbeitskraft sorgen. Er tut dies gemäß seiner objektiven Funktion als «Garant» der Reproduktion des Kapitalverhältnisses, der «Herstellung allgemeiner materieller Produktionsbedingungen»[50] (Infrastruktur im weitesten Sinn), die die konkurrierenden privaten Einzelkapitale gerade nicht profitabel herstellen bzw. unterhalten können. Damit geht einher eine allgemeine Bürokratisierung der Klassenverhältnisse.[51]

Weil aber der bürgerliche Staat, hervorgetrieben durch die Widersprüche der kapitalistischen Produktionsweise, eine «besondere(n) Existenz neben und außer der bürgerlichen Gesellschaft»[52] (wenngleich nicht unabhängig von dieser) führt, kann die Vergesellschaftung der Reproduktion des Arbeitsvermögens in der Form der Verstaatlichung nur eine beschränkte sein. Sie schließt nämlich weder die Aneignung des gesellschaftlichen Reichtums durch die Produzenten ein, noch legt sie die Wiederherstellung der Arbeitskraft tatsächlich in die kollektive Verfügung der Gesellschaftsmitglieder. Statt dessen werden die entsprechenden Funktionen arbeitsteilig von berufsmäßigen Spezialisten mit besonderer Loyalitätsverpflichtung gegenüber dem Staat (Beamten) übernommen. So korrigiert die partiell staatliche Organisation der Reproduktion der Arbeitskraft im nachhinein die Unzulänglichkeiten privater Reproduktion. Mit einer «bewußten und planvollen Vorsorge für die Erhaltung, Erneuerung und Erweiterung des gesellschaftlichen Arbeitsvermögens durch den Gesamtarbeiter»[53], das heißt durch die frei assoziierten

Produzenten, hat dies insofern nichts zu tun, als Reproduktion der Arbeitskraft im Kapitalismus stets gleichbedeutend ist mit der Erneuerung der Ausbeutbarkeit des Lohnarbeiters, seiner Unterwerfung unter die Herrschaft des Kapitals. Daher das «Janusgesicht des Staatsapparats»[54]: Unterstützung und Unterdrückung, Fürsorge und Herrschaft.

Hilfe und Kontrolle

Entgegen aller pädagogisierenden Unmittelbarkeit ist auch Sozialarbeit und Sozialpädagogik zunehmend staatliche Tätigkeit. Daran ändert auch die Existenz sog. freier Träger nichts; diese können in dem Maß als quasi-staatliche Organisationen aufgefaßt werden, als sie durch Anerkennungs- und Förderungsrichtlinien staatlicher Kontrolle unterworfen sind. Sozialarbeit und Sozialpädagogik sind mithin ein Teil derjenigen staatlichen Administration, deren Funktion in der Sicherung der Reproduktion des gesellschaftlichen Arbeitsvermögens besteht, soweit diese durch andere Institutionen nicht oder nur unzulänglich gewährleistet ist.

Zu den sozialen Problemen, auf die sie sich beziehen, verhalten sich Sozialpädagogik und Sozialarbeit also in doppelter Weise kompensatorisch: zum einen so, wie sich der bürgerliche Staat zu den ihm vorausgesetzten Widersprüchen der kapitalistischen Produktionsweise ohnehin nur kompensatorisch verhalten kann; zum anderen, weil Sozialarbeit und Sozialpädagogik innerhalb des staatlichen Systems «sozialer Sicherung» nur eine nachrangige Stellung besitzt (etwa gegenüber der Rentenversorgung, Krankenversicherung oder der Qualifikation durch das Ausbildungswesen). Dies macht – über die ideologisch-normativen und fiskalischen Grenzen hinaus, denen sie als Staatstätigkeit unterworfen sind – ihren Sisyphus-Charakter aus: die Unmöglichkeit, als Sozialarbeit und Sozialpädagogik auf die gesellschaftlichen Ursachen der Probleme, die sie beseitigen möchte, in nennenswerter Weise einzuwirken.

Es ist keine neue Erkenntnis, daß zwischen dem auf unmittelbare, zwischenmenschliche Hilfe gerichteten Selbstverständnis und der realen Funktion der Sozialarbeit und Sozialpädagogik ein erheblicher Widerspruch klafft. So schreibt Georg Simmel 1908 über die Armenpflege: «Die Armenpflege dagegen geht in ihrem konkreten Wirken durchaus nur auf den Einzelnen und seinen Zustand. Und gerade dieser Einzelne wird für die modern-abstrakte Form der Armenpflege zwar zu ihrer Endstation, aber durchaus nicht zu ihrem Endzweck, der vielmehr nur in dem Schutz und der Förderung des Gemeinwesens liegt.»[55] Der Sinn der Armenpflege besteht darin, «gewisse extreme Erscheinungen der sozialen Differenziertheit soweit herabzumildern, daß jene Struktur weiter auf dieser beruhen kann». Bezieht man diese Bestimmungen auf die kapitalistische Gesellschaft, so scheint in ihr die oben angedeutete Reproduktionsfunktion der Sozialarbeit und Sozialpädagogik als staatlicher Tätigkeit auf: Hilfe zur Erhaltung oder Wiederherstellung der Arbeits-

und Reproduktionsfähigkeit und dies zum Zweck der Aufrechterhaltung des Kapitalverhältnisses, der Kapitalherrschaft. Dem Janusgesicht des modernen Staatsapparats entspricht also die widersprüchliche Einheit von «Hilfe und Kontrolle», in der die Sozialarbeit und Sozialpädagogik auch heute noch – trotz eifriger Imagepflege – sich dem Bewußtsein der Betroffenen darstellt.[56]

Die Erscheinungsformen dieses Widerspruchs zwischen der Hilfe- und Kontrollfunktion der Sozialarbeit und Sozialpädagogik sind oft beobachtet (wenn auch meist anders interpretiert) worden[57]; es genügt hier, sie nur anzudeuten. Auf der Ebene der *Institutionen*: Leistungs- und Eingriffsverwaltung, Außen- und Innendienst, kooperative und bürokratisch-hierarchische Organisation, Orientierung auf das Problem in seiner Besonderheit und allgemein-abstrakte Regelung. Auf der Ebene der *Mitarbeiter*: das als Berufsschicksal der Sozialarbeiter erlebte (und mystifizierte) doppelte Mandat – der Sozialarbeiter als Anwalt der Interessen seiner Klienten und gleichzeitig derjenigen der Sozialadministration (der Öffentlichkeit); die verkehrte Professionalisierung (Verwissenschaftlichung der Ausbildung, durch welche soziale Phänomene zwar der Sphäre von Natur und Moral, nicht aber der Individualisierung, entmündigenden Pathologisierung und Enthistorisierung enthoben werden). Auf der Ebene der *Maßnahmen*: Engagement und Distanz als widersprüchliche Grundhaltung im methodischen Vorgehen des Sozialarbeiters; Gleichheitspostulat und Herrschaftsbeziehungen; Zwischenmenschlichkeit und Vertrauen als Vehikel planmäßiger Kontrolle.

Gemäß seiner objektiven Funktion müssen sowohl die Legitimation dieses Widerspruchs als auch seine praktische Handhabung voller Spannungen und Konflikte sein. Das labile «Gleichgewicht» zwischen Hilfe- und Kontrollmaßnahmen ist gegenüber Handlungsadressaten wie Sozialarbeitern zunehmend schwerer aufrechtzuerhalten. Jede Verschärfung der gesellschaftlichen Widersprüche im allgemeinen muß auch dieses Gleichgewicht erschüttern. Die Grenzen der Handlungsfähigkeit der Sozialadministration geraten als deren Verselbständigung und «Ineffektivität» ins Bewußtsein. Und die Effektivierungsbemühungen stehen unter demselben Dilemma, nämlich gleichzeitig Gas geben und bremsen zu müssen, sich um der Vermeidung von Unruhe und Protest willen auf die Probleme einlassen und gleichzeitig gewaltsam verhindern zu müssen, daß diese Probleme mit den Grundstrukturen des Kapitalismus in Verbindung gebracht und daraus politische Konsequenzen gezogen werden.

Die Disziplinierungsstrategien der staatlichen Bürokratie – vom Tadel bis zum Berufsverbot – sind hinreichend bekannt; auf sie soll hier nicht näher eingegangen werden. Die andere Seite der Effektivierungsanstrengungen wollen wir als «Verflüssigung» bezeichnen, eine Lockerung bisher geübter Organisations- und Handlungsmuster zugunsten größerer Problemnähe, Situationsbezogenheit und Handlungseffektivität. Auf der Ebene der Institution schlägt sich solche Verflüssigung u. a. als Dezentralisierung, Bürgernähe, Partizipation, Kooperation und Modellfreudigkeit nieder. Auf der Ebene der Mitarbeiter als verstärkte Adressatennähe bzw. erhöhtes Problembewußtsein (Ausbildungsreformen); ebenso kennzeichnet die Maßnahmen größere Adressaten- und Situationsbezogenheit. Diese Verflüssigung bedeutet keinen Verzicht auf die Kontrollfunktion. Vielmehr soll diese ja gerade durch das dichtere Heranrücken ans Problem effektiviert werden. Allerdings enthält dieses Heranrücken auch Unkalkulierbares, die Möglichkeit einer veränderten Sichtweise der Probleme, der Verständigung der Agenten mit den Adressaten. Die Verflüssigung der Sozialadministration ist Ausdruck und Eingeständnis der Interventionsschranken einer Sozialadministration, die der Bevölkerung als besondere Institution gegenüber bzw. im Nacken sitzt; und sie ist Ausdruck der Notwendigkeit der Vergesellschaftung auch der Reproduktion des Arbeitsvermögens, der Zurücknahme staatlicher Funktionen in die Gesellschaft.

Selbstorganisation

Diese Notwendigkeit wird noch deutlicher, wenn, wie es seit einiger Zeit auf den verschiedensten Gebieten verstärkt zu beobachten ist, dieselben Widersprüche, die die Verflüssigung der Sozialadministration erzwingen, auf der Seite der Betroffenen Widerstand und Formen der Selbstorganisation entstehen lassen, die sich gegen die Verschlechterung der Reproduktionsbedingungen richten. Ihre Entstehung ist nicht nur die praktische Kritik der erfahrenen Verschlechterung der Lebensbedingungen großer Teile der Bevölkerung, sondern auch das zur selbständigen Aktion verdichtete Mißtrauen gegenüber der Leistungsfähigkeit der Versorgungs-Administration.

Gleichwohl sind derartige Initiativen und Aktionen nicht schlechterdings politische Opposition; ihr Charakter ist vielmehr selbst höchst widersprüchlich. Ihren strukturellen Entstehungsbedingungen entsprechend sind sie – zumindest zunächst – punktuell, das heißt auf ein bestimmtes Problem bezogen, ohne dieses in seinem gesellschaftlichen Kontext zu begreifen, spontan und locker organisiert, sozial heterogen zusammengesetzt und daher voller interner Interessengegensätze, ohne einheitliche Strategie und Taktik hinsichtlich der Erreichung ihres Ziels. Es sind labile Zusammenschlüsse, die aus vielfältigen inneren und äußeren Ursachen wieder auseinanderbrechen können.

Auf der anderen Seite stellen diese Initiativen aber auch Ansätze der unmittelbaren Vergesellschaftung der Reproduktion des Arbeitsvermögens dar, der Zurücknahme staatlicher Funktionen in die Gesellschaft. Diese sind zu unterscheiden von Formen spontan-kollektiver Selbsthilfe, die dem Staat bestimmte Leistungen abnehmen, sowie von Formen quasistaatlicher Privatheit, in denen Maßnahmen zwar nicht staatlich durchgeführt, wohl aber staatlich kontrolliert werden (z. B. private Verbände, Vereine, aber auch Pflegemütter, Erziehungsbeistände usw.). Unmittelbare Vergesellschaftung meint demgegenüber die Regelung, Organisation und Kontrolle von Funktionen, die für die Reproduktion des Lebens notwendig sind, nicht durch eine abgesonderte Instanz, sondern kollektiv und durch die Betroffenen selbst. Auch bedeutet dies nicht eine romantische Rückgängigmachung von Arbeitsteilung schlechthin, wohl aber die Zurücknahme ihrer kapitalistischen Verzerrungen und ihre tendenzielle Überführung in die planmäßige und bewußte Kontrolle der Produzenten.

Für den Staat stellen solche Initiativen und Aktionen eine objektive (wenn auch nicht immer faktische) Bedrohung dar. Sie bestreiten ihm Kompetenzen und Kontrollfunktionen, die ihm nach der Konstruktion der repräsentativen Demokratie zukommen müssen; sie zehren an seiner Legitimation. Es ist deshalb kein Zufall, wenn die alt- und neokonservativen Ideologen von Gehlen über Schelsky bis zu Konrad Lorenz in der Ausbreitung des «Antiinstitutionalismus», der «Verunsicherung der Staatsorgane in ihrer legitimen Funktion»[58] den Anfang vom Ende (des Kapitalismus) erblicken. Auch der Staat selbst hat sehr schnell spezifische Reaktionsformen auf diese Herausforderungen entwickelt. Gelingt es ihm bzw. seinen Vertretern, eine solche Initiative durch Partikularisierung und Fragmentierung ihres Anlasses und Ziels sowie durch fiktive Zugeständnisse, die die Einsatzbereitschaft des Staates für den Bürger signalisieren sollen, an die Oberfläche der Gesellschaft zu binden, so wächst die Chance der Vereinnahmung. Unbemerkt ist die Initiative selbst zu einem Teil der verflüssigten Administration geworden.[59] Gelingt dies aber nicht, läßt sich die Initiative weder in ihrer Interpretation des Problems noch in ihrer Zielsetzung und Handlungsstrategie auf die «Spielregeln» staatlicher Verwaltung ein, hat diese keine andere Antwort als die Repression (es sei denn, unkalkulierbare «Nebeneffekte» – z. B. eine Solidarisierungswelle – lassen dies in einer bestimmten Situation nicht ratsam erscheinen). Gelingt es den Initiativen, in den Auseinandersetzungen zur Erreichung ihres Ziels die mystifizierte Oberfläche der Gesellschaft zu durchstoßen, «Einsicht in den Gesamtzusammenhang des Ausbeutungsverhältnisses dadurch (zu) vermitteln, daß sie die Kosten für Miete, Verkehr, Kinderaufzucht, Erholung etc. als Reproduktionskosten der Arbeitskraft kenntlich machen und den Bezug zum Kampf um den Verkauf der Ware Arbeitskraft zu ihrem Wert aufzeigen»[60] – und darin liegt die eigentliche Bedeutung, die politische Potenz dieser Initiativen –, so haben sie mit jeder Diffamierung und Repression zu rechnen, mittels derer seit jeher die herrschende Klasse und ihre Institutionen ihre Herrschaft verteidigt haben.

Unmittelbare Vergesellschaftung der Reproduktion der Arbeitskraft ist im Kapitalismus nicht zu verwirklichen, eine sanfte Zurücknahme des Staates in die Gesellschaft nicht denkbar. Dennoch sind in allen Bereichen der Gesellschaft Konflikte, Auseinandersetzungen und Kämpfe zu beobachten, die auf den widersprüchlichen Prozeß dieser Vergesellschaftung hinweisen. Selbstorganisierte Initiativen im Bereich der kollektiven Kleinkinderziehung, der (Jugend-) Wohnkollektive, Jugenzentren und der Obdachlosenarbeit gehören unseres Erachtens ebenso hierher wie etwa die auf Probleme des Wohnens, des Verkehrs, der Umwelt usw. bezogenen Bürgerinitiativen. Auch die bürgerliche Schule, jene ehrwürdige pädagogische Zwangsinstitution, in der nach institutionell gesetzten Zwecken, in einer Hierarchie, professionell organisiert, durch Zeugnisse bewertet und abgetrennt von der Arbeit und vom Leben gelernt werden soll, auch die Schule ist, wie die Entschulungsdebatte[61] und die politische Forderung nach Wahl der Lehrer durch die Eltern zeigen, von diesen Widersprüchen nicht ausgenommen. Ja, bis in die Psychiatrie ist die niederdrückende Gewalt der Institution und die Notwendigkeit ihrer gemeinwesenorientierten Verflüssigung untersucht und nachgewiesen worden.[62]

Die bedeutendsten Prozesse der Vergesellschaftung des gesamten gesellschaftlichen Lebens sind gegenwärtig zweifellos in der Volksrepublik China zu beobachten. Durch nichts ist der Aufbau des Sozialismus unter der Führung der KPCh und der Ideen Mao Tse-tungs wesentlicher gekennzeichnet als durch ein Prinzip, das der kapitalistische Westen verzweifelt als Ameisen-Ideologie, der Revisionismus als Populismus verächtlich zu machen versucht: das Prinzip der Massenlinie. Und dieses meint gerade die Entfaltung der Selbständigkeit und der Initiative der Massen in der allseitigen Aneignung ihrer Lebensbedingungen, in der Industrie nicht anders als in der Landwirtschaft, im Gesundheitswesen, der Erziehung und Verteidigung. Die unmittelbare Vergesellschaftung, die Planung, Organisation und Kontrolle des gesellschaftlichen Lebens durch das Volk selbst vollzieht sich auch während des Aufbaus des Sozialismus nicht widerspruchslos; die bewußte Anerkennung dieser Widersprüche, ihre organisierte Bearbeitung im Kampf zweier Linien ist gleichzeitig der Hebel, die alten Widersprüche zwischen Stadt und Land, Kopf- und Handarbeit, Spezialisten, Funktionären und Massen planmäßig aufzuheben.[63]

Unter kapitalistischen Produktionsbedingungen ist solche Vergesellschaftung nicht zu realisieren. Wohl aber ergeben sich aus dem skizzierten Zusammenhang Maßstäbe, die als Orientierungspunkte auch für eine fortschrittliche Sozialarbeit und Sozialpädagogik dienen können. Wenig hilfreich wird dabei der idealistische Appell an den bürgerlichen Staat sein, ein Einsehen zu haben und auf seine Kontrollfunktionen zu verzichten.[64] Notwendig ist demgegenüber vielmehr – wie es die angedeuteten Tendenzen zur Vergesellschaftung zeigen – dem Staat Kompetenzen abzutrotzen und sie in die Hand der Betroffenen zurückzulegen, ihnen die inhaltliche Entscheidung über Ziel und Methode von Maßnahmen zu übertragen, den Fetisch der Fachlichkeit zu entschleiern und offenzulegen, daß die Kontrollfunktionen des Staates nicht im Interesse aller, schon gar nicht der Betroffenen, sondern derer liegt, die von der Arbeit anderer leben. Die Verflüssigung der Institutionen ist deshalb da zu unterstützen, wo sie für eine parteiliche Arbeit im Interesse der Lohnabhängigen genutzt werden und deren Selbständigkeit unterstützen kann. Wenn das alles auch nur im Vorfeld organisierter politischer Arbeit liegen kann, so ist dies doch ein neuer, politischer Sinn der «Hilfe zur Selbsthilfe», der in dieselbe Richtung weist.

Konflikt im Jugendhaus

Der im folgenden dargestellte Konflikt um die Fortbildung und im weiteren Sinne um die Konzeption politischer Bildung im Jugendfreizeitheim ist in zweierlei Hinsicht Bestandteil der Fortbildungsarbeit selbst. Zum einen ist er ein präzises Anschauungsmaterial für die in den Lehrgängen dargestellten und diskutierten Formen bürokratischer Konfliktbewältigung und Entscheidungsprinzipien. Zum anderen zeigt dieser Konflikt aber auch, wie die Mitarbeiter der Jugendfreizeitheime die Fortbildungsinhalte zum Hebel machen konnten, um ihre Selbständigkeit in der pädagogischen und politischen Arbeit und deren inhaltliche Orientierung zu verteidigen. Nur aus der Sicht der Sozialadministration kann dies ein Grund mehr sein, ein solches Fortbildungskonzept abzulehnen.

Vorgeschichte und Kontext der Fortbildung

Die Kooperation zwischen dem Team und dem Jugendamt wurde am 12. Juni 1974 durch einen Brief des Jugendamtleiters mit der Begründung aufgelöst, daß die «einseitige politische Ausrichtung» unserer Arbeit «mit dem Auftrag und der Zielsetzung des Jugendamtes nicht vereinbar» sei. Die Aufkündigung der Kooperation war ein Versuch, die Auseinandersetzung um das Verständnis politischer Bildung im Jugendfreizeitheim innerhalb der Abteilung Jugendförderung, an der die Fortbildung einen gewissen Anteil hatte, mit bürokratischen Mitteln zu beenden oder zumindest wieder unter die eigene Kontrolle zu bringen.

Allerdings läßt sich diese Auseinandersetzung keinesfalls hauptsächlich auf den Einfluß der Fortbildung zurückführen. Die Tatsache, daß der Ansatz und die Inhalte der Fortbildung eine direkte Entsprechung in der Realität fanden und sich dazu eigneten, die Diskussion um die politische Bildungsarbeit im Jugendfreizeitheim voranzutreiben, ist kein Beweis für ihre Urheberschaft, sondern lediglich dafür, daß die Fortbildung von den tatsächlichen Widersprüchen der Jugendarbeit ausgegangen war. Unabhängig von der Fortbildung bedeutete bereits die Existenz und Konsolidierung einer organisierten antikapitalistischen und kommunistischen Jugendbewegung nicht nur in Bremen eine Herausforderung für die etablierten Verbände und staatlichen Einrichtungen. Eine Haltung der Nichtbeachtung wurde diesen Initiativen gegenüber immer schwieriger. Entweder man duldete stillschweigend die aktive Mitarbeit sozialistischer und kommunistischer Gruppen in den Freizeitheimen, oder aber man ging zum offenen Angriff über – beides «löste» das Problem keineswegs, sondern führte zu neuen Komplikationen.

Zugleich sah sich ein großer Teil vor allem der jüngeren Sozialarbeiter und Sozialpädagogen im Bereich der Jugendfreizeitheime täglich vor die

Notwendigkeit gestellt, sich gegenüber linken Jugendgruppen zu verhalten. Diese Mitarbeiter waren zumeist daran interessiert, die Auseinandersetzung zwischen den politischen Gruppen und den unorganisierten Jugendlichen im Heimbetrieb zu ermöglichen und im Programm zu verankern. Sie versprachen sich davon nicht nur eine Belebung des Heimbetriebs, sondern betrachteten es als Teil ihrer Aufgabe, das Jugendfreizeitheim zum Forum politischer Diskussionen zu machen, in dem die traditionellen Wege der Parteipolitik, von der die Masse der Jugendlichen ohnehin nicht mehr angesprochen wurde, durchbrochen werden konnten. Erste Ansätze zu einem solchen Verständnis von politischer Bildung im Jugendfreizeitheim lagen bereits vor Beginn unserer Fortbildungsarbeit vor, wenn sie auch nur von einem kleinen Kollegenkreis getragen wurden. In einem Protokoll einer Arbeitsgruppe aus einer Fortbildungsveranstaltung des Jugendamtes von 1972 heißt es: «Die letzten Jahre waren gekennzeichnet durch immer stärker werdende Aktivität der Jugend, die sich inzwischen in vielen politischen Jugendgruppen niederschlägt. (. . .) Die Jugenfreizeitheime sollten eine Tribüne organisieren, auf der eine breite Auseinandersetzung zwischen politischen Organisationen sowie zwischen diesen und nichtorganisierten Jugendlichen und den Mitarbeitern stattfinden kann. Das verlangt, daß alle politischen Organisationen die Möglichkeit erhalten müssen, in den Jugendfreizeitheimen aktiv zu wirken. Die Offenheit der Heime findet dort ihre Grenze, wo Gruppen sich bemühen, das Forum der politischen Auseinandersetzung zu zerschlagen.» Es folgen eine Reihe von konkreten Forderungen und Vorschlägen, die zur Realisierung eines solchen Anspruchs beitragen können, zum Beispiel unzensiertes Auslegen von Informationsmaterial; Möglichkeit für politische Gruppen, Räume über die sog. Fremdbenutzerordnung in Anspruch zu nehmen; ein Terminkalender politischer Veranstaltungen im Heim; Organisierung eigener Veranstaltungen und Aktivierung nicht unmittelbar politischer Interessengruppen im Heim (Foto, Werken) zur Beteiligung an der Auseinandersetzung. In der Praxis der Jugendfreizeitheim-Arbeit allerdings waren diese Ansätze nur vereinzelt zum Tragen gekommen und hatten daher noch keine weitergehenden und die gesamte Abteilung betreffenden Konflikte erzeugt.

Die Verbreiterung der Debatte um Grundlagen und Konzeption einer politischen Bildungsarbeit im Jugendfreizeitheim, wie sie durch die Fortbildungslehrgänge stattfand, intensivierte auch die Ansätze ihrer praktischen Erprobung und planmäßigen Umsetzung im Jugendfreizeitheim, wobei die hier aktiven Mitarbeiter zumindest auf das Interesse und die passive Unterstützung der Kollegen rechnen konnten, die auf Grund subjektiver oder objektiver Bedingungen in ihren eigenen Heimen solche Initiativen nicht ins Leben rufen konnten.

Fortschrittliche Jugendarbeit – oder: ein unbotmäßiges Jugendfreizeitheim?

Zu einem offenen Konflikt zwischen der Jugendamtsspitze und Mitarbeitern eines Jugendfreizeitheims kam es, als im Frühjahr 1974 ein Mitglied der Deputation für Jugendhilfe der Bremischen Bürgerschaft auf Grund von Plakaten einer kommunistischen Organisation (KBW), die im Heim aushingen, den Verdacht einer einseitig orientierten politischen Jugendarbeit äußerte. Dieser Anlaß bot der Jugendamts- und Abteilungsleitung die Möglichkeit, die ohnehin seit längerem mit Unmut betrachtete Arbeit dieses Jugendfreizeitheims, seine Programmgestaltung und das politische Verhalten seiner Mitarbeiter stärker zu kontrollieren. Vor allem die mehrmalige Vergabe von Räumen für Veranstaltungen kommunistischer Organisationen über die Fremdbenutzerordnung (auf Antrag können Räume angemietet werden, in denen Veranstaltungen stattfinden, die nicht unmittelbar in den Heimbetrieb integriert sind und daher nicht in der Verantwortung der Jugendfreizeitheime liegen) wurde als Indiz für die parteiliche und einseitige Ausrichtung der Arbeit angesehen.

Vor Beginn einer neuerlichen Veranstaltung dieser Art wurden die Mitarbeiter dieses Jugendfreizeitheims von der Amtsleitung aufgefordert, der Veranstaltung beizuwohnen und dafür zu sorgen, daß es zu keinen verfassungswidrigen Äußerungen gegen die freiheitlich-demokratische Grundordnung komme. Die Mitarbeiter des Jugendfreizeitheims, die in dieser Anweisung zwar einen Akt politischer Disziplinierung sahen, sich der Dienstanweisung jedoch beugen mußten, verlasen zu Beginn der Veranstaltung eine persönliche Erklärung mit folgendem Wortlaut:

«Heute nachmittag erhielten die Mitarbeiter XY ein Schreiben der Amtsleitung, in dem sie verpflichtet werden, im Rahmen der heutigen Veranstaltung dafür zu sorgen, daß es nicht zu Verstößen gegen gesetzliche Bestimmungen oder zu verfassungswidrigen bzw. verfassungsfeindlichen Äußerungen und Aktionen gegen die freiheitlich-demokratische Grundordnung kommt. Auf den Inhalt des Schreibens selbst kann nicht weiter eingegangen werden, da dieses nur für den Dienstgebrauch bestimmt ist.

Die Mitarbeiter sind der Auffassung, daß die Frage der Gesetzmäßigkeit, insbesondere aber die Frage der Verfassungsmäßigkeit nicht in das persönliche Ermessen von uns gestellt sein kann. Wir fordern deshalb die Veranstalter auf, Äußerungen im o. g. Sinn zu unterlassen, und fordern diejenigen Vertreter des Jugendamtes auf, die gewiß besser als wir entscheiden können, welche Äußerungen gegen die freiheitlich-demokratische Grundordnung verstoßen, an eventuell kritischen Stellen zu intervenieren.»

Kurz darauf nahm die Amtsleitung in einem Brief zu dieser Veranstaltung und dem Verhalten der Mitarbeiter Stellung und erhob schwere Vorwürfe gegen sie. Sie seien ihren Verpflichtungen als Mitarbeiter des Jugendamts nicht so nachgekommen, wie es den Anforderungen entsprochen hätte. Vor allem die Verteilung eines Papiers an die übrigen Kollegen der Abteilung, in dem die Mitarbeiter des Jugendfreizeitheims bereits zuvor zu den Vorwürfen der Indoktrination der Jugendlichen und der Einseitigkeit ihrer Arbeit Stellung genommen hatten, wird als Verletzung der Dienstpflicht interpretiert: Sachliche Einwendungen gegen die Ausübung der Dienst- und Fachaufsicht durch Vorgesetzte müßten zunächst diesen gegenüber erklärt werden. Eventuell sei danach die Einschaltung des nächsthöheren Vorgesetzten bzw. des Dienstvorgesetzten möglich. Die Verteilung eines Papiers an die Kollegen gehöre jedenfalls nicht zu den angemessenen Möglichkeiten zur Lösung eines Konflikts und sei deshalb zu tadeln. Die Dienstanweisung für die besagte Veranstaltung sei nicht beachtet worden; die verlesene Erklärung entbinde die Mitarbeiter nicht von der dienstlichen Pflicht, für die Beachtung der freiheitlich-demokratischen Grundordnung zu sorgen. Insgesamt glaubt die Amtsleitung die Gefahr einer kommunistischen Orientierung in der Arbeit des Jugendfreizeitheims zu erkennen und fordert die Mitarbeiter auf, ungeachtet ihrer eigenen politischen Auffassung das Programmangebot pluralistisch anzureichern. Diese Belehrung durch die Jugendamtsleitung war verbunden mit der Androhung disziplinarischer Maßnahmen: das Schreiben sollte in die Personalakte der Betroffenen aufgenommen werden.

Den Mitarbeitern war klar, daß es bei der Auseinandersetzung mit ihren Vorgesetzten nicht allein um die formale Frage der Einhaltung oder Verletzung von Dienstpflichten ging, sondern daß auf dem Weg bürokratisch-formaler Schritte die inhaltliche und politische Auseinandersetzung vorzüglich umgangen werden konnte. Wollten sie sich darauf nicht einlassen, gab es für sie nur die Möglichkeit, ihrerseits die politische Debatte über ihre Arbeit im Jugendfreizeitheim breit im Kollegenkreis zu führen, den politischen Charakter der von der Amtsspitze verfügten bürokratischen Schritte aufzuzeigen und diese damit einer politischen Beurteilung zugänglich zu machen.

Eben dieses Verhalten, das die angebliche Neutralität einer Behörde und ihrer Mitarbeiter gegenüber ihren Adressaten zugunsten begründeter Parteinahme zu durchbrechen droht, kann von der Administration, die aus dem Schein der Neutralität lebt, das heißt aus der Fiktion, allen gleichermaßen zu dienen, wenn diese sich nur nicht selbst in die Belange einmischen, nicht geduldet werden. Die «gestörte Arbeitsatmosphäre», die laut Schreiben der Amtsleitung durch die Herstellung der Abteilungsöffentlichkeit verursacht worden war, ist allerdings nur für diejenigen tatsächlich gestört, die ihren Arbeitsfrieden letzten Endes nur aus der Uninformiertheit, Inkompetenz und Unmündigkeit sowohl der Adressaten ihrer Tätigkeit als auch ihrer Untergebenen beziehen.

Die Kollegen der Abteilung Jugendförderung, die ihre Solidarität mit den betroffenen Mitarbeitern in einer schriftlichen Stellungnahme bekundet hatten, mußten sich denn auch von der Amtsleitung belehren lassen:

«Ihre Meinungsäußerung haben wir zur Kenntnis genommen. Wir sind jedoch im Gegensatz zu Ihnen nicht der Auffassung, daß Sie in der Sache betroffen sind. Bei der Mißbilligung des Verhaltens der Mitarbeiter im Jugendfreizeitheim XY (von uns geändert – d. Verf.) handelt es sich um eine auf die Entwicklung in diesem Jugendfreizeitheim bezogene Maßnahme. Ihre weitere Abwicklung regelt sich nach dem geltenden Personalvertretungsrecht. Mitarbeitern, die sich zu Unrecht behandelt fühlen, stehen alle Möglichkeiten des Arbeitsrechts und der Schutz des Personalvertretungsgesetzes offen. Die sich aus dem Verfahren ergebenden Abläufe schließen die Beteiligung Dritter aus.» Über politische Bildungsarbeit im Jugendfreizeitheim könne zwar mit allen Kollegen diskutiert werden, dies müsse aber «unabhängig von der Auseinandersetzung im personalrechtlichen Bereich gesehen werden».

Die Reaktionsweise der Amtsleitung ist durchaus ein Lehrstück über den bürokratischen Umgang mit Konflikten. Sie illustriert in der Wirklichkeit, was in den Lehrgängen theoretisch thematisiert und im Planspiel durchgespielt worden war. Die Möglichkeit der Disziplinierung der Untergebenen ergibt sich nach M. Weber aus der Kompetenzverteilung in der Bürokratie: «Es besteht das Prinzip der Amtshierarchie und des Instanzenzuges, d. h. ein festgeordnetes System von Über- und Unterordnung der Behörden und Beaufsichtigung der unteren durch die oberen.»[65] Wahrgenommen wird diese Disziplinierung, wenn elementare Prinzipien bzw. Funktionsweisen der Bürokratie bedroht erscheinen. Dies ist – hier und allgemein – der Fall, wenn das Prinzip der Neutralität der Verwaltung in Frage gestellt zu sein scheint, jene «formale rationale Sachlichkeit», die nur die «Rechtsgleichheit» kennt und deshalb Forderungen nach «materieller Gerechtigkeit», nach einer Verwaltung «im Dienst des Ausgleichs der ökonomischen und sozialen Lebenschancen gegenüber den Besitzenden»[66] abwehren muß. Dies ist auch der Fall, wenn bei einem Widerspruch der Untergebenen der Instanzenzug nicht eingehalten wird, sondern «Dritte», hier (nur) die Abteilungsöffentlichkeit, eingeschaltet werden. Dies gefährdet nicht nur die Regelhaftigkeit und Kalkulierbarkeit inneradministrativer Vorgänge, es verletzt insbesondere die Öffentlichkeitsfeindlichkeit der Verwaltung, die Weber folgendermaßen charakterisiert: «Diese Überlegenheit des berufsmäßig Wissenden sucht jede Bürokratie noch durch das Mittel der *Geheimhaltung* (Hervorhebung im Original) ihrer Kenntnisse und Absichten zu steigern. Bürokratische Verwaltung ist ihrer Tendenz nach stets Verwaltung mit Ausschluß der Öffentlichkeit. Die Bürokratie verbirgt ihr Wissen und Tun vor der Kritik, so weit sie irgend kann. (. . .) Der Begriff des ‹Amtsgeheimnisses› ist ihre spezifische Erfindung und nichts wird von ihr mit solchem Fanatismus verteidigt wie eben diese . . . Attitüde.»[67]

So sind für den Umgang mit Konflikten innerhalb der Bürokratie klare und gewaltsame Regeln gesetzt; mit diesen schützt sie ihre Prinzipien. «Der Artikulation und erst recht dem Austragen von Konflikten auf horizontaler Ebene sind durch das Vetorecht des Vorgesetzten erhebliche Grenzen gesetzt; versuchen Sozialarbeiter dennoch, sich im Konfliktfall miteinander zu solidarisieren, so müssen sie erfahrungsgemäß damit rechnen, daß sie als ‹verschwörerische Gruppe› entsprechenden Sanktionen ausgesetzt werden.»[68]

Es waren eben diese neuralgischen Punkte, die zum Konflikt um die Fortbildung führten.

Warum die Fortbildung beendet werden mußte

Macht man sich klar, wie sehr sich die Jugendamtsbürokratie durch das selbständige politische Denken und Handeln einiger ihrer Mitarbeiter und deren Einfluß auf den größten Teil ihrer Kollegen bedroht fühlen mußte, so begreift man leicht, daß ein Konzept von Fortbildung, welches an diese politische Selbständigkeit der Mitarbeiter anzuknüpfen versucht, von der Bürokratie auf die Dauer nicht geduldet werden konnte.

Wir haben oben angedeutet, daß schon das Zustandekommen der Kooperation des Jugendamtes mit der Universität weitgehend ein Ausdruck der Notwendigkeit war, der Legitimationskrise bestimmter Tätigkeitsfelder der Sozialarbeit und Sozialpädagogik durch die Hereinnahme fortschrittlicher Ansätze und Initiativen abzuhelfen, ohne letztlich aber die Maximen bürokratischen Handelns aufzugeben. Der Konflikt um das Fortbildungskonzept, der sich nach dem ersten Lehrgang allmählich zuspitzte und nach dem letzten Lehrgang zur Aufkündigung der Zusammenarbeit führte, war für die Amts- und Abteilungsspitze mit der Erkenntnis verbunden, daß die Fortbildung nicht geeignet war, diese Krise abzuschwächen oder wenigstens zu verschleiern.

Bereits der erste Lehrgang stieß auf einiges Mißtrauen und auf Kritik, die allerdings nur vereinzelt und unter der Hand zu vernehmen war. Immerhin wurden die Sozialarbeiter und Sozialpädagogen in diesem Lehrgang mit der Tatsache konfrontiert, daß für sie eine differenzierte Kenntnis der gesellschaftlichen Interessen der Jugendlichen, mit denen sie zu tun haben, eine notwendige Vorbedingung für jede bewußte pädagogische und politische Arbeit, für das bewußte Aufgreifen dieser Interessen ist. Dies war eine Position und Sichtweise, die ein verschwommenes und unverbindliches Spekulieren und interessante Einzelfragen der modernen Jugendtheorie und Freizeitpädagogik von vornherein verbot und auf die Vermittlung bornierter «methodischer» Verfahren zugunsten des Erlernens einer Untersuchungsmethode verzichtete. Beunruhigend mußte für die Vertreter eines liberalen Verständnisses von Jugendarbeit auch sein, daß im Lehrgang zur bewußten Parteinahme für die als objektiv berechtigt erkannten Interessen der Jugendlichen, die bereits Lohnarbeiter sind oder sich auf ein Lohnarbeiterdasein vorbereiten, aufgerufen wurde, und zwar nicht nur «als Mensch», sondern in seiner beruflichen Funktion – ein Verhalten, das dem Pluralismus-Gebot entgegensteht.

Noch bedrohlicher mußte allerdings auf die Verteidiger der bestehenden hierarchischen Strukturen der Sozialadministration der zweite Lehrgang wirken, der aus der Analyse der politischen Funktion des scheinbar neutralen Verwaltungsapparats die Notwendigkeit ableitete, die Parteinahme für die Interessen der Jugendlichen gerade auch dort konsequent zu verfolgen, wo dies auf Grund administrativer Sachzwänge angeblich unmöglich sei. Den im zweiten Lehrgang erhobenen Forderungen der Fortbildungsteilnehmer nach Durchsichtigkeit der bürokratischen Strukturen und nach deutlicherer Beteiligung von Mitarbeitern und Jugendlichen an Entscheidungen, die sie betreffen, konnte die Amtsleitung entnehmen, daß hier Mitarbeiter nicht zur Einsicht in Sachzwänge und Unterordnung unter die bestehende Hierarchie, sondern eher zum Gegenteil angeregt wurden.

Daß diese Form von Fortbildung nicht den Vorstellungen der Veranstalter entsprach, bekam das Team im Ablauf der Lehrgänge und der wachsenden Unruhe innerhalb der Abteilung wegen der beschriebenen Jugendfreizeitheim-Konflikte immer deutlicher zu spüren. Die verschiedentlichen «Aussprachen» zum Zweck der Klärung erhobener Vorwürfe und der Standpunkte konnten allerdings nicht zu einer Einigung führen zwischen dem Team und den fortschrittlichen Kollegen einerseits und andererseits denen, die sich davon angegriffen fühlten. Es ging in dieser Auseinandersetzung auch weniger darum, sich von der Richtigkeit oder Falschheit unseres Konzepts und der von uns vertretenen Auffassungen zu überzeugen, als vielmehr um die Frage, wer ein Interesse an diesen Inhalten haben kann und wer nicht. Für die offiziellen Vertreter des Jugendamtes ging es darum, jeweils neu zu klären, ob das mit der Fortbildung eingegangene Risiko – Reform ohne Gefährdung der administrativen Strukturen und der Normen staatlichen Handelns – noch kalkulierbar war. Dieses Interesse an unserer Arbeit verlangte aber weniger eine offene inhaltliche Auseinandersetzung als vielmehr ein Taktieren, das die Grenzen dieses Risikos kontrollieren sollte. Entsprechend standen unserem Konzept ablehnend gegenüber nur diejenigen, die entweder in der Funktion von Vorgesetzten für die Einhaltung der Regeln des Verwaltungshandelns verantwortlich sind oder sich glauben, oder solche, die in eine derartige Position aufsteigen möchten, oder diejenigen, die an eine Möglichkeit aktiver Veränderung bestehender Strukturen nicht mehr glauben, sondern sich resignativ in ihnen eingerichtet haben.

Der letzte Anstoß, der schließlich zur Aufkündigung der Kooperation führte, war unser Verhalten im dritten Lehrgang, in dem mit der Stellungnahme aller anwesenden Mitarbeiter zu dem konkreten Jugendfreizeitheim-Konflikt die bisher erarbeiteten Einsichten und Handlungsstrategien direkt praktisch werden konnten. Mit der Unterschrift unter das Solidaritätsschreiben, die wir als Teamer genauso leisteten wie die Kollegen der betroffenen Mitarbeiter, hatten wir nach Meinung der Amtsleitung endgültig unsere Kompetenz als Fortbilder überschritten.

Nachfolgend der Wortlaut des Amtsschreibens, in dem uns die Aufkündigung der Kooperation mitgeteilt wurde, sowie unsere Antwort.

Freie Hansestadt Bremen
Jugendamt
Bremen, den 12. Juni 1974

Sehr geehrter Herr Doktor Marzahn!
Nach sorgfältiger Prüfung teilen wir Ihnen mit, daß wir die Zusammenarbeit mit Ihnen und Ihrem Team in unseren Fortbildungsseminaren innerhalb der Abteilung Jugendförderung nicht fortsetzen können.

Wir sind seinerzeit von der Erwartung ausgegangen, daß die Aufgaben der Jugendförderung und die Methoden der Arbeit in den Jugendfreizeitheimen durch die Verknüpfung von Theorie und Praxis im Sinne einer wissenschaftlichen Orientierung weiterentwickelt werden können.

Statt dessen haben wir mehr und mehr in den Fortbildungsseminaren und in der Zusammenarbeit mit Mitarbeitern der Jugendförderung erfahren müssen, daß der Inhalt und die Methoden Ihrer Arbeit zu einer zunehmend einseitigen politischen Ausrichtung eines Teils der Mitarbeiter und damit zu einer politischen Polarisierung innerhalb der Arbeit der Abteilung Jugendförderung geführt haben.

Obgleich manche unserer Mitarbeiter eine solche einseitige Politisierung der Jugendarbeit wünschen, ist sie mit dem Auftrag und der Zielsetzung des Jugendamtes nicht zu vereinbaren. Um zu verhindern, daß in den kommunalen Einrichtungen und Maßnahmen der Jugendförderung einseitige politische Indoktrination betrieben wird, stellen wir ab sofort die Zusammenarbeit mit Ihnen, Frau Schütte und Herrn Kamp ein.

Dieser Entschluß ist uns nicht leichtgefallen, aber nachdem Sie zum Abschluß des Seminars am 30. 5. 1974 die dort anwesenden Mitarbeiter aufgefordert haben, sich hinsichtlich des Schreibens der Amtsleitung des Jugendamtes an die Mitarbeiter des JFH XY (von uns geändert, d. Verf.) mit diesen Mitarbeitern gegen die ausdrücklichen Anordnungen der

Amtsleitung zu solidarisieren, sehen wir keine Möglichkeit einer Zusammenarbeit mehr.

Mit vorzüglicher Hochachtung
YZ (von uns geändert, d. Verf.)

Christian Marzahn
Christel Schütte
Hans Kamp

28 Bremen 33, den 18. 6. 1974
Universität Bremen
Achterstraße
Postfach

An das Jugendamt Bremen
z. Hd. Herrn Reg.-Dir. XY (von uns geändert, d. Verf.)
28 Bremen
Hans Böckler-Str. 9

Betr.: Fortbildungsseminare innerhalb der Abteilung Jugendförderung
Bezug: Ihr Schreiben vom 12. 6. 1974

Sehr geehrter Herr XY!
In Ihrem o. g. Schreiben teilen Sie uns mit, daß Sie die Zusammenarbeit mit uns bezüglich der Fortbildungsseminare innerhalb der Abteilung Jugendförderung ab sofort einstellen. Mit den Gründen, die Sie für diese Form der wissenschaftlichen und politischen Zensur anführen, setzen wir uns im folgenden auseinander.

1. Sie stellen Ihrer Erwartung der Weiterentwicklung der Arbeit in den Jugendfreizeitheimen im Sinne einer wissenschaftlichen Orientierung entgegen, daß unsere Fortbildungsarbeit zu einer zunehmend einseitigen politischen Ausrichtung eines Teils der Mitarbeiter geführt habe. Wir haben demgegenüber in allen Phasen der Vorbereitung und Durchführung der Fortbildung allen Beteiligten gegenüber betont, daß für uns wissenschaftliche Objektivität und politische Parteilichkeit nicht nur in keinem Widerspruch zueinander stehen, daß vielmehr die Behauptung einer «wertneutralen» Wissenschaft selbst für die bestehenden Verhältnisse Partei ergreift – auch wenn und gerade weil sie diesen Zusammenhang leugnet. Im Sinne wissenschaftlicher Erkenntnis geht es mithin nicht um Einseitigkeit oder Ausgewogenheit, sondern um richtig oder falsch, wahr oder unwahr. Die Wahrheit aber ist weder die Summe noch der Durchschnitt aller möglichen Auffassungen; insofern ist sie selbst durchaus und notwendigerweise einseitig.

2. Sie schreiben, die Fortbildungsarbeit habe zu einer politischen Polarisierung innerhalb der Abteilung Jugendförderung geführt. Abgesehen davon, daß hinter dieser Meinung die ebenso gängige wie falsche Auffassung von der politischen Verführbarkeit vieler durch einige wenige zu stehen scheint – eine Auffassung, die wir nicht teilen, weil sie politische Unmündigkeit und Verführbarkeit der Menschen unterstellt, wo die Bedingungen angegeben werden müßten, die politisches Lernen ermöglichen oder verhindern – scheinen Sie unsere Fortbildungsarbeit doch erheblich zu überschätzen. Die wissenschaftliche und politische Diskussion um die Funktion und Orientierung der Jugendarbeit hat ja nicht erst mit unseren Fortbildungsseminaren begonnen; sie ist selbst ein Produkt der objektiven Widersprüche und Konflikte, denen Jugendarbeit unter unseren gesellschaftlichen Bedingungen ausgesetzt ist. Und wenn sich in diesem Zusammenhang verschiedene Auffassungen zur Zielsetzung und den Methoden der Jugendarbeit mit größerer Deutlichkeit als bisher artikulieren, so ist dies ein Prozeß, der nicht nur in der Abteilung Jugendförderung des Jugendamtes Bremen, sondern notwendigerweise in allen einschlägigen Institutionen und (mit der entsprechenden Erweiterung der Fragestellung) in allen gesellschaftlichen Bereichen zu beobachten ist. So wenig also die Fortbildung als die entscheidende Ursache dieses Prozesses angesehen werden kann – wenn es gelungen ist, zur Klärung der genannten Probleme etwas beizutragen, können wir zufrieden sein –, so trügerisch wäre allerdings auch die Hoffnung, man könne diese Auseinandersetzung durch administrative Verfügung beenden.

3. Sie schreiben, obgleich ein Teil der Mitarbeiter eine einseitige Politisierung der Jugendarbeit wünsche, sei dies mit dem Auftrag und der Zielsetzung des Jugendamtes nicht zu vereinbaren. Daß Jugendarbeit, auch wenn sie unpolitisch zu sein vorgibt oder gar entpolitisierend wirkt, immer politisch ist, ist wohl inzwischen eine Binsenweisheit. Auf den Vorwurf der Einseitigkeit sind wir bereits oben eingegangen; darüber hinaus ist hier jedoch zu fragen, wer eigentlich die Kritiker dieser angeblichen Einseitigkeit der Arbeit in einigen Jugendfreizeitheimen und in der Fortbildung – die dieser ja zugrunde liegen soll – sind, auf Grund welcher Informationen sie sich ihr (offensichtlich abgewogenes, weil abschließendes) Urteil gebildet haben, mit welchen inhaltlichen Gründen und von welcher Konzeption ausgehend sie bisher versucht haben, ihr Einseitigkeits-Vorurteil zu belegen oder zu korrigieren. Ihre Berufung auf Auftrag und Zielsetzung des Jugendamtes ist u. E. nicht sehr ergiebig, da Sie uns Ihre eigene Auslegung dieses Auftrages vorenthalten. Wie Sie wissen, ist er seit der Existenz des Jugendamtes äußerst umstritten, und auch heute dürfte es eine allseitig akzeptierte Auffassung kaum geben. Zumindest ist es hinreichend belegt, daß das Jugendamt – entgegen seiner Selbsteinschätzung – von der Mehrzahl der Bevölkerung als eine Institution sozialer Kontrolle und damit als den eigenen Interessen

entgegenstehend betrachtet wird. Diese Auffassung mag einseitig sein, nichtsdestoweniger ist sie im wesentlichen zutreffend, wie ebenfalls aus zahlreichen Untersuchungen über Wirkungsweise und Struktur des Jugendamtes hervorgeht. Diese Fakten sollten zu denken geben.

Dies gilt auch für den Bereich der Jugendförderung. Die staatliche «Jugendpflege» ist entstanden als politische Reaktion auf die Herausbildung einer selbständigen, klassenbewußten proletarischen Jugendbewegung; ihre Geschichte ist die Geschichte nicht der Beförderung, sondern der Verhinderung oder Irritierung derjenigen politischen Lernprozesse, deren insbesondere die Kinder und Jugendlichen der arbeitenden Bevölkerung bedürfen, um ihre gesellschaftliche Lage und Perspektive erkennen und ihre Interessen konsequent und wirkungsvoll vertreten zu können.

Unsere Konzeption von Jugendarbeit steht nicht in dieser Tradition, und wir wollen unsere Befriedigung darüber nicht verhehlen, daß immer mehr Sozialarbeiter die Zumutung dieses «*Auftrags*» zurückweisen und ihre Arbeit an den objektiven Interessen der Betroffenen zu orientieren beginnen. Die Disziplinierung, denen sich diese Kollegen von seiten ihrer vorgesetzten Behörden in vielfältiger Weise ausgesetzt sehen, liegt zwar in der Konsequenz o. g. «Auftrags», entbehrt aber gleichwohl jeder Legitimation, die mehr wäre als die Berufung auf die bestehenden Verhältnisse und die Beschwörung ihrer Reformierbarkeit.

Zu dieser Disziplinierung ist u. E. auch die diffamierende Kennzeichnung einer solchen Orientierung an den Interessen der Adressaten als «einseitige politische Indoktrination» zu rechnen. Soll der Begriff «Indoktrination» nicht beliebig auf jede Art der Anleitung und Strukturierung von Lernprozessen zutreffen, muß er etwas über das Verhältnis von Lernen und Interesse aussagen. Wir verstehen deshalb unter «Indoktrination» eine Beeinflussung von Lernprozessen, die sich nach Inhalt und Methode gegen die Interessen der Betroffenen richtet. Den Vorwurf einer solchen Beeinflussung wird man unserer Konzeption von Jugendarbeit aber schwerlich machen können.

4. Sie schreiben, die Aufkündigung der Kooperation sei Ihnen «nicht leichtgefallen»; den Ausschlag habe unsere Aufforderung an die Mitarbeiter gegeben, sich mit den Mitarbeitern des Jugendfreizeitheims XY gegen die ausdrückliche Anordnung der Amtsleitung zu solidarisieren. Abgesehen davon, daß Sie auch hier den Mitarbeitern eine zu geringe Selbständigkeit und uns eine zu große Verführungskunst zutrauen, haben wir die Fortbildung in der Tat im Sinne der Vermittlung von Theorie und Praxis konzipiert. Wir wären mithin schlecht beraten gewesen und unserer eigenen Auffassung untreu geworden, hätten wir die Mitarbeiter von der aktiven Vertretung und Verteidigung ihrer inhaltlichen Positionen und demokratischen Rechte abgehalten. Im übrigen sind wir der Ansicht, daß Solidarität sich weder anordnen noch verbieten läßt.

5. In Erwägung, daß Ihrer Entscheidung eine problematische Überbewertung der Fortbildung zugrunde liegt, daß unseres Wissens eine Auseinandersetzung aller Beteiligten um die inhaltlichen Fragen und Begründungen einer fortschrittlichen Konzeption für die Jugendarbeit von Ihrer Seite bisher nicht angeregt worden ist und daß wir die Fortbildung weniger für die Amtsleitung als vielmehr für die Praktiker konzipiert haben, in Erwägung dieser und anderer von uns angeführten Punkte halten wir die von Ihnen gewählte Form der Aufkündigung der Kooperation wie natürlich auch die Aufkündigung selbst für nicht gerechtfertigt. Viel angemessener erscheint uns demgegenüber, eine solche Entscheidung an die Willensbildung der Kollegen zu binden; denn einerseits sind sie in dieser Sache unmittelbar betroffen und können u. E. hier nicht übergangen werden, andererseits ist von einem solchen Prozeß der inhaltlichen Auseinandersetzung Produktives zu erwarten, eben weil es sich dabei um Argumente und Begründungen und nicht um administrative Akte handelt.

Wir bitten Sie deshalb, die Gründe für Ihre Entscheidung zu überprüfen, diese zurückzunehmen und dafür Sorge zu tragen, daß die oben angedeutete Meinungsbildung innerhalb der Abteilung Jugendförderung sich auf demokratische Weise vollziehen kann.

6. Da wir davon ausgehen können, daß in der vorliegenden Kontroverse Fragen von allgemeiner Bedeutung zur Situation und Perspektive der Jugendarbeit angesprochen werden und es sich deshalb um eine Angelegenheit von öffentlichem Interesse handelt, halten wir ihre öffentliche Behandlung für angemessen. Wir erlauben uns deshalb, Ihr und unser Schreiben an die betroffenen Kollegen, Herrn Dr. XY (von uns geändert, d. Verf.), den Senator für Soziales, Jugend und Sport sowie an die (Fach-)Presse zu geben. Überdies haben wir vorgesehen, die Planung, Konzeption und den Ablauf der Fortbildungsseminare in Form einer ausführlich kommentierten Dokumentation zu publizieren und der Öffentlichkeit zur Diskussion zu stellen.

Mit vorzüglicher Hochachtung
(Unterschriften der Verf.)

Die Beseitigung eines Unruheherdes innerhalb der Abteilung Jugendförderung durch den Abbruch der Fortbildung konnte für die Jugendamtsbürokratie allerdings nur ein Schritt im Rahmen einer allgemeinen Drosselung der Demokratisierungsbestrebungen sein. Gerade wegen der aktiven Beteiligung eines großen Teils der Mitarbeiter an der Erarbeitung und praktischen Umsetzung einer fortschrittlichen Konzeption politischer Bildung im Jugendfreizeitbereich konnten sich die Amts- und Abteilungsleitung nicht der Hoffnung hingeben, mit dem Ende der

Kooperation seien auch aus den Köpfen der Mitarbeiter alle Gedanken an die Weiterführung des begonnenen Ansatzes und seine Durchsetzung gegenüber dem Jugendamt ausgelöscht.

Daß die Bürokratie dies nicht tat, zeigen eine Reihe von administrativen Maßnahmen, die weiteren Querelen ähnlicher Art einen Riegel vorschieben sollten. Das fortschrittliche Image des Jugendamts hatte im Verlauf des Konflikts ohnehin gelitten; wichtiger erschien für den Augenblick die Wiederherstellung der Amtsautorität, der Kontrolle von oben nach unten und eine deutliche Machtdemonstration gegenüber den aufmüpfig gewordenen Mitarbeitern an der Basis.

Ein Schritt – nicht besonders wirkungsvoll und zudem sehr durchsichtig – war die Umbenennung des Plenums der Abteilung Jugendförderung in «Große Mitarbeiterbesprechung». Diese Namensänderung sollte die Funktion dieser Zusammenkünfte, die in den jeweiligen Konfliktphasen ein wichtiges Diskussions- und partiell auch Entscheidungsforum gewesen waren, einschränken und auf die Ebene eines rein fachlichen Austauschs und der Weitergabe administrativer Entscheidungen reduzieren. Auch das Einbringen von Resolutionen, die zur Meinungsbildung und Abklärung politischer Positionen und ihrer Konsequenzen für die eigene Arbeit beitragen sollten, wurde untersagt. Strikt an die üblichen undemokratischen Regeln der Personalauswahl hielt man sich auch bei der Einstellung neuer Mitarbeiter (Bezirksjugendpfleger). Diejenigen Kollegen, die auf Grund ihrer Fähigkeiten, Erfahrungen und Kenntnisse kompetent sind, die Bewerber hinsichtlich ihrer Befähigung zu beurteilen, wurden nicht an dem Auswahlverfahren beteiligt. Der Versuch, diesen Kollegen im nachhinein ihre Zustimmung zu entlocken, wurde von diesen verbittert als Verschleierungsmanöver abgelehnt.

Schließlich unterblieb auch kein Versuch, einzelne Mitarbeiter, die in den Auseinandersetzungen solidarisch Partei für ihre Kollegen und das Fortbildungsteam ergriffen hatten, die Unbotmäßigkeit ihres Verhaltens spüren zu lassen. Abgesehen von dem oben schon erwähnten Brief an alle Mitarbeiter, die sich mit dem Vorgehen der Amtsleitung gegenüber ihren Kollegen nicht einverstanden erklärt hatten, deutete man Mitarbeitern in informellen Hinweisen das Ende ihrer Aufstiegsmöglichkeiten an und stellte ihnen eine stärkere Kontrolle ihrer Arbeit in Aussicht. Nicht zuletzt dies hat bei einigen Kollegen zu Resignation und tatsächlichem oder geplantem Wechsel des Arbeitsplatzes geführt.

Es läßt sich nicht leugnen, daß diese Maßnahmen einen Teil ihres Zweckes erfüllen. Viele Kollegen sehen in diesen Tendenzen die Bestätigung dafür, daß die Durchsetzung einer fortschrittlichen Jugendarbeit sowie der eigenen Interessen durch Solidarität gegenüber der Bürokratie nicht möglich sei bzw. daß jeder kleine Erfolg eines solchen Vorgehens letzten Endes einen schlimmeren Zustand zur Folge habe als vorher. Zur Unterdrückung einer spontanen gemeinsamen Auflehnung von Sozialarbeitern gegen die objektive Herrschaftsfunktion, zu der sie gezwungen sind, und gegen ihre Entmündigung durch hierarchische und undemokratische Entscheidungsstrukturen lassen sich solche Repressionen erfolgreich einsetzen. Allerdings muß denjenigen, die auf die Anwendung solcher Mittel zur Wahrung bestehender Herrschaftsstrukturen angewiesen sind, auch klar sein, daß die Widersprüche, die solche Auflehnung hervorrufen und auch zunehmend zu weitergehenden politischen Einsichten in die bestehenden gesellschaftlichen Verhältnisse führen, damit nicht aus der Welt geschafft sind. Eher sind diese Mittel geeignet, den Charakter der Administration als Ordnungs- und Disziplinierungsinstrument deutlicher hervortreten zu lassen und ihre Legitimation als Dienerin des Volkes zu erschüttern. Wenn auch Konflikte wie die in diesem Buch dargestellten nicht unmittelbar in eine organisierte politische Bewegung der Betroffenen münden müssen, so werden doch die Bedingungen dafür – wider Willen – auch von denjenigen geschaffen, die am heftigsten dagegen kämpfen, weil sie sich am meisten davor fürchten.

Anmerkungen

1 Vgl. dazu etwa ‹*Nachrichtendienst des Deutschen Vereins (NDV)*› 1, 1972, S. 7; *NDV* 12, 1973, S. 360.

2 Vgl. etwa: ‹*Zweiter Bericht über die Lage der Jugend und die Bestrebungen auf dem Gebiet der Jugendhilfe*›. Bonn 1968, S. 90 (im folgenden zitiert als: ‹2. *Jugendbericht*›).

3 Gesetz für Jugendwohlfahrt (JWG) vom 11. 8. 1961, in: ‹*Jugendrecht*›. München 1969 (= Beck-Texte), S. 32. Dabei handelt es sich um eine sog. bedingte Pflichtaufgabe, das heißt: unbedingte Anregung und Förderung der Fortbildung auch der Mitarbeiter der freien Träger durch die Jugendwohlfahrtsbehörden, Durchführung für diese aber nur, soweit sie nicht von den freien Verbänden selbst übernommen wird.

4 Vgl. ‹*Jugendwohlfahrtsgesetz. Kommentar mit einer Einführung in Geschichte und Wesen des Gesetzes*›. Bearbeitet von K.-W. Jans und G. Happe, Köln 1973 (zu § 23, Nr. 3).

5 ‹*Diskussionsentwurf eines Jugendhilfegesetzes*›. Hg. vom Bundesminister für Jugend, Familie und Gesundheit, Bonn 1973, S. 194 f; vgl. auch die Begründung zum § 112 des ‹*Referenten-Entwurf(s) eines Jugendhilfegesetzes*› vom März 1974 sowie die §§ 17 und 119 Abs. 2 Nr. 2 des JHG-Entwurfs vom 15. 8. 1974.

6 Vgl. etwa W. Strzelewicz: ‹*Erwachsenenbildung. Soziologische Materialien*›. Heidelberg 1968, S. 42; kritisch: D. Axmacher: ‹*Erwachsenenbildung im Kapitalismus*›. Frankfurt/M. 1974, S. 146 ff.

7 ‹2. *Jugendbericht*›, a. a. O., S. 70. Ebenso: ‹*Bericht über die öffentliche Jugendförderung in der Stadt Bremen*›. Hg. vom Jugendamt Bremen, Bremen 1972, S. 58.

8 Vgl. H.-U. Otto und K. Utermann (Hg.): ‹*Sozialarbeit als Beruf. Auf dem Weg zur Professionalisierung?*› München 1971; R. Wolff: ‹*Sozialarbeit als Beruf – Der Traum vom unabhängigen Sachverständigen*›. In: *Erziehung und Klassenkampf* 4, 1971, S. 73–77.

9 Vgl. O. Lingesleben: ‹*Die Berufssituation der Sozialarbeiter und Tendenzen der Professionalisierung*›. In: Otto/Utermann (Hg.): ‹*Sozialarbeit als Beruf*›, a. a. O., S. 48; I. Helfer: ‹*Die tatsächlichen Berufsvollzüge der Sozialarbeiter*›. Frankfurt/M. 1971, S. 58; B. Blinkert und N. Huppertz: ‹*Der Mythos der Supervision*›. In: *Neue Praxis* 2, 1974, S. 118.

10 Vgl. dazu: ‹*Studienmodell für soziale Berufe*›. Hg. von der Curriculum-Arbeitsgruppe an der Gesamthochschule Kassel, Neuwied 1973, S. 10–20.

11 Vgl. *NDV* 12, 1973, S. 359.

12 Victor Gollancz-Stiftung: ‹*Arbeitsprogramm 1974*›. Frankfurt/M. o. J., S. 4.

13 Vgl. ‹2. *Jugendbericht*›, a. a. O., S. 90.

14 Vgl. I. Helfer: ‹*Die tatsächlichen Berufsvollzüge*›, a. a. O., S. 59.

15 ‹*Studienmodell für soziale Berufe*›, a. a. O., S. 68.

16 Vgl. ‹2. *Jugendbericht*›, a. a. O., S. 71 f, S. 91; vgl. dazu auch *NDV* 1, 1972, S. 6 ff; *NDV* 12, 1973, S. 358 ff.

17 Für die hauptberuflichen Mitarbeiter im Bereich der freien Jugendhilfe gilt das zu 70 % (vgl. ‹2. *Jugendbericht*›, a. a. O., S. 78 f). Auch in der öffentlichen Jugendhilfe ist der Besuch längerfristiger Veranstaltungen freiwillig.

18 Vgl. ‹2. *Jugendbericht*›, a. a. O., S. 71 ff.

19 Vgl. etwa ‹*Studienmodell für soziale Berufe*›, a. a. O., S. 39 f, S. 68 ff.

20 Vgl. dazu etwa die von der Victor Gollancz-Stiftung herausgegebenen ‹*Materialien*

zur Jugend- und Sozialarbeit›. Frankfurt/M. 1971 ff.

21 Vgl. etwa ‹2. *Jugendbericht*›, a. a. O., S. 90 ff; ‹*Dritter Jugendbericht*›. Hg. vom Bundesminister für Jugend, Familie und Gesundheit, Bonn 1972, S. 73 f.

22 ‹2. *Jugendbericht*›, a. a. O., S. 91.

23 Den neuesten Versuch stellt die Initiative der Arbeitsgemeinschaft für Jugendhilfe (AGJ) zur Institutionalisierung einer «Ständigen Konferenz Ausbildung und Fortbildung in sozialen Berufen» dar, die als «Plattform für ein permanentes Gespräch zwischen den zuständigen Behörden, den Ausbildungs- und Fortbildungsstätten, den Ausbildungs- und Fortbildungsträgern, den Anstellungsträgern und Vertretern aus der sozialen und sozialpädagogischen Berufspraxis» verstanden werden soll (Memorandum: ‹*Ziele, Aufgaben und Organisation einer «Ständigen Konferenz Ausbildung und Fortbildung in sozialen Berufen»*›. Bonn 1973, S. 5). Obgleich mit Elan in Angriff genommen, ist es um diese Initiative bereits wieder ziemlich still geworden.

24 B. Blinkert und N. Huppertz: ‹*Der Mythos der Supervision – Kritische Anmerkungen zu Anspruch und Wirklichkeit*›. In: *Neue Praxis* 2, 1974, S. 118.

25 Nach Blinkert/Huppertz, a. a. O., zwischen 50 und 60 %.

26 ‹2. *Jugendbericht*›, a. a. O., S. 76.

27 ‹*Bericht über die öffentliche Jugendförderung in der Stadt Bremen*›, a. a. O., S. 59.

28 ‹2. *Jugendbericht*›, a. a. O., S. 70

29 Vgl. z. B. *NDV* 12, 1973, S. 361.

30 Vgl. z. B. Chr. Büttner: ‹*Fortbildung in neuen Formen*›. In: *Neue Praxis* 4, 1973, S. 329–340.

31 M. Dolls: ‹*Fortbildung in der Praxis zur Veränderung der Praxis. Gedanken zu einer neuen Fortbildungsform*›. In: *Neues Beginnen* 3, 1971, S. 99–105.

32 Victor Gollancz-Stiftung: ‹*Arbeitsprogramm 1974*›, a. a. O., S. 5 f.

33 Ebd., S. 7–24.

34 Das Folgende nach unveröffentlichten Arbeitspapieren der Arbeitsgruppe Gemeinwesenarbeit der Victor Gollancz-Stiftung von 1974/75.

35 Vgl. dazu G. Heinsohn/R. Knieper: ‹*Theorie des Familienrechts*›. Frankfurt/M. 1974, S. 216 ff; T. Kunstreich: ‹*Sozialarbeit als Lohnarbeit*›. In: *Informationsdienst Sozialarbeit*, Heft 9, 1975, S. 41–49.

36 Der Titel lautete ‹*Selbstverständnis und Wirklichkeit der Jugendfreizeitheime*›; Prüfstein aber waren gerade die Adressaten der JFH.

37 Vgl. dazu W. Maier: ‹*Zum Verhältnis von Sozialwissenschaft und politischer Bildung*›. In: *Ästhetik und Kommunikation* 7, 1972, S. 17–24.

38 W. Maier, a. a. O., S. 20.

39 Dies betont besonders G. Soukup: ‹*Sieben Thesen zur Didaktik der Erzieherfortbildung. Eine Zwischenbilanz*›. In: *Neuer Rundbrief* 4, 1972, S. 13–20, bes. S. 16 ff.

40 Unveröffentlichter Bericht über die 7. Fortbildungstagung für Mitarbeiter der Jugendhilfe vom 13.–17. Mai 1968, St. Magnus. Thema: «Die Freizeit der Jugend in der Großstadt».

41 Zum Anspruch des Projektstudiums im Diplomstudiengang Sozialpädagogik an der Universität Bremen vgl. E.-B. Berndt u. a.: ‹*Erziehung der Erzieher. Das Bremer Reformmodell*›. Reinbek bei Hamburg 1972, S. 155 ff.

42 Handschriftliches Papier: ‹*Themen für die Fortbildung*›.

43 Vgl. G. Grauer: ‹*Jugendfreizeitheime in der Krise*›. Weinheim 1973; H. Lüdtke: ‹*Jugendliche in organisierter Freizeit*›. Weinheim 1973; H. Lüdtke u. G. Grauer: ‹*Jugend – Freizeit – «Offene Tür»*›. Weinheim 1973; dazu die Sammelrezension

von M. Liebel in: *betrifft: erziehung* 10, 1974, S. 75–78.

44 Vgl. Chr. Raiser: ‹*Die Gemeinwesenarbeit als Maßnahme des Bürgertums zur Herstellung «zufriedener Verhältnisse»*›. In: Victor Gollancz-Stiftung (Hg.): ‹*Reader zur Theorie und Strategie von Gemeinwesenarbeit*›, Frankfurt/M. 1974, S. 45 f (= Materialien zur Jugend- und Sozialarbeit Nr. 8).

45 Zur *Jugendzentrenbewegung* vgl. etwa: M. Kappeler u. a.: ‹*Proletarische Jugendarbeit im Stadtteil. Das Georg-von-Rauch-Haus in Westberlin*›. In: *Erziehung und Klassenkampf* 7, 1972, S. 7–59; E. Remmel: ‹*Jour Fix für Unorganisierte. Jugendinitiativen außerhalb der Jugendverbände*›. In: *deutsche jugend* 11, 1972, S. 493–500; J. Fiege: ‹*Jugendzentren als Orte der Selbstbestimmung*›. In: *deutsche jugend* 12, 1972, S. 558–566; ‹*Jugendzentren*›. In: *Erziehung und Klassenkampf* 10/11, 1973, gesamtes Heft; Autorenkollektiv: ‹*Jungarbeiter- und Schülerzentren in West-Berlin*›, Frankfurt/M. 1973; W. Schüle: ‹*Für ein Jugendzentrum in Selbstverwaltung*›. In: *deutsche jugend* 2, 1973, S. 79–84; D. Damm: ‹*Möglichkeiten emanzipatorischer Bildungsarbeit in Jugendzentren*›. In: *deutsche jugend* 6, 1973, S. 264–274; Bund Deutscher Pfadfinder (Hg): ‹*Jugendzentren*›. Frankfurt/M. 1973 (= *Materialien zur Theorie und Praxis demokratischer Jugendarbeit*, Heft 2/3); ders. (Hg.): ‹*Politik in Jugendzentren*›. Frankfurt/M. 1974 (= *Materialien* . . ., Heft 12); J. Fiege: ‹*Anpassung oder Rebellion? Tendenzen in der JZ-Bewegung*›. In: *päd. extra* 22/1974, S. 9–20; W. Schretzmeier: ‹*Initiativgruppen für Jugendzentren*›. In: *deutsche jugend* 11, 1974, S. 493–503; M. Liebel: ‹*Aufgaben und Probleme sozialistischer Pädagogen in selbstverwalteten Jugendzentren*›. In: H. Lessing. M. Liebel: ‹*Jugend in der Klassengesellschaft*›. München 1974, S. 241–254; D. Damm: ‹*Jugendzentren in Selbstverwaltung. Versuch einer Begriffsbestimmung*›. In: *deutsche jugend* 2, 1975, S. 68–73.

Zu *stadtteilorientierten Jugendarbeit* vgl. auch: B. Peters, L. Schürmann: ‹*Informelle Jugendgruppen. Ausgangspunkt für die Planung einer Gemeinwesenarbeit*›. In: *deutsche jugend* 4, 1971, S. 159–167; W. Beck: ‹*Aktionsgruppen. Basis in Bewegung*. In: *deutsche jugend* 1, 1972, S. 25–34; W. Beck: ‹*Basis in Bewegung. Beispiele aus den Niederlanden*›. In: *deutsche jugend* 4, 1972, S. 173–179; Medienzentrum Kreuzberg (Hg.): ‹*«Denkste, ick bin een Loch in der Natur». Arbeiterjugendliche erzählen. Vier Beispiele für offene Jugendarbeit*›. Berlin (West) 1974; Autorengruppe Bremen: ‹*Politische Bildung im Jugendfreizeitheim unter der Zielsetzung einer stadtteilbezogenen Arbeit*›. In: *Informationsdienst Sozialarbeit* 9, 1975, S. 31–40.

46 Zu den *Bürgerinitiativen* vgl. etwa: M. Baethge: ‹*Bürgerinitiativen sind Bürgerinitiativen*›. In: *betrifft: erziehung* 12, 1972, S. 24 f; ‹*Bürgerinitiativen, Gemeinwesenarbeit und Stadtteilarbeit*›. In: *Sozialpädagogische Korrespondenz* 24, 1972, S. 1–23; H. Faßbinder: ‹*Bürgerinitiativen und Planungsbeteiligung im Kontext kapitalistischer Regionalpolitik*›. In: *Kursbuch* 27, 1972, S. 68–83; H. Grossmann (Hg.): ‹*Bürgerinitiativen. Schritte zur Veränderung?*› Frankfurt/M. 1971; B. Höbel, U. Seibert: ‹*Bürgerinitiativen und Gemeinwesenarbeit*›. München 1973; H. F.: ‹*«Bürgerinitiativen» und Klassenkampf*›. In: *Kommunismus und Klassenkampf* 2, 1974, S. 123 ff.

47 Zur *Gemeinwesenheit und Stadtteilarbeit* vgl. etwa den ausgezeichneten ‹*Reader zur Theorie und Strategie von Gemeinwesenarbeit*›. Hg. von der Victor Gollancz-Stiftung, Frankfurt/M. 1974; C. W. Müller, P. Nimmermann (Hg.): ‹*Stadtplanung und Gemeinwesenarbeit*›. München 1971: H.-E. Bahr, R. Gronemeyer: ‹*Konfliktorientierte Gemeinwesenarbeit. Niederlagen und Modelle*›. Darmstadt

1974; R. Bauer: ‹*Analyse lokaler Konflikte im Produktions- und Reproduktionsbereich als Interessenkämpfe der Gesellschaftsklassen und Klassenfraktionen*›. In: R. R. Grauhahn (Hg.): ‹*Lokale Politikforschung*›. Frankfurt/M. 1975.
Zum Kindertheater vgl.: Kinder- und Jugendtheater Rote Grütze: ‹*Darüber spricht man nicht! Ein Spiel zur Sexualerziehung*›. München 1973; M. Schedler: ‹*Mannomann! 6 × exemplarisches Kindertheater*›. Köln 1973; ders.: ‹*Schlachtet die blauen Elefanten! Bemerkungen über das Kinderstück*›. Weinheim 1973; Autorengruppe Westberliner Volkstheaterkooperative: ‹*Blumen und Märchen. Stadtteilarbeit mit Kindern im MV Berlin*›. Reinbek bei Hamburg 1974; A. Paul: ‹*Auf der Suche nach Konzepten*›. In: *betrifft: erziehung* 3, 1975, S. 72–78 (Sammelrezension).

48 K. Marx: ‹*Pariser Manuskripte (Ökonomisch-philosophische Manuskripte, 1844)*›. Hg. von G. Hillmann, Reinbek bei Hamburg 1970, S. 55.

49 Vgl. dazu L. Holzinger: ‹*Gesellschaftliche Arbeit und private Hauswirtschaft. Theorie und Kritik des Reproduktionsbereichs*›. Starnberg 1974, bes. s. %‹ ff.

50 E. Altvater: ‹*Zu einigen Problemen des Staatsinterventionismus*›. In: *Probleme des Klassenkampfs* 3, 1972, S. 18. Ansonsten kann hier nicht weiter auf Probleme der materialistischen *Staatstheorie* eingegangen werden; vgl. dazu etwa W. Müller, Chr. Neusüß: ‹*Die Sozialstaatsillusion und der Widerspruch von Lohnarbeit und Kapital*›. In: *Sozialistische Politik* 6/7, 1970, S. 4–67; ‹*Staatsgewalt und Reformismus*›. In: *Kursbuch* 31, 1973; J. Hirsch (Hg.): ‹*Probleme einer materialistischen Staatstheorie*›. Frankfurt/M. 1973, S. v. Flatow, F. Huisken: ‹*Zum Problem der Ableitung des bürgerlichen Staates*›. In: *Probleme des Klassenkampfs* 7, 1973, S. 83–153; ‹*Warum scheitern Marxisten an der Erklärung des bürgerlichen Staats?*› In: *Resultate der Arbeitskonferenz* 1, 1974, S. 120–170.

51 Vgl. H. Heymann: ‹*Bürokratisierung der Klassenverhältnisse im Spätkapitalismus*›. In: K. Meschkat und O. Negt (Hg.): ‹*Gesellschaftsstrukturen*›. Frankfurt/M. 1973, S. 92–129.

52 K. Marx und F. Engels: ‹*Deutsche Ideologie*›. In: MEW Bd. 3, Berlin (DDR) 1969, S. 62.

53 W. Müller, Chr. Neusüß: ‹*Die Sozialstaatsillusion und der Widerspruch von Lohnarbeit und Kapital*›. In: *Sozialistische Politik* 6/7, 1970, S. 57.

54 Ebenda. S. 53; vgl. dazu auch H. Kuhn: ‹*Der lange Marsch in den Faschismus. Zur Theorie der Institutionen in der bürgerlichen Gesellschaft*›. Berlin 1974, bes. S. 13.

55 G. Simmel: ‹*Soziologie. Untersuchungen über die Formen der Vergesellschaftung*›. Leipzig 1908, S. 459 und 459 f (zitiert nach: H. Peters: ‹*Moderne Fürsorge und ihre Legitimation*›. Köln 1968, S. 53 f und 126; Peters deutet Simmels Analyse allerdings in organisationssoziologischer Verkürzung in einen Selbsterhaltungstrieb der einzelnen Institutionen um).

56 Vgl. E.-G. Skiba: ‹*Der Sozialarbeiter in der gegenwärtigen Gesellschaft, Empirische Untersuchung zum sozialen Fremdbild des Fürsorgers*›. Weinheim 1969, bes. S. 224 ff; E. Fluk: ‹*Jugendamt und Jugendhilfe im Spiegel der Fachliteratur*›. München 1972, S. 341 ff; R. Ahlheim u. a.: ‹*Gefesselte Jugend. Fürsorgeerziehung im Kapitalismus*›. Frankfurt/Main ^{3}1973.

57 Vgl. etwa: ‹*Dritter Jugendbericht*›. Hg. v. Bundesminister für Jugend, Familie und Gesundheit, Bonn 1972, bes. S. 107 ff; E. Fluk: ‹*Jugendamt und Jugendhilfe im Spiegel der Fachliteratur*›. München 1972, S. 140 ff, 308 ff; L. Böhnisch, H. Lösch: ‹*Das Handlungsverständnis des Sozialarbeiters und seine institutionellen Determinanten*›. In: H.-U. Otto, S. Schneider (Hg.): ‹*Gesellschaftliche Perspektiven der*

Sozialarbeit›. Bd. 2, Neuwied 1973, S. 21–40; L. Böhnisch: ‹*Versuch einer Standortbestimmung der kommunalen Jugendpflege*›. In: L. Böhnisch (Hg.): ‹*Jugendarbeit in der Diskussion*›. München 1973, S. 188–204; Deutsches Jugendinstitut: ‹*Zur Reform der Jugendhilfe. Analysen und Alternativen*›. München 1973, bes. S. 26–62.

58 H. Schelsky: ‹*Die Strategie der «Systemüberwindung». Der lange Marsch durch die Institutionen*›. In: *FAZ* vom 10. 12. 1971, S. 11 f; vgl. auch M. Greiffenhagen (Hg.): ‹*Der neue Konservatismus der siebziger Jahre*›. Reinbek bei Hamburg 1974.

59 Vgl. dazu H. Faßbinder: ‹*Bürgerinitiativen und Planungsbeteiligung*›. In: *Kursbuch* 27, 1972, S. 75 ff; R. Gronemeyer: ‹*Integration durch Partizipation?*› Frankfurt/M. 1973.

60 H. Faßbinder, a. a. O., S. 82.

61 Zur *Entschulungsdebatte* vgl. ‹*Scuola di Barbiana. Die Schülerschule*›. Berlin 1970; P. Freire: ‹*Pädagogik der Unterdrückten*›. Reinbek bei Hamburg 1973; I. Illich: ‹*Entschulung der Gesellschaft*›. Reinbek bei Hamburg 1973; J. Beck: ‹*Lernen in der Klassenschule*›. Reinbek bei Hamburg 1974; ‹*Die Methode Paulo Freire*›. In: *betrifft: erziehung* 7, 1973, S. 14–38; ‹*Schulen ohne Mauern*›. In: *betrifft: erziehung* 5, 1974, S. 16–36; ‹*Entkolonialisierung des Lernens*›. In: *betrifft: erziehung* 6, 1974, S. 17–33; ‹*Der Preis lebenslanger Erziehung*› In: *betrifft: erziehung* 3, 1975, S. 60–63.

62 Vgl. D. Cooper: ‹*Psychiatrie und Anti-Psychiatrie*›. Frankfurt/M. 1971; dagegen: ‹*Konservative Gehalte der Anti-Psychiatrie*›. In: *Das Argument* 89, 1975, S. 6–70.

63 Zur Vergesellschaftung der Produktion in China, vgl. Ch. Bettelheim: ‹*China nach der Kulturrevolution. Industrielle Organisation, dezentralisierte Planung und Wertgesetz*›. München 1974; zum Gesundheitswesen. J. Horn: ‹*Arzt in China*›. Frankfurt/M. 1971; zur gesellschaftlichen Stellung der Frau und zur Vergesellschaftung der Erziehung: C. Broyelle: ‹*Die Hälfte des Himmels. Frauenemanzipation und Kindererziehung in China*›. Berlin 1973.

64 Darin bleibt u. E. die Kritik der (geplanten und wieder auf Eis gelegten) Reform des Jugendhilferechts durch das Deutsche Jugendinstitut stecken (Deutsches Jugendinstitut: ‹*Zur Reform der Jugendhilfe. Analysen und Alternativen*›. München 1973).

65 M. Weber: ‹Wirtschaft und Gesellschaft›. 2. Halbband, Tübingen [4]1956, S. 200.

66 Alles M. Weber, a. a. O., S. 217.

67 M. Weber, a. a. O., S. 225 f.

68 Deutsches Jugendinstitut: ‹*Zur Reform der Jugendhilfe. Analysen und Alternativen*›. München 1973, S. 35.

Literatur

Ahlheim, R., u. a.: ‹*Gefesselte Jugend. Fürsorgeerziehung im Kapitalismus*›. Frankfurt/M. 1973

Arbeitskonferenz: ‹*Warum scheitern Marxisten an der Erklärung des bürgerlichen Staats?*› In: *Resultate der Arbeitskonferenz* 1, 1974, S. 120–170

Altvater, E.: ‹*Zu einigen Problemen des Staatsinterventionismus*›. In: *Probleme des Klassenkampfes* 3, 1972, S. 1–53

Arbeitsgemeinschaft für Jugendhilfe (AGJ) (Hg.): ‹*Memorandum: Ziele, Aufgaben und Organisation einer «Ständigen Konferenz Ausbildung und Fortbildung in*

sozialen Berufen». Bonn 1973
Arbeitskollektiv: *‹Bericht über das proletarische Kindertheater X›* In: *betrifft: erziehung* 2, 1972, S. 19–31
Autorengruppe Westberliner Volkstheaterkooperative: *‹Blumen und Märchen. Stadtteilarbeit mit Kindern im MV Berlin)*. Reinbek bei Hamburg 1974
Autorengruppe Bremen: *‹Politische Bildung im Jugendfreizeitheim unter der Zielsetzung einer stadtteilbezogenen Arbeit›*. In: *Informationsdienst Sozialarbeit* 9, 1975, S. 31–40
Autorenkollektiv: *‹Jungarbeiter- und Schülerzentrum in West-Berlin›*. Frankfurt/M. 1973
Autorenkollektiv: *‹Berufliche Sozialisation und gesellschaftliches Bewußtsein jugendlicher Erwerbstätiger›*. Frankfurt/M. 1973
Autorenkollektiv: *‹Materialien zur Lage der Arbeiterjugend in Westberlin›*. Frankfurt/M. 1973
Autorenkollektiv des Instituts für Marxistische Studien und Forschungen (IMSF): *‹Klassen- und Sozialstruktur der BRD 1950–1970. Theorie – Diskussion – Sozialstatistische Analyse›*. Teil I, Frankfurt/M. 1972, Teil II, Frankfurt/M. 1974.
Autorenkollektiv: *‹Schülerladen Rote Freiheit. Analysen, Protokolle, Dokumente›*. Frankfurt/M. 1971
Axmacher, D.: *‹Erwachsenenbildung im Kapitalismus›*. Frankfurt/M. 1974
Baethge, M.: *‹Bürgerinitiativen sind Bürgerinitiativen›*. In: *betrifft: erziehung* 12, 1972, S. 24–26
Bahr, H.-E., R. Gronemeyer: *‹Konfliktorientierte Gemeinwesenarbeit. Niederlagen und Modelle›*. Darmstadt 1974
Balon, K.-H., D. Sokoll: *‹Planspiel. Soziales Lernen in simulierter Wirklichkeit›*. Starnberg 1974
Bauer, R.: *‹Analyse lokaler Konflikte im Produktions- und Reproduktionsbereich als Interessenkämpfe der Gesellschaftsklassen und Klassenfraktionen›*. In: R. R. Grauhahn (Hg.): *‹Lokale Politikforschung›*. Frankfurt/M. 1975
Beck, J.: *‹Lernen in der Klassenschule›*. Reinbek bei Hamburg 1974
Beck, W.: *‹Entscheidungsspiel als Methode internationaler Jugendarbeit›*. In: *deutsche jugend* 12, 1970, S. 555–564.
Beck, W.: *‹Aktionsgruppen. Basis in Bewegung›*. In: *deutsche jugend* 1, 1972, S. 25–34
Beck, W.: *‹Basis in Bewegung. Beispiele aus den Niederlanden›*. In: *deutsche jugend* 4, 1972, S. 173–179
Berndt, E.-B., u. a.: *‹Erziehung der Erzieher. Das Bremer Reformmodell›*. Reinbek bei Hamburg 1972.
Bettelheim, Ch.: *‹China nach der Kulturrevolution. Industrielle Organisation, dezentralisierte Planung und Wertgesetz›*. München 1974
Bleicher, K.: *‹Unternehmungsspiele. Simulationsmodelle für unternehmerische Entscheidungen›*. Baden-Baden 1962
Blinkert, B., N. Huppertz: *‹Der Mythos der Supervision – Kritische Anmerkungen zu Anspruch und Wirklichkeit›*. In: *Neue Praxis* 2, 1974, S. 117–127
Blücher, Viggo Graf: *‹Freizeit in der industriellen Gesellschaft. Dargestellt an der jüngeren Generation›*. Stuttgart 1956
Blücher, Viggo Graf: *‹Die Generation der Unbefangenen. Zur Soziologie der jungen Menschen heute›*. Düsseldorf 1966
Böhnisch, L.: *‹Versuch einer Standortbestimmung der kommunalen Jugendpflege›*. In: L. Böhnisch (Hg.): *‹Jugendarbeit in der Diskussion›*. München 1973, S. 188–204

Böhnisch, L, A. Lösch: ‹*Das Handlungsverständnis des Sozialarbeiters und seine institutionellen Determinanten*›. In: H.-U. Otto, S. Schneider (Hg.): ‹*Gesellschaftliche Perspektiven der Sozialarbeit*›. Band 2, Neuwied 1973, S. 21–40
Broyelle, C.: ‹*Die Hälfte des Himmels. Frauenemanzipation und Kindererziehung in China*›. Berlin 1973
‹*Jeder Bürger ein Lehrer. Jedes Haus eine Schule. Beiträge zur Entkolonialisierung des Lernens*›. In: *betrifft: erziehung* 6, 1974, S. 15–33
‹*Bürgerinitiativen, Gemeinwesenarbeit und Stadtteilarbeit*›. In: *Sozialpädagogische Korrespondenz* 24, 1972, S. 1–23
Büttner, C.: ‹*Fortbildung in neuen Formen*›. In: *Neue Praxis* 4, 1973, S. 329–340
Bund Deutscher Pfadfinder (Hg.): ‹*Jugendzentren*›. Frankfurt/M. 1973 (= Materialien zur Theorie und Praxis demokratischer Jugendarbeit, Heft 2/3)
Bund Deutscher Pfadfinder (Hg.): ‹*Politik in Jugendzentren*›. Frankfurt/M. 1974
Bundesminister für Familie und Jugend (Hg.): ‹*Zweiter Bericht über die Lage der Jugend und die Bestrebungen auf dem Gebiet der Jugendhilfe*›. Bonn 1968
Bundesminister für Jugend, Familien und Gesundheit (Hg.): ‹*Dritter Jugendbericht*›. Bonn 1972
Bundesminister für Jugend, Familie und Gesundheit (Hg.): ‹*Diskussionsentwurf eines Jugendhilfegesetzes*›. Bonn 1973
Bundesminister für Arbeit und Soziales (Hg.): ‹*Soziale Sicherung*›. Bonn 1970
Cooper, D.: ‹*Psychiatrie und Anti-Psychiatrie*›. Frankfurt /M. 1971
Curriculum-Arbeitsgruppe an der Gesamthochschule Kassel (Hg.): ‹*Studienmodell für soziale Berufe*›. Neuwied 1973
Damm, D.: ‹*Möglichkeiten emanzipatorischer Bildungsarbeit in Jugendzentren*›. In: *deutsche jugend* 6, 1973, S. 264–274
Damm, D.: ‹*Jugendzentren in Selbstverwaltung. Versuch einer Begriffsbestimmung*›. In: *deutsche jugend* 2, 1975, S. 68–73
Deppe, F.: ‹*Das Bewußtsein der Arbeiter. Studien zur politischen Soziologie des Arbeiterbewußtseins*›. Köln 1971
Deppe-Wolfinger, H.: ‹*Arbeiterjugend – Bewußtsein und politische Bildung*›. Frankfurt/M. 1972
Derschatta, E.: ‹*Frei? Zeit? Heim? Das Freizeitheim in der Münchener Au*›. München 1974
Deutsches Jugendinstitut: ‹*Zur Reform der Jugendhilfe. Analysen und Alternativen*›. München 1973
Dolls, M.: ‹*Fortbildung in der Praxis zur Veränderung der Praxis. Gedanken zu einer neuen Fortbildungsform*›. In: *Neues Beginnen* 3, 1971, S. 99–105
F., H.: ‹*«Bürgerinitiativen» und Klassenkampf*›. In: *Kommunismus und Klassenkampf* 2, 1974, S. 123–125
Faßbinder, H.: ‹*Bürgerinitiativen und Planungsbeteiligung im Kontext kapitalistischer Regionalpolitik*›. In: *Kursbuch* 2, 1972, S. 68–83
Fiege, J.: ‹*Jugendcamp '70*›. Berlin 1971
Fiege, J.: ‹*Jugendzentren als Orte der Selbstbestimmung*›. In: *deutsche jugend* 12, 1972, S. 558–566
Fiege, J.: ‹*Anpassung oder Rebellion? Tendenzen in der Jugendzentrumsbewegung*›. In: *päd. extra* 22, 1974, S. 9–20
Flatow, S. v., F. Huisken: ‹*Zum Problem der Abteilung des bürgerlichen Staates*›. In: *Probleme des Klassenkampfes* 7, 1973, S. 83–153
Flitner, A.: ‹*Soziologische Jugendforschung. Darstellung und Kritik aus pädagogi-*

scher Sicht›. Heidelberg 1963
Fluk, E.: *‹Jugendamt und Jugendhilfe im Spiegel der Fachliteratur›*. München 1972
Freire, P.: *‹Pädagogik der Unterdrückten›*. Reinbek bei Hamburg 1973
Gesetz für Jugendwohlfahrt (JWG) vom 11. 8. 1961. In: *‹Jugendrecht›*. München 1969 (= Beck-Texte)
Giesecke, H. (Hg.): *‹Freizeit und Konsumerziehung›*. Göttingen 1968
Grauer, G.: *‹Jugendfreizeitheime in der Krise›*. Weinheim 1973
Greiffenhagen, M. (Hg.): *‹Der neue Konservatismus der siebziger Jahre›*. Reinbek bei Hamburg 1974
Grossmann, H. (Hg.): *‹Bürgerinitiativen. Schritte zur Veränderung?›* Frankfurt/M. 1971
Habermas, J.: *‹Soziologische Notizen zum Verhältnis von Arbeit und Freizeit›*. In: Funke (Hg.): *‹Konkrete Vernunft›*. Bonn 1958; S. 214–231; auch in: J. Habermas: *‹An eit, Erkenntnis, Fortschritt›*. Amsterdam 1970, S. 56–74
Hansen, R. M., H. Lüdtke: *‹Sozialwissenschaftliche Grundlegungen einer modernen Freizeitpädagogik›*. Teil I in: *deutsche jugend* 9, 1971, S. 418–426, Teil II in: *deutsche jugend* 10, 1971, S. 464–473, Teil III in: *deutsche jugend* 11, 1971, S. 512–520
Haug, H.-J., H. Maessen: *‹Was wollen die Lehrlinge?›*. Frankfurt/M. 1971
Heinsohn, G., R. Knieper: *‹Theorie des Familienrechts›*. Frankfurt/M. 1974
Helfer, I.: *‹Die tatsächlichen Berufsvollzüge der Sozialarbeiter›*. Frankfurt/M. 1971
Heymann, H.: *‹Bürokratisierung der Klassenverhältnisse im Spätkapitalismus›*. In: K. Meschkat, O. Negt (Hg.): *‹Gesellschaftsstrukturen›*. Frankfurt/M. 1973, S. 92–129
Hirsch, J. (Hg.): *‹Probleme einer materialistischen Staatstheorie›*. Frankfurt/M. 1973
Höbel, B., U. Seibert: *‹Bürgerinitiativen und Gemeinwesenarbeit›*. München 1973
Holzinger, L.: *‹Gesellschaftliche Arbeit und private Hauswirtschaft. Theorien und Kritik des Reproduktionsbereichs›*. Starnberg 1974
Horn, J.: *‹Arzt in China›*. Frankfurt/M. 1971
Huch, K. J.: *‹Einübung in die Klassengesellschaft. Über den Zusammenhang von Sozialstruktur und Sozialisation›*. Frankfurt/M. 1972
Hübner, C., u. a.: *‹Politökonomische Bestimmung zur Lage der Arbeiterjugend und deren Bedeutung für die Entwicklung des Klassenbewußtseins›*. In: *Erziehung und Klassenkampf* 1, 1971; auch in: H. Lessing, M. Liebel: *‹Jugend in der Klassengesellschaft. Marxistische Jugendforschung und antikapitalistische Jugendarbeit›*. München 1974, S. 101–120
Illich, I.: *‹Entschulung der Gesellschaft›*. Reinbek bei Hamburg 1973
Janowitz, M.: *‹Soziale Schichtung und Mobilität›*. In: *Kölner Zeitschrift für Soziologie und Sozialpsychologie*. 1, 1958
Jugendamt Bremen (Hg.): *‹Bericht über die öffentliche Jugendförderung in der Stadt Bremen›*, Bremen 1972
‹Jugendwohlfahrtsgesetz. Kommentar mit einer Einführung in Geschichte und Wesen des Gesetzes›. Bearbeitet von K.-W. Jans und G. Happe, Köln 1973
‹Jugendzentren›. In: *Erziehung und Klassenkampf* 10/11, 1973 (gesamtes Heft)
Kappeler, M., u. a.: *‹Proletarische Jugendarbeit im Stadtteil. Das Georg-von-Rauch-Haus in Westberlin›*. In: *Erziehung und Klassenkampf* 7, 1972, S. 7–59
Khella, K.: *‹Theorie und Praxis der Sozialarbeit und Sozialpädagogik›*. Gießen/Lollar 1974
Kinder- und Jugendtheater Rote Grütze: *‹Darüber spricht man nicht! Ein Spiel zur*

Sexualerziehung›. München 1973
‹*Klassenbewußtsein und Klassenkampf*›. In: *Das Argument* 62, 1970
‹*Klassenstruktur und Klassenbewußtsein*›. In: *Das Argument* 61, 1970
Knieschewski, E.: ‹*Schichtspezifische Reaktionsweisen auf Angebote der Jugendarbeit*›. In: *deutsche jugend* 9, 1974, S. 395–406
‹*Konservative Gehalte der Anti-Psychiatrie*›. In: *Das Argument* 89, 1975, S. 6–70
Kuczynski, J.: ‹*Darstellung der Lage der Arbeiter in Westdeutschland nach 1945*›. Berlin (DDR) 1963
Kuhn, H.: ‹*Der lange Marsch in den Faschismus. Zur Theorie der Institutionen in der bürgerlichen Gesellschaft*›. Berlin 1974
Kunstreich, T.: ‹*Sozialarbeit als Lohnarbeit*›. In: *Informationsdienst Sozialarbeit* 9, 1975, S. 41–49
Lessing, H., M. Liebel: ‹*Jugend in der Klassengesellschaft. Marxistische Jugendforschung und antikapitalistische Jugendarbeit*›. München 1974
Liebel, M.: ‹*Aufforderung zum Abschied von der sozialintegrativen Jugendarbeit*›. In: *deutsche jugend* 1, 1970; auch in: Lessing, Liebel: ‹*Jugend in der Klassengesellschaft*›. München 1974, S. 152–160
Liebel, M.: ‹*Überlegungen zum Praxisverständnis antikapitalistischer Jugendarbeit*›. In: *deutsche jugend* 1, 1971, S. 13–26; auch in: Lessing, Liebel: ‹*Jugend in der Klassengesellschaft*›. München 1974, S. 161–172
Liebel, M.: ‹*Aufgaben und Probleme sozialistischer Pädagogen in selbstverwalteten Jugendzentren*›. In: Lessing, Liebel: ‹*Jugend in der Klassengesellschaft*›. München 1974, S. 241–254
Liebel, M.: ‹*An der Oberfläche der Krise*›. In: *betrifft: erziehung* 10, 1974, S. 75–78 (Sammelrezension Freizeitheime)
Lingesleben, O.: ‹*Die Berufssituation der Sozialarbeiter und Tendenzen der Professionalierung*›. In: Otto, Utermann (Hg.): ‹*Sozialarbeit als Beruf*›. München 1971, S. 31–66
Lüdtke, H.: ‹*Jugendliche in organisierter Freizeit*›. Weinheim 1973
Lüdtke, H., G. Grauer: ‹*Jugend – Freizeit – «Offene Tür»*›. Weinheim 1973
Maass, H.: ‹*Zur politischen Ökonomie der Lehrlingsausbildung*›. Frankfurt/M. 1971
Maier, W.: ‹*Zum Verhältnis von Sozialwissenschaften und politischer Bildung*›. In: *Ästhetik und Kommunikation* 7, 1972, S. 17–24
Marx, K.: ‹*Pariser Manuskripte (Ökonomisch-philosophische Manuskripte, 1844)*›. Hg. von G. Hillmann, Reinbek bei Hamburg 1970
Marx, K., F. Engels: ‹*Deutsche Ideologie*›. In: MEW Band 3, Berlin (DDR) 1969
Marzahn, C., und AG Modelle offener Jugendhilfe: ‹*Kampf um ein Jugendwohnkollektiv. Planspiel und Wirklichkeit*›. Frankfurt/M. 1972 (= Materialien zur Jugend- und Sozialarbeit Nr. 3, hg. von der Victor Gollancz-Stiftung, Frankfurt/M.)
Medienzentrum Kreuzberg (Hg.): ‹*«Denkste, ick bin een Loch in der Natur». Arbeiterjugendliche erzählen. Vier Beispiele für offene Jugendarbeit*›. Berlin 1974
‹*Die Methode Paulo Freire. Pädagogik der Dritten Welt*›. In: *betrifft: erziehung* 7, 1973, S. 14–38
Müller, C. W.: ‹*Entscheidungsspiele in der Jugendarbeit*›. In: *deutsche jugend* 3, 1968, S. 114–121
Müller, C. W., P. Nimmermann (Hg.): ‹*Stadtplanung und Gemeinwesenarbeit*›. München 1971
Müller, W., C. Neusüß: ‹*Die Sozialstaatsillusion und der Widerspruch von Lohnarbeit und Kapital*›. In: *Sozialistische Politik* 6/7, 1970, S. 4–67

Nahrstedt, W.: ‹*Freizeitberater – Argument für ein neues «Berufsbild»*›. In: *deutsche jugend* 5, 1972, S. 228–238
Neidhardt u. a.: ‹*Jugend im Spektrum der Wissenschaften. Beiträge zur Theorie des Jugendalters*›. München 1970
Opaschowski, H. W.: ‹*«Freizeitberater» – Plädoyer für ein neues Berufsfeld*›. In: *deutsche jugend* 11, 1971, S. 521–529
Ortmann, H.: ‹*Arbeiterfamilie und sozialer Aufstieg*›. München 1971
Osterland, M., u. a.: ‹*Materialien zur Lebens- und Arbeitssituation der Industriearbeiter in der BRD*›. Frankfurt/M. 1973 (= Studienreihe des Soziologischen Forschungsinstituts Göttingen / SOFI)
Otto, H.-U., K. Utermann (Hg.): ‹*Sozialarbeit als Beruf. Auf dem Weg zur Professionalisierung?*›. München 1971
Paul, A.: ‹*Auf der Suche nach Konzepten*›. In: *betrifft: erziehung* 3, 1975, S. 72–78 (Sammelrezension Kindertheater)
Peters, B., L. Schürmann: ‹*Informelle Jugendgruppen. Ausgangspunkt für die Planung einer Gemeinwesenarbeit*›. In: *deutsche jugend* 4, 1971, S. 159–167
‹*Der Preis lebenslanger Erziehung*›. In: *betrifft: erziehung* 3. 1975, S. 60–63
Projektgruppe Brelohstraße: ‹*Hi ha ho – die Bonzen komm'n ins Klo! Bericht über zwei Jahre proletarischer Vorschulerziehung*›. Hamburg 1973
Projekt Klassenanalyse (Hg.): ‹*Materialien zur Klassenstruktur der BRD*). Teil 1, Berlin 1973
Raiser, Chr.: ‹*Die Gemeinwesenarbeit als Maßnahme des Bürgertums zur Herstellung «zufriedener Verhältnisse»*›. In: Victor Gollancz-Stiftung (Hg.): ‹*Reader zur Theorie und Strategie von Gemeinwesenarbeit*›. Frankfurt/M. 1974, S. 35–47
Rehm, M.: ‹*Das Planspiel als Bildungsmittel*›. Heidelberg 1964
Remmel, E.: ‹*Jour Fix für Unorganisierte. Jugendinitiativen außerhalb der Jugendverbände*›. In: *deutsche jugend* 11, 1972, S. 493–500
Schedler, M.: ‹*Mannomann! 6 × exemplarisches Kindertheater*›. Köln 1973
Schedler, M.: ‹*Schlachtet die blauen Elefanten! Bemerkungen über das Kinderstück*›. Weinheim 1973
Schelsky, H.: ‹*Die skeptische Generation. Eine Soziologie der deutschen Jugend*›. Düsseldorf 1957
Schelsky, H.: ‹*Die Strategie der «Systemüberwindung». Der lange Marsch durch die Institutionen*›. In: *FAZ* vom 10. 12. 1971, S. 11 f.
Schretzmeier, W.: ‹*Initiativgruppen für Jugendzentren*›. In: *deutsche jugend* 11, 1974, S. 493–503
Schüle, W.: ‹*Für ein Jugendzentrum in Selbstverwaltung*›. In: *deutsche jugend* 2, 1973, S. 79–84
‹*Schulen ohne Mauern*›. In: *betrifft: erziehung* 5, 1974, S. 16–36
‹*Scuola di Barbiana. Die Schülerschule*›. Berlin 1970
Simmel, G.: ‹*Soziologie. Untersuchung über die Formen der Vergesellschaftung*›. Leipzig 1908
Skiba, E.-G.: ‹*Der Sozialarbeiter in der gegenwärtigen Gesellschaft. Empirische Untersuchung zum sozialen Fremdbild des Fürsorgers*›. Weinheim 1969
‹*Staatsgewalt und Reformismus*›. In: *Kursbuch* 31, 1973
Stark, E.: ‹*Die Lage der Arbeiterjugend in der BRD nach 1960*›. Frankfurt/M. 1973
Strzelewicz, W.: ‹*Jugend in der freien Zeit*›. Strzelewicz, W.: ‹*Erwachsenenbildung. Soziologische Materialien*›. Heidelberg 1968
Victor Gollancz-Stiftung (Hg.): ‹*Arbeitsprogramm 1974*›. Frankfurt/M. o. J.

Victor Gollancz-Stiftung (Hg.): ‹*Reader zur Theorie und Strategie von Gemeinwesenarbeit*›. Frankfurt/M. 1974 (= Materialien zur Jugend- und Sozialarbeit Nr. 8)
Wallraff, G.: ‹*Industriereportagen*›. Reinbek bei Hamburg 1970
Weber, E.: ‹*Das Freizeitproblem. Anthropologisch-pädagogische Untersuchung*›. München 1963
Weber, M.: ‹*Wirtschaft und Gesellschaft*›. 2. Halbband Tübingen [4]1956
Werder, L. v.: ‹*Von der antiautoritären zur proletarischen Erziehung. Ein Bericht aus der Praxis*›. Frankfurt/M. 1972
Werkkreis (Hg.): ‹*Ihr aber tragt das Risiko. Reportagen aus der Arbeitswelt*›. Reinbek bei Hamburg 1971
Winterhager, W. D.: ‹*Lehrlinge – die vergessene Majorität*›. Weinheim 1970
Wolff, R.: ‹*Sozialarbeit als Beruf – Der Traum vom unabhängigen Sachverständigen*›. In: *Erziehung und Klassenkampf* 4, 1971, S. 73–77

Medienkritik und Pädagogik* bei Basis

Medienkritik und Pädagogik* bei Basis

A. M. Möhring, B. Haas, G. Zarbock
Lesespiel Wohnen
Materialien für Leseanfänger

Lesen wird spannender, wenn man selbst aktiv dabeisein kann. Aus 12 Bögen können Kinder Figuren und Gegenstände ausschneiden und diese so in die leeren Wohnungen des Grundbogens einkleben, daß alle möglichen und unmöglichen Situationen entstehen – Situationen, die Kinder jeden Tag erleben. Wörter und Sätze in Sprechblasen passen zu den verschiedensten Szenen. Man muß nur die richtigen herausfinden. So werden die Kinder motiviert, die Sprechblasen zu entziffern und neue selbst zu erfinden. Das Lesespiel ist kein eigenständiges Lernprogramm. Es dient der Ergänzung im Unterricht und zu Hause.
Ca. DM 9,00.

Basis Theorie 1
Beate Neuhaus
Moderne Kindergeschichten für das Vorschulalter – Analyse
Eine Untersuchung der konventionellen Kinderliteratur und ihrer Funktion in der Erziehung.
80 Seiten, DM 6,50.

Basis Unterricht 2
CUP-Kollektiv
Arbeit und Reichtum
Ein Unterrichtsprojekt für die Mittelstufe.
Hg. Wendula Dahle.
Unterrichtseinheit zur Erläuterung der Produktionsverhältnisse in der bürgerlichen Gesellschaft. DM 6,00.

Basis Unterricht 3
Autorenkollektiv
Wir machen unsere Comics selber
Erfahrungen mit Comics im Unterricht.
Comics als Unterrichtsgegenstand in der Grundschule: Schüler lernen, das Bild- und Sprachsystem von Comics zu untersuchen und anzuwenden. DM 9,50.

*Schreiben Sie uns! Wir schicken Ihnen genauere Informationen.

Basis Verlag
1 Berlin 15, Postfach 645

*Schreiben Sie uns! Wir schicken Ihnen genauere Informationen.

Basis Verlag
1 Berlin 15, Postfach 645